刑事检察工作文书格式样本

本书编写组/编

XINGSHI JIANCHA GONGZUO WENSHU
GESHI YANGBEN

中国检察出版社

图书在版编目（CIP）数据

刑事检察工作文书格式样本/《刑事检察工作文书格式样本》编写组编 . —北京：中国检察出版社，2022.2

ISBN 978 – 7 – 5102 – 2681 – 6

Ⅰ.①刑… Ⅱ.①刑… Ⅲ.①刑事诉讼 – 法律文书 – 范文 – 中国 Ⅳ.①D926.13

中国版本图书馆 CIP 数据核字（2021）第 260276 号

刑事检察工作文书格式样本
本书编写组　编

责任编辑：王　欢
技术编辑：王英英
美术编辑：曹　晓

出版发行：	中国检察出版社
社　　址：	北京市石景山区香山南路 109 号（100144）
网　　址：	中国检察出版社（www.zgjccbs.com）
编辑电话：	（010）86423703
发行电话：	（010）86423726　86423727　86423728
	（010）86423730　86423732
经　　销：	新华书店
印　　刷：	北京宝昌彩色印刷有限公司
开　　本：	710 mm×960 mm　16 开
印　　张：	34.5
字　　数：	598 千字
版　　次：	2022 年 2 月第一版　2022 年 2 月第一次印刷
书　　号：	ISBN 978 – 7 – 5102 – 2681 – 6
定　　价：	98.00 元

检察版图书，版权所有，侵权必究
如遇图书印装质量问题本社负责调换

目 录

《人民检察院工作文书格式样本（2020年版）》填写和印制说明………（001）

一、刑事检察工作文书 ……………………………………………（009）
  （一）侦查工作文书 ………………………………………………（009）
    1. 案件公开审批表 ……………………………………………（009）
    2. 案件不公开审批表 …………………………………………（011）
    3. 不公开文书审批表 …………………………………………（013）
    4. 线索登记表 …………………………………………………（015）
    5. 受理案件登记表 ……………………………………………（017）
    6. 提请立案审查报告 …………………………………………（018）
    7. 立案审查安全防范预案 ……………………………………（020）
    8. 接触被调查对象审批表 ……………………………………（022）
    9. 中止立案审查审批表 ………………………………………（023）
    10. 恢复立案审查审批表 ……………………………………（024）
    11. 延长立案审查期限审批表 ………………………………（025）
    12. 立案审查结论报告 ………………………………………（026）
    13. 关于×××线索立案审查结论的批复 …………………（028）
    14. 提请立案报告 ……………………………………………（029）
    15. 侦查计划 …………………………………………………（031）
    16. 侦查安全防范预案 ………………………………………（033）
    17. 补充立案报告 ……………………………………………（035）
    18. 纠正立案决定通知书 ……………………………………（037）
    19. 案件材料移送清单 ………………………………………（038）
    20. 随案移送物品、文件清单 ………………………………（039）
    21. 案件线索查处情况回复函 ………………………………（040）

22. 报送案件意见书 …………………………………………… (042)
23. 合并线索审批表 …………………………………………… (044)
24. 并案审批表 ………………………………………………… (045)
25. 提请批准并案侦查报告 …………………………………… (046)
26. 批准并案侦查决定书 ……………………………………… (048)
27. 分案审批表 ………………………………………………… (050)
28. 申请交办案件线索意见书 ………………………………… (051)
29. 交办案件审查意见书 ……………………………………… (052)
30. 交办案件决定书 …………………………………………… (053)
31. 交办案件线索通知书 ……………………………………… (055)
32. 移送案件意见书 …………………………………………… (057)
33. 提请移送案件线索意见书 ………………………………… (059)
34. 批准/不批准移送案件（线索）通知书 ………………… (060)
35. 案件退回申请书 …………………………………………… (061)
36. 退回线索审批表 …………………………………………… (062)
37. 大要案登记表 ……………………………………………… (063)
38. 线索备案表 ………………………………………………… (064)
39. 线索审查评估意见表 ……………………………………… (065)
40. 办案工作区使用审批表 …………………………………… (066)
41. 办案用警申请表 …………………………………………… (067)
42. 关于缉控措施的批复 ……………………………………… (068)
43. 边控对象通知书 …………………………………………… (069)
44. 撤销边控对象通知书 ……………………………………… (071)
45. 红色通报申请表 …………………………………………… (072)
46. 撤销红色通缉令通知书 …………………………………… (078)
47. 申请侦查实验审批表 ……………………………………… (080)
48. 辨认犯罪嫌疑人审批表 …………………………………… (081)
49. 辨认笔录 …………………………………………………… (082)
50. 搜查笔录 …………………………………………………… (083)
51. 接受报案、控告、举报笔录 ……………………………… (086)
52. 接受投案自首笔录 ………………………………………… (088)
53. 辩护律师会见犯罪嫌疑人应当经过许可通知书 ………… (089)

54. 辩护律师可以不经许可会见犯罪嫌疑人通知书 …………… (091)
55. 许可会见犯罪嫌疑人决定书 …………………………………… (093)
56. 不许可会见犯罪嫌疑人决定书 ………………………………… (095)
57. 补充侦查说明 …………………………………………………… (097)
58. 申请指定管辖案件意见书 ……………………………………… (098)
59. 指定管辖案件审查意见书 ……………………………………… (100)
60. 批准指定管辖决定书 …………………………………………… (102)
61. 不予批准指定管辖决定书 ……………………………………… (104)
62. 采取强制措施审批表 …………………………………………… (106)
63. 查封通知书 ……………………………………………………… (107)
64. 扣押邮件、电报通知书 ………………………………………… (110)
65. 扣押款物处理结果告知书 ……………………………………… (112)
66. 催办案件通知书 ………………………………………………… (115)
67. 督办案件通知书 ………………………………………………… (116)
68. 督办案件查处情况报告 ………………………………………… (117)
69. 督办案件审查意见书 …………………………………………… (118)
70. 复议案件审查报告 ……………………………………………… (119)
71. 关于×××事项（案件）的请示 ……………………………… (120)
72. 关于×××事项（案件）的审查意见书 ……………………… (121)
73. 关于×××事项（案件）的批复 ……………………………… (122)
74. 机关事业单位工作人员被采取/解除刑事强制措施情况
    告知书 …………………………………………………………… (123)
75. 机关事业单位工作人员涉嫌犯罪撤销案件/终止侦查情况
    告知书 …………………………………………………………… (125)
76. 确定犯罪嫌疑人报告 …………………………………………… (127)
77. 提请以事立案终止侦查报告 …………………………………… (128)
78. 上网追逃人员登记/撤销/删除表 ……………………………… (129)
79. 在逃人员信息登记/撤销表 ……………………………………… (131)
80. 涉案财物处理意见表 …………………………………………… (133)
81. 涉案财物调用审批表 …………………………………………… (135)
82. 送回被询（讯）问人记录 ……………………………………… (138)
83. 提请启动人民监督员监督案件意见表 ………………………… (139)

84. 提请启动人民监督员监督检察办案活动意见表 …………… (140)
85. 介绍信 …………………………………………………………… (141)
86. 提请重新计算侦查羁押期限意见书 …………………………… (142)
87. 延长侦查羁押期限意见书（一延用） ………………………… (144)
88. 延长侦查羁押期限通知书（一延用） ………………………… (146)
89. 调（借）阅案卷通知书 ………………………………………… (148)
90. 同步录音录像通知单 …………………………………………… (150)
91. 同步录音录像资料档案调用单 ………………………………… (152)
92. 采取技术侦查措施申请书 ……………………………………… (153)
93. 延长技术侦查措施期限申请书 ………………………………… (155)
94. 委托协查函 ……………………………………………………… (157)
95. 协查案件登记表 ………………………………………………… (158)
96. 提请协调协查争议报告 ………………………………………… (159)
97. 询问笔录（侦查用） …………………………………………… (160)
98. 讯问笔录（第一次） …………………………………………… (162)
99. 讯问笔录（第二次及以后） …………………………………… (164)
100. 异地羁押审批表 ………………………………………………… (166)
101. 拟撤销案件意见书 ……………………………………………… (167)
102. 关于对×××拟撤销案件的批复 ……………………………… (169)
103. 撤销案件查封、扣押、冻结财物处理报告 …………………… (170)
104. 侦查终结报告（拟撤销案件） ………………………………… (171)
105. 侦查终结报告（移送审查不起诉） …………………………… (173)
106. 侦查终结报告（移送审查起诉） ……………………………… (175)
107. 关于侦结交办移送审查起诉的决定 …………………………… (177)

（二）审查逮捕、审查起诉工作文书 ………………………………… (178)

108. ×××案审查报告（适用捕诉一体案件） …………………… (178)
109. ×××案审查报告（适用非羁押直诉案件） ………………… (192)
110. ×××案审查报告
　　（适用速裁程序/认罪认罚简易程序案件） ………………… (201)
111. 二审案件审查报告 ……………………………………………… (206)
112. 发回重审案件审查报告 ………………………………………… (210)

113. 再审案件审查报告 …………………………………… (215)
114. 委托调查函 …………………………………………… (218)
115. 延长审查逮捕期限申请表 …………………………… (219)
116. 准予撤回决定书（审查逮捕用）……………………… (220)
117. 通报逮捕外（无）国籍犯罪嫌疑人×××的函 …… (221)
118. 继续侦查提纲（适用于审查批捕阶段批准逮捕后需要继续侦查的案件）………………………………… (222)
119. 补充侦查提纲（适用于审查批捕阶段因证据不足不批准逮捕的案件）……………………………………… (224)
120. 不批准逮捕理由说明书 ……………………………… (226)
121. 复议案件审查报告（不捕复议用）………………… (227)
122. 复核案件审查报告（不捕复核用）………………… (229)
123. 撤销逮捕决定通知书（备案审查用）……………… (231)
124. 委托报请许可拘留人大代表的函（监委移送案件）… (232)
125. 对监察机关移送起诉案件延长拘留期限审批表 …… (233)
126. 关于提供证据收集合法性书面说明/相关证明材料的函（监委移送案件）………………………………… (235)
127. 讯问提纲 ……………………………………………… (237)
128. 讯问笔录（捕诉阶段适用）………………………… (239)
129. 调查笔录（捕诉阶段适用）………………………… (243)
130. 询问笔录（捕诉阶段适用）………………………… (247)
131. 讨论案件记录 ………………………………………… (249)
132. 延长审查起诉期限审批表 …………………………… (251)
133. 撤案建议书（针对已移送审查起诉自侦案件）…… (253)
134. 不同意移送机关撤回通知书 ………………………… (255)
135. 非法证据调查交办通知书 …………………………… (256)
136. 拟不起诉报批案件审查报告（自侦/监委）………… (257)
137. 关于对×××案拟不起诉意见的批复（自侦/监委）… (260)
138. 不起诉理由说明书 …………………………………… (261)
139. 不起诉复议理由说明书 ……………………………… (263)
140. 不起诉复核案件审查报告 …………………………… (264)
141. 不起诉复核理由说明书 ……………………………… (267)

142. 关于×××案的请示（通用版） ………………………………（268）
143. 请示案件审查报告 ……………………………………………（270）
144. 关于×××案的批复 ……………………………………………（272）
145. 刑事抗诉案件审查通知书（审监抗诉用） ……………………（273）
146. 调取证据材料通知书 …………………………………………（275）

（三）审判相关工作文书 ……………………………………………（277）
147. 举证、质证提纲 ………………………………………………（277）
148. 出庭检察员意见书（再审案件用） …………………………（280）
149. 答辩提纲 ………………………………………………………（282）
150. 出庭笔录 ………………………………………………………（284）
151. 恢复法庭审理意见书 …………………………………………（285）
152. 列席人民法院审判委员会会议情况反馈表 …………………（286）
153. 刑事判决、裁定审查表（一审案件用） ……………………（287）
154. 职务犯罪案件一审判决初步审查意见表 ……………………（289）
155. 职务犯罪案件一审裁判结果同步审查表 ……………………（290）
156. 对法院刑事判决、裁定审查表（二审案件用） ……………（291）
157. 对法院刑事判决、裁定审查表（再审案件用） ……………（292）
158. 关于×××死刑复核一案的审查报告 ………………………（294）
159. 关于转送×××死刑复核一案材料（意见）的函 …………（299）
160. 死刑复核案件提请监督意见书（重大情况报告） …………（301）

（四）其他工作文书 …………………………………………………（304）
161. 侦查活动监督通知书 …………………………………………（304）
162. 羁押必要性审查报告 …………………………………………（306）
163. 羁押必要性审查结果通知书 …………………………………（307）
164. 延长侦查羁押期限审查表 ……………………………………（309）
165. 提请批准延长侦查羁押期限意见书 …………………………（310）
166. 报请批准延长侦查羁押期限报告书 …………………………（312）
167. 重新计算侦查羁押期限案件审查报告 ………………………（314）
168. 重新计算侦查羁押期限决定书 ………………………………（316）
169. 不予重新计算侦查羁押期限通知书 …………………………（318）
170. 提请批准特别延期审理案件审查报告 ………………………（319）

171. 提请批准特别延期审理案件报告书 ……………………… (321)
172. 准予撤回决定书（延押用）……………………………… (323)
173. 立案建议书（针对应立案但尚未立案的自侦案件）…… (324)
174. 立案侦查建议书（自侦立案监督用）…………………… (325)
175. 建议移送涉嫌犯罪案件函 ………………………………… (326)
176. 撤销案件建议书（自侦撤案监督用）…………………… (327)
177. 移送函（立案监督用）…………………………………… (328)
178. 商请案件审查报告（立案监督商请用）………………… (329)
179. 提请协商报告书（监督应当立案用）…………………… (331)
180. 提请协商报告书（监督应当撤案用）…………………… (333)
181. 商请函（监督应当立案而不立案用）…………………… (335)
182. 商请函（监督不应当立案而立案用）…………………… (337)
183. 立案监督案件催办函 ……………………………………… (339)
184. 复议案件审查报告（立案监督复议用）………………… (341)
185. 关于犯罪嫌疑人×××涉嫌×××案通知撤销案件
    复议的审查报告（撤案监督复议用）…………………… (343)
186. 通知撤销案件复核审查报告（立案监督复核用）……… (345)
187. 核准追诉案件审查报告 …………………………………… (347)
188. 报请核准追诉案件的报告 ………………………………… (349)
189. 介入侦查/调查情况表 …………………………………… (352)
190. 督促回复函（侦查活动监督用）………………………… (353)
191. 纠正违法事项的审查报告（本院复查）………………… (355)
192. 纠正违法事项复查报告（向上级院报告）……………… (356)
193. 纠正违法事项的审查报告（上级院复查）……………… (357)
194. 提供指定居所监视居住案件材料通知书 ………………… (358)
195. 适用监视居住建议书 ……………………………………… (359)
196. 没收违法所得申请的审查报告 …………………………… (360)
197. 没收违法所得监督案件的审查报告 ……………………… (363)
198. 没收违法所得申请发回重审案件审查报告 ……………… (366)
199. 报送（移送）没收违法所得申请案件意见书 …………… (369)
200. 交办没收违法所得案件通知书 …………………………… (371)
201. 出庭意见书（没收违法所得/强制医疗）……………… (372)

202. 对法院没收违法所得裁定审查表（一审） ………………………… (373)
203. 对法院没收违法所得裁定审查表（二审） ………………………… (374)
204. 强制医疗案件审查报告 …………………………………………… (376)
205. 强制医疗监督案件审查报告 ……………………………………… (379)
206. 刑事申诉审查结果通知书 ………………………………………… (382)
207. 宣布笔录 …………………………………………………………… (384)
208. 委托送达通知 ……………………………………………………… (385)
209. 商请指定管辖函（侦查机关、部门商请） ……………………… (387)
210. 关于××案指定管辖的通知（侦查机关、
    部门商请） ………………………………………………………… (389)
211. 商请指定管辖函（省级院报请） ………………………………… (391)
212. 关于××案指定管辖的批复（省级院报请） …………………… (393)
213. 商请指定管辖函（监委） ………………………………………… (395)
214. 关于×××案指定管辖的通知（监委） ………………………… (396)
215. 商请指定管辖函（自侦） ………………………………………… (398)
216. 商请指定管辖函（通用） ………………………………………… (399)
217. 报请指定管辖的请示 ……………………………………………… (400)
218. 关于×××案指定管辖的批复（指定管辖流程专用） ………… (402)
219. 关于×××案指定管辖的批复（报请） ………………………… (403)
220. 站车交接案件信息受理登记表（车交） ………………………… (404)
221. 站车交接案件信息受理登记表（站接） ………………………… (405)
222. 站车交接案件信息移送登记表（车交） ………………………… (406)
223. 站车交接案件信息移送登记表（站接） ………………………… (407)
224. 监督线索审查表（站车交接受理） ……………………………… (408)
225. 提请批准直接受理书 ……………………………………………… (410)
226. 指令纠正决定书 …………………………………………………… (412)
227. 撤销纠正违法意见通知书 ………………………………………… (413)
228. 线索移送函 ………………………………………………………… (415)
229. 移送线索通知书（由检察院移送至外单位） …………………… (417)
230. 移送案件线索通知书（检察院内部使用） ……………………… (419)
231. 回访监督卡 ………………………………………………………… (421)
232. 廉洁自律卡 ………………………………………………………… (422)

233. 执法办案风险处置表 ……………………………………… (423)
234. 执法办案风险评估预警表 ………………………………… (424)
235. 办案用警申请表 …………………………………………… (425)
236. 指定／变更案件承办人申请表 …………………………… (426)
237. 同步录音录像受理登记表 ………………………………… (427)
238. 同步录音录像工作说明 …………………………………… (428)
239. 同步录音录像技术处理（复制）受理登记表 …………… (430)
240. 同步录音录像技术处理（复制）说明 …………………… (432)
241. 同步录音录像资料档案调用受理登记表 ………………… (434)
242. 同步录音录像资料档案调用说明 ………………………… (435)
243. 同步录音录像资料档案调用单 …………………………… (436)
244. 同步录音录像委托技术处理（复制）单 ………………… (437)
245. 关于调取同步录音录像的函 ……………………………… (438)

二、刑事执行检察工作文书 …………………………………… (439)
246. 公开终结性法律文书审批表 ……………………………… (439)
247. 报送备案报告 ……………………………………………… (441)
248. 关于×××案的答复 ……………………………………… (442)
249. 监督意见反馈审查表 ……………………………………… (443)
250. 检察官告知函 ……………………………………………… (444)
251. 检察长审核监督反馈报告（检察官复核） ……………… (445)
252. 检察长审核监督反馈报告（检察长决定） ……………… (446)
253. 检察长审核监督反馈报告（提请检委会） ……………… (447)
254. 检察长审核监督通知书（检察官复核） ………………… (448)
255. 检察长审核监督通知书（检察长决定） ………………… (449)
256. 检察长审核监督通知书（提请检委会） ………………… (450)
257. 审查意见书 ………………………………………………… (451)
258. 受理案件登记表 …………………………………………… (452)
259. 调查笔录 …………………………………………………… (453)
260. 听取意见记录 ……………………………………………… (455)
261. 线索移交函 ………………………………………………… (456)
262. 询问笔录（第一次） ……………………………………… (457)

263. 询问笔录（第二次及以后）……………………………………（459）
264. 讯问笔录（第一次）………………………………………………（461）
265. 讯问笔录（第二次及以后）……………………………………（464）
266. 延长办案期限审批表………………………………………………（466）
267. 移送案件线索函……………………………………………………（467）
268. 移交证据清单………………………………………………………（469）
269. 被监管人死亡检察报告……………………………………………（471）
270. 被监管人死亡检察情况通知书……………………………………（474）
271. 被监管人死亡情况登记表…………………………………………（476）
272. 公开审查评议记录…………………………………………………（478）
273. 超期羁押审查报告…………………………………………………（479）
274. 久押不决催办函……………………………………………………（481）
275. 久押不决审查报告…………………………………………………（482）
276. 久押不决提示函……………………………………………………（484）
277. 检察建议调查终结报告……………………………………………（485）
278. 答辩提纲……………………………………………………………（487）
279. 减刑（假释）征求意见反馈函……………………………………（488）
280. 减刑（假释）征求意见审查报告…………………………………（490）
281. 减刑、假释裁定审查报告…………………………………………（492）
282. 举证、质证提纲……………………………………………………（494）
283. 提请减刑、假释案件审查报告……………………………………（495）
284. 讯问提纲……………………………………………………………（497）
285. 刑事执行控告、申诉、举报案件调查报告………………………（498）
286. 事故检察报告………………………………………………………（500）
287. 重大事故登记表……………………………………………………（502）
288. 提请收监执行监督案件审查报告…………………………………（503）
289. 收监执行裁（决）定审查报告……………………………………（506）
290. 刑事执行违法线索呈批表…………………………………………（509）
291. 刑事执行违法案件调查报告………………………………………（510）
292. 监狱服刑人员调查问卷……………………………………………（512）
293. 对×××监狱巡回检察报告………………………………………（515）
294. 监狱巡回检察公告…………………………………………………（517）

295. 监狱巡回检察记录 …………………………………… (518)
296. 对×××监狱巡回检察工作方案 …………………… (519)
297. 暂予监外执行决定审查报告 ………………………… (521)
298. 对法院暂予监外执行征求意见审查报告 …………… (523)
299. 提请暂予监外执行案件审查报告 …………………… (525)
300. 备案案件审查报告 …………………………………… (528)
301. 重大案件讯问合法性核查听取律师意见笔录 ……… (529)
302. 重大案件讯问合法性初步核查意见函 ……………… (530)
303. 重大案件讯问合法性核查报告 ……………………… (532)
304. 重大案件讯问合法性核查询问笔录 ………………… (533)
305. 重大案件讯问合法性核查意见书 …………………… (535)

《人民检察院工作文书格式样本（2020年版）》填写和印制说明

一、制作和填写要求

（一）基本要求

各地检察机关办理案件时，应当严格依照有关法律、规则进行选取、制作、填写和使用文书。

1. 选取文书。在制作文书之前，应当了解每一种文书的使用条件和范围，并结合具体案情和实际需要准确选取相应的文书。

2. 制作和填写文书。填写纸质文书时，应当使用能够长期保持字迹的书写工具，做到字迹清楚、文字规范、文面整洁。文书设定的项目，要逐项准确填写；确有些栏目不需要填写的，用斜线"\"划去。填写电子文书时，应当从系统选项栏中准确选取相应的项目。制作叙述型文书时，应当做到描述案件事实清楚、引用法律条文准确、结论明确易懂、语言准确精练。

3. 使用文书。文书制作完毕，应当按照要求予以送达、签收，办案单位留存的文书，应当根据规定入卷。

（二）常见项目填写要求

1. 案件名称。根据不同的案件情况，采取不同的命名方法。对于有明确的当事人和涉嫌犯罪情节清楚的案件，可采取"人名+涉嫌罪名"命名，如"王××故意杀人案"；对于当事人不明而被害人和被害情况清楚的案件，可采取"被害人+被侵害情况"命名，如"张××被抢劫案"；对于当事人和被害人不明或者当事人、被害人人数众多不便概括以及需要保密等情形，可采取以案件发生时间或立案时间或者地名来命名，如"4·15案""×××（地名）抢劫案"。

2. 案件编号。各地在制作文书过程中应当本着便于对案件进行管理和统计的原则进行填写。

3. 当事人姓名。填写当事人合法身份证件上的姓名，如果没有合法身份证件的，填写在户籍登记中使用的姓名。如果当事人是外国人，除应当填写其合法身份证件上的姓名外，还应当同时写明汉语译名。对于一些叙述型工作文书，应当在写明当事人姓名的同时，写明当事人使用过的其他名称，包括别名、曾用名、绰号等。如有必要，还可写明笔名、网名等名称。确实无法查明其真实姓名的，也可以暂填写其自报的姓名。查清其真实姓名后，按照查清后的姓名填写，对之前填写的内容可不再更改，但应当在案件卷宗中予以书面说明（当事人出生日期、住址不明的，参照上述规定办理）。

4. 当事人出生日期。当事人的出生日期以公历（阳历）为准，除有特别说明的外，一律具体到年月日。确定犯罪嫌疑人的出生日期应当以其合法身份证件上记载的出生日期为准，没有合法身份证件的，以户籍登记中的出生日期为准。

5. 当事人住址。填写当事人的经常居所地。当事人的经常居所地以户籍登记中的住址为准。如果该当事人离开户籍所在地在其他地方连续居住满一年以上的，则以该地为经常居住地，并应当在填写经常居住地的同时注明户籍登记的住址。

6. 当事人的单位及职业。填写当事人的工作单位名称以及从事的职业种类。单位名称应当填写全称，必要时在前面加上地域名称。认定当事人的工作单位，不能单纯凭人事档案是否在该单位，而应当视其是否实际在该单位工作。只要其实际在该单位工作的，即可认定为工作单位。职业应当填写从事工作的种类。没有工作单位的，可以根据实际情况填写经商、务工、农民、在校学生或者无业等。

7. 身份证件种类及号码。填写居民身份证、军官证、护照等法定身份证件的种类及号码。

8. 文化程度。填写国家承认的学历。文化程度分为研究生（博士、硕士）、大学、大专、中专、高中、初中、小学、文盲等档次。

9. 批准人。填写批准制作该文书的有关负责人的姓名。

10. 批准时间。填写批准制作该文书的有关负责人的签字时间。

11. 办案人。填写办理案件检察官的姓名，或者有关事项承办人的姓名。

12. 办案单位。填写办案单位或者部门的名称。

13. 填发时间。填写实际制作文书的时间。

14. 填发人。填写制作文书的人的姓名。

15. 签名。需要当事人签名确认的文书应当由其本人签名或者盖章，并捺指印;属于单位的,由法定代表人、主要负责人或者其授权的人签名或者盖章,并加盖单位印章。当事人拒绝签名、盖章、捺指印的,办案人员应当在文书中予以说明。

16. 各类清单。"编号"栏一律使用阿拉伯数字,按材料、物品的排列顺序从"1"开始逐次填写。"名称"栏填写材料、物品的名称;"数量"栏填写材料、物品的数量,使用汉字大写数字填写;"特征"栏填写物品的品牌、型号、颜色、新旧等特点。表格多余部分应当用斜对角线划掉。

17. 文书字号。文书式样中的文书字号印刷为"×××〔 〕号",实际填写时,"×××"一般为某检察院简称+部门简称+文书简称,〔 〕中填文书年度;〔 〕后填文书序号。

18. 法律条文的援引。引用法律,应当写明法律的全称;引用的法律条文,要写明具体的条文号,条文中有款、项的,要具体到款、项。

19. 计量单位。填写国家法定计量单位。

20. 联系方式。填写联系人的移动电话号码、固定电话号码、电子邮件地址等内容。

21. 数字。在引用的法律条款、部分结构层次顺序和在词、词组、惯用语、缩略语、具有修辞色彩语句中作为词素的数字时应当使用汉字,其他情况下应当使用阿拉伯数字。结构层次序数:第一层为"一、",第二层为"(一)",第三层为"1.",第四层为"(1)"。文书字号中年度、顺序号应当使用阿拉伯数字。

22. 成文日期。成文日期填写批准人的批准日期。审核人、批准人在其签名下方填写审核、批准时的日期。成文日期应当使用小写数字,如"2020年1月1日"。

23. 印章的使用。对外使用的文书,可以在成文日期上方写明单位名称,在单位名称或成文日期上加盖能够对外独立承担法律责任的单位印章。公章尺寸(院印、部门印等)应严格遵守国家有关规定。

24. 选择性项目的填写。纸质文书标题中的选择性项目不需要选择,电子文书可以根据需要选择制作相应的文书。文书内容部分出现选择性项目的,电子文书根据案情从相应选项中选择适当的项目。纸质文书根据具体情况删去不需要的内容:文书中空余部分、较短的文字内容,可用斜线"\"删去,有较长文字内容的可用横线"—"删去。对于带有"□"的选择性项目,在选定的□中打"√"。选择"其他"的,还应当在随后的横线处填写具体情形。

二、印制标准

根据《党政机关公文格式国家标准 GB/T9704-2012》《最高人民检察院公文处理实施细则》，结合最高人民检察院工作文书工作实际，制定本标准。

（一）工作文书用纸、版面及印制要求

1. 用纸技术指标

文书用纸一般使用纸张定量为 $60g/m^2 \sim 80g/m^2$ 的胶版印刷纸或复印纸，纸张白度 80%～90%，横向耐折度≥15 次，不透明度≥85%，pH 值为 7.5～9.5。

2. 幅面及版心尺寸

用纸幅面采用国际标准 A4 型纸，其成品幅面尺寸为 210mm×297mm。天头（上白边）为 37mm±1mm，订口（左白边）28mm±1mm，版心尺寸为 156mm×225mm（不含页码）。特殊文书用纸幅面尺寸，可根据实际需要确定。

3. 版面规格

如无特殊说明，文书版面制作采用 WPS 操作系统，推荐采用方正字库的字体和字号。文书正文一般采用仿宋_GB2312 三号字体，数字一般采用"Times New Roman"字体；叙述型文书一般每面排 22 行，每行排 28 个字，并撑满版心。特定情况可做适当调整。

4. 文字颜色

如无特殊说明，文书中文字的颜色均为黑色。

5. 制版要求

版面干净无底灰，字迹清楚无断划，尺寸标准，版心不斜，误差不超过 1mm。

6. 印刷要求

双面印刷，页码套正，两面误差不得超过 2mm。黑色油墨应达到色谱所标 BL100%，红色油墨应达到色谱所标 Y80%、M80%。印品着墨实、均匀；字面不花、不白、无断划。

7. 装订要求

文书应左侧装订，不掉页，两页页码之间误差不超过 4mm，裁切后的成品尺寸允许误差±2mm，四角成 90°。无毛茬或缺损。

骑马订或平订的文书，订位为两钉外订眼距版面上下边缘各 70mm 处，允许误差±4mm；无坏钉、漏钉、重钉，钉脚平伏牢固；骑马订钉锯均订在折缝线上，平订钉锯与书脊间的距离为 3mm～5mm。

包本装订文书的封皮（封面、书脊、封底）与书芯应吻合、包紧、包平、不脱落。

（二）文书格式各要素编排规则

版心内文书格式各要素划分为版头、主体、特定格式/页码三部分。工作文书格式分为"填充型工作文书"和"叙述型工作文书"。其中，填充型工作文书首页文书字号以上的部分称为版头；文书首页文书字号（不含）以下、边框（不含）以上的部分称为主体；文书末页边框以下部分称为特定格式。叙述型工作文书首页文书字号以上的部分称为版头；文书首页文书字号（不含）以下、成文日期以上的部分称为主体；页码位于版心外。

【填充型工作文书编排规则】

1. 版头

（1）份号：涉密文书应当标注份号。顶格编排在版心左上角第一行，一般用 6 位 3 号阿拉伯数字，如"000001"。

（2）密级和保密期限：涉密文书应当标注密级和保密期限。保密期限根据实际情况确定，一般用 3 号黑体字，顶格编排在版心左上角第二行。保密期限中的数字使用阿拉伯数字标注，密级和保密期限之间用"★"隔开，如"秘密★1 年""机密★10 年""绝密★30 年"等。

（3）发文机关标志：使用发文机关全称。发文机关标志居中排布，编排于上边框下空一行，一般使用宋体小二号字，如"××××人民检察院"。

（4）文书名称：使用文书全称。文书名称居中排布，编排于发文机关标志正下方，一般使用宋体二号字加粗，如"批准逮捕决定书"。

（5）标注副本或者存根：对文书存根、副本进行标注（正本不需要标注），居中排布，中间空 1 字，编排于文书名称正下方，用括号"（）"括入，一般使用楷体_GB2312 小三号，如"（存根）""（副本）"。

（6）分隔线：与版心等宽，编排于文书名称或者副本、存根下空一行位置。

（7）文书字号：由发文机关代字、部门简称、文书简称、年份和发文顺序号组成。编排在分隔线之下 4mm 处，居右空 1 字。年份、发文顺序号用阿拉伯数字标注；年份应标全称，用六角括号"〔〕"括入；发文顺序号不加"第"字，不编虚位（即 1 不编为 01），在阿拉伯数字后加"号"字。汉字为楷体_GB2312 四号，数字为 Times New Roman 四号，如"××检××批捕〔20××〕×号"。

2. 主体

（1）主送机关：编排于文书字号下空一行位置，居左顶格，机关名称后标全角冒号。

（2）正文：文书首页必须显示正文。一般用仿宋_GB2312三号，编排于主送机关名称下一行，从左至右横排，每个自然段左空二字，回行顶格，数字、年份不能中断回行。

文中结构层次序数依次可以用"一、""（一）""1.""（1）"标注；一般第一层用黑体字，第二层用楷体字，第三层和第四层用仿宋体字标注。

（3）结尾语：文书如有结尾语，正文下空一行，左空二字编排，如"此致"，下一行顶格编排主送机关，如"××××人民法院"。

（4）附件说明：文书如有附件，在正文或结尾下空一行、左空二字编排"附件"二字，后标全角冒号和附件名称。如有多个附件，使用阿拉伯数字标注附件顺序号（如"附件：1.××××"）；附件名称后不加标点符号。附件名称较长需回行时，应当与上行附件名称的首字对齐。

（5）发文机关署名、成文日期和印章：成文日期一般右空四字编排，用阿拉伯数字将年、月、日标全，年份应标全称，月、日不编虚位（即1不编01），如："2020年1月1日"。印章用红色，不得出现空白印章。部分文书可以在成文日期之上、以成文日期为准居中编排发文机关署名，印章端正、居中下压发文机关署名和成文日期，使发文机关署名和成文日期居印章中心偏下位置，印章顶端应当上距正文（或附件说明）一行之内。

（6）印章特殊情况说明：文书一般为单倍行间距，标准字间距，当文书排版后所剩空白处不能容下印章或签名章、成文日期时，可以采取调整行距、字距的措施加以解决。

（7）正式印制时，填充型文书样本中标明的"样式""印""院印"以及注明应含内容的文书和文字制作说明不要印出。

（8）附件：文书附件应当另面编排，并在版记之前，与文书正文一起装订。"附件"二字及附件序号用3号黑体字顶格编排在版心左上角第一行。附件标题居中编排在版心第三行。附件序号和附件标题应当与附件说明的表述一致。附件格式要求同正文。

如附件与正文不能一起装订，应在附件左上角第一行顶格编排文书的发文字号并在其后标注"附件"二字及附件序号。

3. 特定格式

（1）多联文书设置外边框，宽度为3.0磅。

（2）多联文书中的外边框下方为联次及用途，表明本联文书的去向，字体为楷体五号，如"第二联　附卷"。

【叙述型工作文书编排规则】

叙述型工作文书中的份号、密级和保密期限、附件、成文日期和印章等与填充型工作文书编排规则标准相同。

1. 版头

（1）发文机关标志：使用发文机关全称。发文机关标志居中排布，上空一行，一般使用宋体小二号字，如"最高人民检察院"。

（2）文书名称：使用文书全称。文书名称居中排布，编排于发文机关标志正下方，一般使用宋体二号字加粗，如"核准追诉决定书"。

（3）文书字号：由发文机关代字、部门简称、文书简称、年份和发文顺序号组成。编排在分隔线之下4mm处，居右空1字。年份、发文顺序号用阿拉伯数字标注；年份应标全称，用六角括号"〔〕"括入；发文顺序号不加"第"字，不编虚位（即1不编为01），在阿拉伯数字后加"号"字。汉字为楷体_GB2312四号，数字为Times New Roman四号，如"高检××核追〔20××〕×号"。

2. 主体

（1）主送机关：编排于文书字号下空一行位置，居左顶格，机关名称后标全角冒号。

（2）正文：文书首页必须显示正文。一般用仿宋_GB2312三号，编排于主送机关名称下一行，从左至右横排，每个自然段左空二字，回行顶格，数字、年份不能中断回行。

文中结构层次序数依次可以用"一、""（一）""1.""（1）"标注；一般第一层用黑体字，第二层用楷体字，第三层和第四层用仿宋体字标注。

（3）结尾语：文书如有结尾语，正文下空一行，左空二字编排，如"此致"，下一行顶格编排主送机关。

3. 页码

一般用4号半角宋体阿拉伯数字，编排在文书版心下边缘之下，数字左右各放一条一字线，如"－1－"；一字线上距版心下边缘7mm。单页码居右空一字，双页码居左空一字。文书的版记页前有空白页的，空白页和版记页均不编排页码。文书的附件与正文一起装订时，页码应当连续编排。

（三）二维条码

1. 条码位置：对于没有版记的文书，条码印制在文书最后一页的版心右下角位置（以版心右下角为参照点）；如文书带有版记，条码则印制在版记下方右侧，距版记下边缘3mm，距版心右边缘5mm。

如果文书不需要批量印刷，可以将条码打印在文书的右下角或将打印出条码标签贴在文书的右下角；电子文书的二维条码随版式一并生成，具体位置同上。

2. 条码大小：建议尺寸宽50mm，高大于10mm、小于25mm，可容纳175个汉字的内容；如果内容超过175个字，条码可以适当加宽，但高度不能超过25mm，加宽后，条码的容量最多不能超过250个字。

3. 条码内容必须与相应文书内容一致。

4. 条码与其对应的文书具有同等的密级、紧急程度，对于条码的生成、保存、运转、销毁要视同其所对应的文书。

5. 印制条码应确需必要，不得随意生成，在印制过程中生成的多余条码要按保密规定进行销毁。

6. 绝密级文书上的条码，标题字段应为空。

（四）文书表格、标点符号、计量单位和数字用法

1. 文书表格用法

文书如需附表，对横排A4纸型表格，页码位置与文书其他页码保持一致，单页码表头在订口一边，双页码表头在切口一边。

文书如需附A3纸型表格，且当最后一页为A3纸型表格时，封三、封四（不放页码）应为空白，将A3纸型表格装订在封三前，不得装订在文书最后一页（封四）上。

2. 文书标点符号用法

文书中标点符号用法应符合GB/T 15834相关规定。

3. 文书计量单位用法

文书中计量单位用法应符合GB3100、GB3101和GB3102（所有部分）相关规定。

4. 文书数字用法

文书中数字用法应符合GB/T 15835相关规定。

一、刑事检察工作文书

（一）侦查工作文书

1. 案件公开审批表

×××人民检察院

案件公开审批表

案件名称			
案件编号			
受理/承办部门		受理人/承办人	
申请公开理由			
申请公开内容			
审批意见			
备注			

制作说明

一、本文书依据《人民检察院案件信息公开工作规定（试行）》第十一条、第十三条、第十四条①的规定制作。

二、人民检察院应当及时向社会发布下列重要案件信息：（一）有较大社会影响的职务犯罪案件的立案侦查、决定逮捕、提起公诉等情况；（二）社会广泛关注的刑事案件的批准逮捕、提起公诉等情况；（三）已经办结的典型案例；（四）重大、专项业务工作的进展和结果信息；（五）其他重要案件信息。②

三、重要案件信息由办理该案件的人民检察院负责发布。对于重大、敏感案件以及上级人民检察院交办、督办的案件，在发布信息前应当报上级人民检察院批准；对于在全国范围内有重大影响的案件，在发布信息前应当层报最高人民检察院批准。

四、各级人民检察院案件办理部门负责拟制本部门应当发布的案件信息，经分管副检察长或者检察长批准后，由本院新闻宣传部门负责发布。没有设立新闻宣传部门的，由案件管理部门负责在人民检察院案件信息公开系统上发布，需要向其他媒体发布的，由办公室或者其他指定的部门负责发布。③

---

① 现为《人民检察院案件信息公开工作规定》第十二条至第十五条。

② 《人民检察院案件信息公开工作规定》第十二条规定："人民检察院可以根据工作实际，向社会发布关注度较高、影响较大的案件信息：（一）相关刑事案件的办理情况；（二）相关民事检察案件的办理情况；（三）相关行政检察案件的办理情况；（四）相关公益诉讼案件的办理情况。"第十三条规定："人民检察院可以根据需要，向社会发布具有示范引领效果、促进社会治理的相关案件信息：（一）对统一法律适用、普法具有重要意义的指导性案例和典型案例；（二）案件公开听证情况；（三）社会治理类检察建议；（四）重大、专项业务工作的进展和结果信息；（五）其他应予发布的案件信息。"

③ 《人民检察院案件信息公开工作规定》第十四条规定："人民检察院可以通过新闻发言人、召开新闻发布会、提供新闻稿等方式对外发布重要案件信息，并且应当同时在'12309中国检察网'上发布该信息。"第十五条规定："案件信息由办理该案件的人民检察院负责发布。"

2. 案件不公开审批表

×××人民检察院

案件不公开审批表

案件名称	
案件编号	
受理/承办部门	受理人/承办人
申请不公开理由	
申请不公开内容	
审批意见	
备注	

制作说明

一、本文书依据《人民检察院案件信息公开工作规定（试行）》第四条、第十一条①的规定制作。

二、人民检察院对涉及国家秘密、商业秘密、个人隐私和未成年人犯罪的案件信息，以及其他依照法律法规和最高人民检察院有关规定不应当公开的信息，不得公开。②

三、人民检察院对正在办理的案件，不得向社会发布有关案件事实和证据认定的信息。③

四、人民检察院应当建立健全案件信息发布保密审查机制，明确审查的程序和责任。案件信息公开前，应当依照《中华人民共和国保守国家秘密法》《中华人民共和国保守国家秘密法实施条例》《检察工作中国家秘密范围的规定》等相关规定，审查拟公开的案件信息。各部门对案件信息不能确定是否可以公开的，应当依照规定报保密部门确定。④

---

① 现为《人民检察院案件信息公开工作规定》第四条、第十二条、第十三条。
② 《人民检察院案件信息公开工作规定》第四条规定："人民检察院对涉及国家秘密、商业秘密、个人隐私和未成年人犯罪的案件信息，以及其他依照法律法规和最高人民检察院有关规定不应当公开的信息，不得公开。侵害未成年人犯罪的案件信息，一般不予公开，确有必要公开的，应当依法对相关信息进行屏蔽、隐名等处理。"
③ 《人民检察院案件信息公开工作规定》删去此规定。
④ 《人民检察院案件信息公开工作规定》删去此规定。

3. 不公开文书审批表

×××人民检察院

不公开文书审批表

案件名称	
法律文书名称	

受理/承办部门		受理人/承办人	（自动回填）

申请不公开理由	
审批意见	
备注	

制作说明

一、本文书依据《人民检察院案件信息公开工作规定（试行）》第四条、第十八条①的规定制作。为审批拟公开的终结性文书时使用。

二、人民检察院对涉及国家秘密、商业秘密、个人隐私和未成年人犯罪的案件信息，以及其他依照法律法规和最高人民检察院有关规定不应当公开的信息，不得公开。②

三、人民检察院不得在案件信息公开系统发布内部工作性文书。③

---

① 现为《人民检察院案件信息公开工作规定》第四条、第十八条、第十九条。
② 《人民检察院案件信息公开工作规定》第四条规定："人民检察院对涉及国家秘密、商业秘密、个人隐私和未成年人犯罪的案件信息，以及其他依照法律法规和最高人民检察院有关规定不应当公开的信息，不得公开。侵害未成年人犯罪的案件信息，一般不予公开，确有必要公开的，应当依法对相关信息进行屏蔽、隐名等处理。"
③ 《人民检察院案件信息公开工作规定》删去此规定。

4. 线索登记表

×××人民检察院
线索登记表

线索来源				时间			
举报（控告、报案、自首）人	姓名		性别		出生年月		文化程度	
	工作单位				职务		
	住址				联系电话		
被举报人	姓名		性别		出生年月		文化程度	
	工作单位				职务		
	住址				联系电话		
是否要案							
涉嫌的主要问题							
审查处理意见							
处理结果							

制作说明

一、本文书依据《人民检察院刑事诉讼规则》第一百六十六条第一款规定制作。为登记职务犯罪线索时使用。

二、本文书需要具体写明涉嫌的主要问题、审查处理意见、处理结果等。

5. 受理案件登记表

×××人民检察院

受理案件登记表

统一受案号		案件类别	
移送单位		受理日期	
主要犯罪嫌疑人/当事人姓名		强制措施		罪名/案由	
案卷册数		承办部门	
案管部门意见			
备注		接收人	

制作说明

一、本文书依据《人民检察院刑事诉讼规则》第一百六十六条第一款规定制作。为人民检察院负责侦查的部门受理案件登记时使用。

二、人民检察院直接受理侦查案件的线索，由负责侦查的部门统一受理、登记和管理。

6. 提请立案审查报告

×××人民检察院

提请立案审查报告

××检××立审〔××××〕××号

一、被举报人（被调查人）的基本情况

被举报人（被调查人）×××，性别，××××年××月××日出生，身份证号码，民族，籍贯，文化程度，政治面貌（如系人大代表、政协委员，要写清其身份），工作单位，职务，职级，现住址等。（有多名被调查对象的，应按涉嫌犯罪情节轻重逐一写明）

二、线索来源

案件来源具体为自首、单位或者公民举报、上级交办、有关部门移送、本院其他部门移送以及办案中发现等。

三、举报（调查）内容

（写明涉嫌的主要问题）

四、处理意见

依据《中华人民共和国刑事诉讼法》第十九条第二款、第一百一十二条，《人民检察院刑事诉讼规则》第一百六十六条第二款之规定，提请对×××涉嫌犯罪线索进行立案审查。

五、立案审查工作方案

（一）立案审查目的、方向、范围和调查的问题

（二）立案审查的人员配备、分工及组织领导

（三）办案期限、步骤、方法和措施

（四）办案风险评估及应对措施

以上意见妥否,请审示。

承办人:×××

××××年××月××日

制作说明

一、本文书依据《中华人民共和国刑事诉讼法》第十九条第二款、第一百一十二条,《人民检察院刑事诉讼规则》第一百六十六条第二款的规定制作。

二、本文书的主要内容包括被举报人(被调查人)的基本情况、线索来源、举报(调查)内容、处理意见、立案审查工作方案等。

7. 立案审查安全防范预案

×××人民检察院
立案审查安全防范预案

一、被举报人（被调查人）的基本情况

被举报人（被调查人）×××，性别，××××年××月××日出生，身份证号码，民族，籍贯，文化程度，政治面貌（如系人大代表、政协委员，一并写明具体级、届代表、委员及代表、委员号），工作单位，职务，职级，现住址等。（有多名被调查对象的，应按情节轻重逐一写明）

二、被举报人（被调查人）的健康状况和精神状况

了解掌握被举报人（被调查人）的健康状况和精神状况，如患有疾病应特别写明。

三、人员配备、分工及职责

明确案件承办人、司法警察或负责看管人员的配备、分工、职责以及安全防范的具体措施。组织好看管人员，并向其交待注意事项，做好询问结束后办案人员与看管人员的衔接，不能出现空当。

四、安全措施

1. 环境准备。询问前对询问场所进行细致检查，消除不安全因素。

2. 医护准备。对患有严重疾病的，应准备必要的救治药品，制定相应的救治预案或请医护人员到场监护。

3. 询问、查询、勘验、检查等环节的注意事项。

五、突发事件处理

可能出现安全问题预想及对策。对办案中出现的安全隐患和安全事故处理、报告的方法；针对询问过程中被询问人可能出现异常情况的应急措施。

承办人：×××

××××年××月××日

制作说明

一、本文书一般作为提请立案审查报告的附件，为立案审查过程中制作办案安全防范预案时使用。

二、本文书内容主要包括被举报人（被调查人）的基本情况，被举报人（被调查人）的健康状况和精神状况，人员配备、分工及职责，安全措施，突发事件处理等内容。

8. 接触被调查对象审批表

×××人民检察院
接触被调查对象审批表

案由			线索来源			
被调查对象		性别		年龄		民族
籍贯			文化程度			政治面貌
工作单位及职务						
家庭住址						
涉嫌主要问题						
承办人意见						
检察长审批意见						

制作说明

一、本文书依据《人民检察院刑事诉讼规则》第一百六十八条规定制作。在立案审查过程中，需要接触被调查对象报请审批时使用。

二、本文书需层报检察长决定。

9. 中止立案审查审批表

×××人民检察院

中止立案审查审批表

××检××中立审〔××××〕××号

被调查对象基本情况	姓名		性别		年龄		文化程度	
	工作单位及职务							
	现住址							
线索来源				反映问题性质				
受理日期				立案审查部门				
立案审查日期								
线索涉及的主要问题								
立案审查进展情况及存在问题								
处理意见及依据								

制作说明

一、本文书为人民检察院在立案审查过程中，拟对线索中止立案审查进行审批时使用。

二、对于决定中止立案审查的犯罪线索，继续立案审查的条件具备后，经检察长批准，应当及时恢复。

10. 恢复立案审查审批表

×××人民检察院
恢复立案审查审批表

××检××恢立审〔××××〕××号

被调查对象基本情况	姓名		性别		年龄		文化程度	
	工作单位及职务							
	现住址							
线索来源				反映问题性质				
受理日期				立案审查部门				
立案审查日期				中止立案审查日期				
线索涉及的主要问题								
立案审查进展情况及存在问题								
审批意见及依据								

制作说明

一、本文书依据《人民检察院刑事诉讼规则》第一百六十六条至第一百七十条规定制作。

二、本文书需要对线索涉及的主要问题、立案审查进展情况及存在问题、审批意见及依据作出具体说明。

11. 延长立案审查期限审批表

×××人民检察院

延长立案审查期限审批表

案由		立案审查开始时间	
被调查人		性别		年龄		民族	
工作单位、职务	
延长立案审查的期限与理由	
审批意见	
备注	

制作说明

一、本文书为人民检察院延长立案审查期限审批时使用。

二、本文书需要具体写明延长立案审查的期限与理由、审批意见等。

12. 立案审查结论报告

×××人民检察院
立案审查结论报告

××检××立审结〔××××〕××号

被调查对象×××，性别，××××年××月××日出生，身份证号码，民族，籍贯，文化程度，政治面貌（如系人大代表、政协委员，一并写明具体级、届代表、委员及代表、委员号），工作单位，职务，职级，现住址等。（有多名被调查对象的，应按涉嫌犯罪情节轻重逐一写明）

被调查对象×××涉嫌×××犯罪的案件线索，……（写明案由和案件来源，案件来源具体为自首、单位或者公民举报、上级交办、有关部门移送、本院其他部门移送以及办案中发现等）；××××年××月××日，经检察长决定，我们开始进行立案审查，……（简要写明所采取的立案审查措施及立案审查经过）。现已立案审查终结。

经立案审查查明：……（详细写明每条案件线索经立案审查后构成犯罪、不构成犯罪或者无法获取犯罪证据等情况）。

立案审查查明上述事实，……（写明认定上述事实的证据或理由），可以认定。

综上所述，我们认为，被调查对象×××涉嫌×××犯罪的案件线索，经立案审查……（写明符合或者不符合立案条件的具体理由），符合立案条件（或者不符合立案条件）。根据《中华人民共和国刑事诉讼法》第十九条、第一百零九条之规定，提请立案侦查（或者根据《中华人民共和国刑事诉讼法》第十六条、第一百一十二条之规定，提请不予立案）。

需要说明的问题：……（对于立案审查中发现的问题应逐一说明）。

当否，请批示。

承办人：×××

××××年××月××日

制作说明

一、本文书依据《人民检察院刑事诉讼规则》第一百七十条规定制作。

二、本文书主要内容包括被调查对象基本情况、案由和案件来源、立案审查措施及立案审查经过、立案审查查明的事实、证据或理由等。

13. 关于×××线索立案审查结论的批复

×××人民检察院
关于×××线索立案审查结论的批复

××检××复〔××××〕××号

×××：（下级人民检察院名称）

你院关于×××案件线索立案审查结论报告收悉。经研究，（具体批复内容）。

此复。

××××年××月××日
（院印）

制作说明

一、本文书为上级人民检察院对下级人民检察院的立案审查结论进行批复时使用。

二、本文书中批复的内容应当具体、明确。

14. 提请立案报告

×××人民检察院
提请立案报告

×ב×请立〔××××〕××号

被调查对象×××,性别,××××年××月××日出生,身份证号码,民族,籍贯,文化程度,政治面貌(如系人大代表、政协委员,一并写明具体级、届代表、委员及代表、委员号),工作单位,职务,职级,现住址等。(有多名被调查对象的,应按涉嫌犯罪情节轻重逐一写明)

线索来源及涉嫌的主要问题:×××涉嫌×××犯罪的案件线索,……(写明案由和线索来源,来源具体为举报、自首、自行发现、有关部门移送、上级交办等)。经检察长决定,开始立案审查。……(简要写明所采取的立案审查措施及立案审查过程)。现已立案审查终结。

经立案审查查明:……(详细叙写每一线索经立案审查后构成犯罪)。

立案审查查明上述事实,……(写明认定上述事实的证据或理由)可以认定。

综上所述, 涉嫌 犯罪的案件线索,经立案审查,……(写明符合立案条件的具体理由),符合立案条件。依照依据《中华人民共和国刑事诉讼法》第一百一十二条、《人民检察院刑事诉讼规则》第一百七十一条第一款的规定,提请立案侦查。

需要说明的问题:

……（如与本案线索有关且需要说明的问题逐一说明）。

当否，请批示。

承办人：×××

××××年××月××日

附件：1. 侦查计划

2. 侦查安全防范预案

制作说明

一、本文书依据《中华人民共和国刑事诉讼法》第一百一十二条、《人民检察院刑事诉讼规则》第一百七十一条第一款的规定制作。为提请立案时使用。

二、本文书的主要内容包括被调查对象基本情况、线索来源及涉嫌的主要问题、立案审查查明的情况等。

三、本文书可后附侦查计划、侦查安全防范预案。

15. 侦查计划

×××人民检察院
侦查计划

一、犯罪人嫌疑人基本情况

犯罪嫌疑人×××，性别，××××年××月××日出生，身份证号码，民族，籍贯，文化程度，政治面貌（如系人大代表、政协委员，一并写明具体级、届代表、委员及代表、委员号），工作单位，职务，职级，现住址等。（有多名犯罪嫌疑人的，应按涉嫌犯罪情节轻重逐一写明）

二、案件来源及办理过程

犯罪嫌疑人×××涉嫌×××犯罪一案……（写明案由和案件来源，案件来源具体为自首、单位或者公民举报、上级交办、有关部门移送、本院其他部门移送以及办案中发现等。简要写明办案过程中各个法律程序开始的时间，如立案审查时间。）

三、当前掌握的犯罪事实及证据情况

四、下一步侦查工作计划

（一）下一步的侦查方向和目的

（二）侦查措施

结合本案的具体情况，现拟定具体侦查措施如下：

1. ……

2. ［应一并写明需要采取的侦查措施（含技术侦查措施）及理由；需要采取的秘密侦查、控制下交付等特殊侦查措施及理由；取证可能涉及的人员和单位；需要配备的侦查人员和侦查设备；协作单位和协作方法等事项］

（三）注意事项

1. 对下一步的侦查工作要进行执法办案风险评估，对于定罪、量刑、违法所得、羁押必要性等方面的证据要重点收集，同时要注意侦查取证工作和程序合法性要求。

2. 对案件的侦查工作要提高危机管理意识。增强办案安全意识，确保犯罪嫌疑人及其他涉案人员人身安全；增强案件质量意识，确保法院有罪判决；增强舆情应对意识，防止不良炒作现象。

以上侦查计划当否，请批示。

承办人：×××
××××年××月××日

制作说明

一、本文书一般作为提请立案报告的附件，是立案后办案人员根据有关规定和案件的具体情况，确定侦查方向、采取侦查措施、防范办案风险的工作计划。

二、本文书主要内容包括犯罪嫌疑人基本情况、案件来源及办理过程、当前掌握的犯罪事实及证据情况，以及下一步侦查工作计划。共同犯罪的案件，应当填写全部犯罪嫌疑人的姓名。以事立案的案件，不填写犯罪嫌疑人基本情况。

16. 侦查安全防范预案

×××人民检察院
侦查安全防范预案

一、被讯（询）问人基本情况

（简要写明犯罪嫌疑人、证人、被害人等有关人员的基本情况。）

犯罪嫌疑人×××，性别，××××年××月××日出生，身份证号码，民族，籍贯，文化程度，政治面貌（如系人大代表、政协委员，一并写明具体级、届代表、委员及代表、委员号），工作单位，职务，职级，现住址等。（有多名被调查对象的，应按情节轻重逐一写明）

证人、被害人等其他人员的情况可以适当简化。

二、被讯（询）问人健康状况和精神状况

了解掌握犯罪嫌疑人、证人、被害人等有关人员的健康状况和精神状况，如患有疾病应特别写明。

三、人员配备、分工及职责

明确案件承办人、司法警察或负责看管人员的配备、分工、职责以及安全防范的具体措施。组织好看管被讯（询）问人的人员，并向其交待注意事项，做好讯（询）问结束后办案人员与看管人员的衔接，不能出现空当。

四、安全措施

1. 环境准备。讯（询）问前对讯（询）问场所进行细致检查，消除不安全因素。

2. 医护准备。对患有严重疾病的，应准备必要的救治药品，制定相应的救治预案或请医护人员到场监护。

3. 搜查、检查、采取强制措施等环节注意事项。

五、突发事件处理

可能出现安全问题预想及对策。对办案中出现的安全隐患和安全事故处理、报告的方法；针对讯（询）问过程中被讯（询）问人可能出现异常情况的应急措施。

承办人：×××

××××年××月××日

制作说明

一、本文书为应对侦查过程中可能出现的突发情况而制定。

二、本文书内容主要包括被讯（询）问人的基本情况，被讯（询）问人健康状况和精神状况，人员配备、分工及职责，安全措施，突发事件处理等。

三、本文书一般作为提请立案报告的附件使用。

17. 补充立案报告

×××人民检察院

补充立案报告

××检××补立〔××××〕××号

一、犯罪嫌疑人基本情况

犯罪嫌疑人×××，性别，××××年××月××日出生，身份证号码，民族，籍贯，文化程度，政治面貌（如系人大代表、政协委员，一并写明具体级、届代表、委员及代表、委员号），工作单位，职务，职级，现住址等。（有多名犯罪嫌疑人的，应按涉嫌犯罪情节轻重逐一写明）

二、案件来源及新发现的犯罪嫌疑人情况

案件来源具体为自首、单位或者公民举报、上级交办、有关部门移送、本院其他部门移送以及办案中发现等。

三、事实与证据情况

四、补充立案侦查的理由和法律依据

承办人：×××

××××年××月××日

制作说明

一、本文书依据《中华人民共和国刑事诉讼法》第十九条第二款、第一百零九条、第一百一十二条和《人民检察院刑事诉讼规则》第一百七十一条的规定制作。为人民检察院在办理已经立案侦查的案件，需要补充新的犯罪嫌疑人时使用。

二、本文书主要内容包括犯罪嫌疑人基本情况、案件来源及新发现的犯罪嫌疑人情况、事实与证据情况以及补充立案侦查的理由和法律依据等。

18. 纠正立案决定通知书

×××人民检察院

纠正立案决定通知书

××检××纠通〔××××〕××号

发往机关（下级院名称）：

  你院××××年××月××日立案侦查的犯罪嫌疑人×××涉嫌×××犯罪一案，我院经审查案件材料，不同意你院的立案决定，理由如下：

  ……（写明审查立案决定错误的理由）。

  根据《人民检察院刑事诉讼规则》第一百七十一条之规定，经检察长批准（或检察委员会决定），现通知你院进行纠正，并将执行情况十日内报送我院。对该决定有异议的，可以在执行的同时向我院报告。

××××年××月××日
（院印）

制作说明

  一、本文书依据《人民检察院刑事诉讼规则》第一百七十一条的规定制作。为上级人民检察院书面纠正下级人民检察院错误立案决定时使用。

  二、本文书应当报经检察长批准或者检察委员会决定。

19. 案件材料移送清单

×××人民检察院
案件材料移送清单

案件名称：
案件统一编号：×××

编号	材料名称	数量	特征	备注

移交人	××××年×月×日
接收人	年　月　日

注：本清单一式两份，一份由案管部门保存，一份交案件承办部门。

制作说明

一、本文书为案件承办部门向案管部门移送案件材料时使用。

二、填写清单时每一份材料填记一行。填写完毕后，在空余表格处画截止线，以示结束。

三、本文书一式两份，一份由案管部门保存，一份交案件承办部门。

20. 随案移送物品、文件清单

×××人民检察院
随案移送物品、文件清单

第　页　共　页

编号	物品文件名称	数量	特征	备注

接收单位　　　　　　　　移送单位
接 收 人　　　　　　　　移 交 人

注：本清单一式两份，一份交接收单位，另一份附卷。

制作说明

一、本文书依据《中华人民共和国刑事诉讼法》第二百四十五条规定制作。

二、人民检察院对查封、扣押、冻结的犯罪嫌疑人、被告人的财物及其孳息，应当妥善保管，以供核查，并制作清单，随案移送。任何单位和个人不得挪用或者自行处理。对被害人的合法财产，应当及时返还。对违禁品或者不宜长期保存的物品，应当依照国家有关规定处理。对作为证据使用的实物应当随案移送，对不宜移送的，应当将其清单、照片或者其他证明文件随案移送。

三、本清单一式两份，一份交接收单位，另一份附卷。

21. 案件线索查处情况回复函

×××人民检察院

案件线索查处情况回复函

（副　本）

×××检×××线查复［××××］××号

×××（案件线索来源部门或单位）：

你　　（案件线索来源部门或单位）　的　　案件线索材料，经查，移送我　　（包括结论以及作出结论的法律依据）。如有不同意见，请按有关规定办理。

×××年×月×日
（院印）

（注：此件正本已收到）

　　　　　　　　　　　　　　　　　　（案件线索来源部门或单位）

　　　　　　　　　　　　　　　　　　　　　　年　月　日

第一联　附卷

×××人民检察院

案件线索查处情况回复函

×××检×××线查复［××××］××号

×××（案件线索来源部门或单位）：

你　　（案件线索来源部门或单位）　的　　案件线索材料，经查，移送我　　（包括结论以及作出结论的法律依据）。如有不同意见，请按有关规定办理。

×××年×月×日
（院印）

第二联　送达案件线索来源部门或单位

制作说明

一、本文书为将案件线索查处情况回复案件线索来源部门或单位时使用。

二、本文书需要写明案件线索查处的结论以及作出结论的法律依据。

三、本文书共两联，第一联附卷，第二联送达案件线索来源部门或单位。

22. 报送案件意见书

×××人民检察院
报送案件意见书

××检××报〔××××〕×号

一、犯罪嫌疑人基本情况

犯罪嫌疑人×××，性别，××××年××月××日出生，身份证号码，民族，籍贯，文化程度，政治面貌（如系人大代表、政协委员，一并写明具体级、届代表、委员及代表、委员号），工作单位，职务，职级，现住址等。（有多名犯罪嫌疑人的，应按涉嫌犯罪情节轻重逐一写明）

二、案件来源与涉嫌犯罪事实

犯罪嫌疑人×××涉嫌×××犯罪一案，……（写明案由和案件来源，案件来源具体为自首、单位或者公民举报、上级交办、有关部门移送、本院其他部门移送以及办案中发现等）。犯罪嫌疑人×××（写明涉嫌主要犯罪事实）。

三、报送的原因和理由

经依法审查查明，犯罪嫌疑人×××涉嫌×××犯罪一案，因（具体写明报送的原因与理由）……

根据《人民检察院刑事诉讼规则》第十六条之规定，应将犯罪嫌疑人×××涉嫌×××犯罪一案报送×××院（上级院）办理。

妥否，请批示。

承办人：×××，×××
××××年××月××日

制作说明

一、本文书依据《人民检察院刑事诉讼规则》第十六条规定制作。如果下级人民检察院认为案情重大、复杂，需要由上级人民检察院立案侦查的案件，可以请求移送上级人民检察院立案侦查。

二、本文书主要内容包括犯罪嫌疑人基本情况，案件来源与涉嫌犯罪事实，报送的原因和理由。共同犯罪的案件，应当填写全部犯罪嫌疑人的姓名。

23. 合并线索审批表

×××人民检察院

合并线索审批表

原线索名称	
现线索名称	
承办人意见	
审批意见	

制作说明

一、本文书依据《人民检察院刑事诉讼规则》第十八条第二款规定制作。为人民检察院根据侦查工作的需要，将有关案件线索合并办理时审批使用。

二、合并线索针对的是一人犯数罪、共同犯罪、共同犯罪的犯罪嫌疑人还实施其他犯罪、多个犯罪嫌疑人实施的犯罪线索存在关联，且合并处理有利于查明案件事实和诉讼进行。

24. 并案审批表

×××人民检察院

并案审批表

××检××并案〔××××〕××号

原案名称	
现案名称	
并案的理由和目的	
审批意见	

制作说明

一、本文书依据《人民检察院刑事诉讼规则》第十八条第二款的规定制作。为人民检察院根据侦查工作的需要，在职责范围内对相关犯罪案件并案处理审批时使用。

二、并案处理针对的是一人犯数罪、共同犯罪、共同犯罪的犯罪嫌疑人还实施其他犯罪、多个犯罪嫌疑人实施的犯罪存在关联，且并案处理有利于查明案件事实和诉讼进行。

25. 提请批准并案侦查报告

×××人民检察院

提请批准并案侦查报告

××检×××并侦〔××××〕××号

×××人民检察院（上级人民检察院）：

我院在办理犯罪嫌疑人×××涉嫌×××犯罪一案中，……（简要表述符合并案的情形），需要并案侦查，现提请你院批准：

一、案件基本情况

二、涉嫌犯罪的事实及证据情况

三、并案侦查的理由和依据

特此报告。

××××年××月××日

（院印）

制作说明

一、本文书依据《人民检察院刑事诉讼规则》第十八条第二款规定制作。为下级人民检察院根据侦查工作的需要，将有关案件提请上级人民检察院并案办理时使用。

二、并案处理针对的是一人犯数罪、共同犯罪、共同犯罪的犯罪嫌疑人还实施其他犯罪、多个犯罪嫌疑人实施的犯罪存在关联，且并案处理有利于查明案件事实和诉讼进行。

三、本文书的主要内容包括案件基本情况、涉嫌犯罪的事实及证据情况、并案侦查的理由和依据等。

26. 批准并案侦查决定书

××人民检察院

批准并案侦查决定书

（副　本）

××检××并侦〔××××〕××号

（提请人民检察院）：

你院于____年____月____日提请将____案与____案并案侦查。经研究，我院同意将上述案件并案，交由____侦查。请及时办理相关材料交接手续。

（院印）

××××年××月××日

第一联　附卷

××人民检察院

批准并案侦查决定书

××检××并侦〔××××〕××号

（提请人民检察院）：

你院于____年____月____日提请将____案与____案并案侦查。经研究，我院同意将上述案件并案，交由____侦查。请及时办理相关材料交接手续。

（院印）

××××年××月××日

第二联　送达提请并案侦查单位

××人民检察院

并案侦查通知书

××检××并侦〔××××〕××号

（相关人民检察院）：

____提请将____案和____案并案侦查。经研究，我院同意并案，交由____侦查。请及时办理相关材料交接手续。特此通知。

（院印）

××××年××月××日

第三联　送达并案相关单位

制作说明

一、本文书依据《人民检察院刑事诉讼规则》第十八条第二款规定制作。为决定将其他案件合并侦查并通知相关人民检察院时使用。

二、并案处理针对的是一人犯数罪、共同犯罪、共同犯罪的犯罪嫌疑人还实施其他犯罪、多个犯罪嫌疑人实施的犯罪存在关联，且并案处理有利于查明案件事实和诉讼进行。

三、本文书共三联，第一联附卷，第二联送达提请并案侦查单位，第三联送达并案相关单位。

27. 分案审批表

×××人民检察院

分案审批表

××检××分案〔××××〕××号

原案名称	
现案名称	
案件拆分到的机关或部门	
分案的理由和目的	
审批意见	

制作说明

一、本文书为人民检察院根据侦查工作的需要,将有关案件分案办理报请审批时使用。

二、本文书需要对分案的理由和目的作出具体说明。

28. 申请交办案件线索意见书

×××人民检察院
申请交办案件线索意见书

××检××申交〔××××〕××号

被调查对象或犯罪嫌疑人基本情况：×××，性别，××××年××月××日出生，身份证号码，民族，籍贯，文化程度，政治面貌（如系人大代表、政协委员，一并写明具体级、届代表、委员及代表、委员号），工作单位，职务，职级，现住址等。（有多名被调查对象或犯罪嫌疑人的，应按涉嫌犯罪情节轻重逐一写明）

案件基本情况：

申请交办的理由：

当否，请批示。

承办人：×××

××××年××月××日

制作说明

一、本文书依据《中华人民共和国刑事诉讼法》第十九条第二款和《人民检察院刑事诉讼规则》第十三条、第十四条的规定制作。为下级人民检察院向上级人民检察院申请交办案件时使用。

二、本文书主要内容包括被调查对象或犯罪嫌疑人基本情况、案件基本情况、申请交办的理由等。

29. 交办案件审查意见书

××××人民检察院
交办案件审查意见书

被调查对象或犯罪嫌疑人基本情况：（包括姓名、性别、出生日期、身份证号码、籍贯、民族、文化程度、工作单位及职务、政治面貌、住所、家庭情况、社会经历、是否属于人大代表、政协委员等）

案件基本情况：

拟交办的理由和意见：

当否，请批示。

承办人：×××

××××年××月××日

制作说明

一、本文书依据《中华人民共和国刑事诉讼法》第十九条第二款和《人民检察院刑事诉讼规则》第十三条、第十四条的规定制作。为上级人民检察院审查拟向下级人民检察院交办案件时使用。

二、本文书的主要内容包括被调查对象或犯罪嫌疑人基本情况、案件基本情况、拟交办的理由和意见等。

30. 交办案件决定书

×××人民检察院
交办案件决定书
（存　根）

×××检×××交办〔××××〕×××号

案由＿＿＿＿＿＿＿＿＿＿＿＿
涉嫌人基本情况（姓名、性别、年龄、身份证号、工作单位及职务、住址、是否人大代表、政协委员）＿＿＿＿＿＿＿＿＿＿
送达单位＿＿＿＿＿＿＿＿＿＿
交办原因＿＿＿＿＿＿＿＿＿＿
批准人＿＿＿＿＿＿＿＿＿＿＿
承办人＿＿＿＿＿＿＿＿＿＿＿
填发人＿＿＿＿＿＿＿＿＿＿＿
填发时间＿＿＿＿＿＿＿＿＿＿

第一联　统一保存

×××人民检察院
交办案件决定书

×××检×××交办〔××××〕×××号

＿＿＿＿人民检察院/部门：
＿＿＿＿涉嫌＿＿＿＿一案，因＿＿＿＿＿＿＿＿，决定交于你院/部门，请依法办理，并按照规定及时书面报告办理情况。

×××年××月××日
（院印/部门印）

第二联　送达下级人民检察院

×××人民检察院
交办案件决定书
（回　执）

＿＿＿＿人民检察院/部门：
你院/部门＿＿＿年＿＿月＿＿日以＿＿＿＿＿＿＿〔　　〕＿＿＿号交办的＿＿＿＿＿＿＿一案，我院/部门已于＿＿＿年＿＿月＿＿日收悉。

×××年××月××日
（院印/部门印）

第三联　下级人民检察院收案后退回附卷

053

制作说明

一、本文书依据《人民检察院刑事诉讼规则》第十四条制作。为上级人民检察院决定向下级人民检察院交办案件时使用。

二、本文书共三联,第一联统一保存,第二联送达下级人民检察院,第三联下级人民检察院收案后退回附卷。

31. 交办案件线索通知书

××× 人民检察院
交办案件线索通知书
（存根）

检交〔　〕　号

案由
当事人　　　　　　　　　出生年月
性别
单位及职务
住址
控告（举报、报案、自首）人：
送达单位
交办时间
交办原因
批准人
承办人
填发人
填发时间

第一联　统一保存

××× 人民检察院
交办案件线索通知书

检交〔　〕　号

　　　　　　　　　　：
　　　年　　月　　日举报（报案、控告、自首）人　　　　　　　　　一案，我院于　　　年　　月　　日交办于你单位。

年　　月　　日
（院印）

第二联　送接单位

××× 人民检察院
交办案件线索通知书

检交〔　〕　号

　　　　　　　　　　人民检察院：
　　　年　　月　　日你院交办的举报（报案、控告、自首）人　　　　　　　　　一案，我院已于　　　年　　月　　日收到。

年　　月　　日
（院印）

第三联　附卷

制作说明

一、本文书依据《人民检察院刑事诉讼规则》第十四条规定制作。为上级人民检察院向下级人民检察院交办线索时使用。

二、本文书共三联,第一联统一保存,第二联送接收单位,第三联附卷。

32. 移送案件意见书

×××人民检察院

移送案件意见书

××检××移〔××××〕××号

一、犯罪人嫌疑人基本情况

犯罪嫌疑人×××，性别，××××年××月××日出生，身份证号码，民族，籍贯，文化程度，政治面貌（如系人大代表、政协委员，一并写明具体级、届代表、委员及代表、委员号），工作单位，职务，职级，现住址等。（有多名犯罪嫌疑人的，应按涉嫌犯罪情节轻重逐一写明）

二、案件来源与涉嫌犯罪事实

犯罪嫌疑人×××涉嫌×××犯罪一案，……（写明案由和案件来源，案件来源具体为自首、单位或者公民举报、上级交办、有关部门移送、本院其他部门移送以及办案中发现等）。

犯罪嫌疑人×××（写明涉嫌主要犯罪事实）。

三、移送的原因和理由

经本院依法审查查明，犯罪嫌疑人×××涉嫌×××犯罪一案，因（具体写明移送原因与理由），本案不属于本院管辖。

根据《人民检察院刑事诉讼规则》第　　条的规定，建议将犯罪嫌疑人×××涉嫌×××犯罪一案移送××××人民检察院（接收院）办理。

承办人：×××

××××年××月××日

制作说明

一、本文书为检察机关立案后,发现案件不属于本检察院管辖,将案件移送其他人民检察院时使用。

二、本文书由办案人根据案件情况提出意见,层报检察长批准。

33. 提请移送案件线索意见书

×××人民检察院

提请移送案件线索意见书

××检××报〔××××〕××号

犯罪嫌疑人（涉案人）基本情况：

犯罪嫌疑人（涉案人）×××，性别，××××年××月××日出生，身份证号码，民族，籍贯，文化程度，政治面貌（如系人大代表、政协委员，一并写明具体级、届代表、委员及代表、委员号），工作单位，职务，职级，现住址等。（有多名犯罪嫌疑人的，应按涉嫌犯罪情节轻重逐一写明）

案件来源涉及的犯罪事实：

移送案件的理由和法律依据：

当否，请批示。

承办人：×××
××××年××月××日

制作说明

一、本文书依据《人民检察院刑事诉讼规则》第十六条的规定制作。下级人民检察院认为案情重大、复杂，需要由上级人民检察院立案侦查的案件，可以请求移送上级人民检察院立案侦查。

二、本文书主要内容包括犯罪嫌疑人（涉案人）基本情况、案件来源涉及的犯罪事实、移送案件的理由和法律依据等。

34. 批准/不批准移送案件（线索）通知书

×××人民检察院
批准/不批准移送案件（线索）通知书

×××人民检察院：

你院提请移送的×××案件线索，经我院研究，批准移送，请于（时限）内办理案件线索移送手续。/不批准移送。

××××年××月××日

（院印）

制作说明

一、本文书依据《人民检察院刑事诉讼规则》第一百六十七条规定制作。为上级人民检察院批准或者不批准下级人民检察院移送线索时使用。

二、本文书需要对批准或者不批准移送案件（线索）提出明确意见。如果批准移送的，要说明时限。

35. 案件退回申请书

×××人民检察院
案件退回申请书

×××：

犯罪嫌疑人×××涉嫌×××犯罪一案，拟申请退回，现报告如下：

犯罪嫌疑人基本情况：×××，性别，××××年××月××日出生，身份证号码，民族，籍贯，文化程度，政治面貌（如系人大代表、政协委员，一并写明具体级、届代表、委员及代表、委员号），工作单位，职务，职级，现住址等。（有多名犯罪嫌疑人的，应按涉嫌犯罪情节轻重逐一写明）

案件基本情况：

申请退回案件的理由和依据：

当否，请批示。

承办人：×××
××××年××月××日

制作说明

一、本文书主要针对案件不符合管辖规定等原因，申请退回案件时使用。

二、本文书的主要内容包括犯罪嫌疑人基本情况、案件基本情况、申请退回案件的理由和依据等。

三、涉及多名犯罪嫌疑人的，应按涉嫌犯罪情节轻重逐一写明。

36. 退回线索审批表

×××人民检察院

退回线索审批表

线索来源		被调查人名称	
受理日期		案　由	
审查结论			
法律依据			
审批意见			

制作说明

一、本文书为人民检察院退回线索审批时使用。

二、本文书需要具体写明审查结论、法律依据、审批意见等。

37. 大要案登记表

×××人民检察院
大要案登记表

编号：　　　　　　案件性质：　　　　　　　　（部门公章）

犯罪嫌疑人姓名		性别		年龄	
政治面貌		工作单位及职务			
人大代表（政协委员）			案件来源		
立案单位			作案时间		
涉案金额		同案犯人数		追回赃款	
是否在逃		赃款去向		个人所得	
简要案情					
办理情况	立案	拘留	逮捕	侦查终结	移送起诉（不起诉）	撤案
日期						
备注						

填表人：　　　审核人：　　　院领导：　　　填表日期：

制作说明

一、本文书为下级人民检察院直接立案侦查的大要案在侦查终结后，向上级人民检察院报送案件办理情况时使用。

二、本文书使用时，连同侦查终结报告和起诉意见书一并报送。本文书经下级院分管副检察长签字后，加盖下级院负责侦查的部门公章报送。

三、对犯罪嫌疑人采取拘传、取保候审、监视居住等强制措施的情况在备注栏中注明。

38. 线索备案表

×××人民检察院
线索备案表

填报单位：　　　　　　　　　××检××线备〔××××〕××号

线索来源					
			受理时间		
被举报人基本情况	姓名		性别		年龄
	工作单位		职务		级别
	现住址				
涉嫌主要问题					
受理检察院负责侦查部门意见					
受理单位检察长意见					
上级检察院负责侦查部门意见	（省院意见）			（高检院意见）	
上级院检察长批示					
备注					

制作说明

一、本文书依据《最高人民检察院关于要案线索备案、初查的规定》制作，为向上级人民检察院备案案件线索时使用。

二、本文书需要按照分级备案的要求填写。

39. 线索审查评估意见表

×××人民检察院
线索审查评估意见表

线索来源	
线索性质	
线索主要内容摘要	
网络评估情况（有/无可查性）	
人工评估情况（有/无可查性）	
审查评估意见	
备注	

制作说明

一、本文书依据《中华人民共和国刑事诉讼法》第一百一十二条，《人民检察院刑事诉讼规则》第一百六十六条第二款的规定制作。为职务犯罪线索审查评估时使用。

二、本文书的主要内容包括线索来源、线索性质、线索主要内容摘要、网络评估情况、人工评估情况、审查评估意见等。

40. 办案工作区使用审批表

×××人民检察院
办案工作区使用审批表

年　月　日

办案部门	
案件承办人	
使用事由	
使用时间、次数	
是否用警及人数	
审批意见	

制作说明

一、本文书依据《人民检察院办案工作区设置和使用管理规定》制作。为人民检察院办案部门使用办案工作区审批时使用。

二、办案部门需要使用办案工作区的，应当填写审批表，报经分管副检察长或者部门负责人批准后，通知司法警察部门安排，同时通知检察技术部门安排录制人员调试录音录像设备。

41. 办案用警申请表

×××人民检察院
办案用警申请表

年　月　日

用警部门		申请人	
出警时间		执行地点	
执行种类		拟用警人数	
需要携带警械具			
警务部门执行意见			

制作说明

一、本文书依据《人民检察院司法警察条例》《人民检察院司法警察执行职务规则》制作，为办案部门申请用警时使用。

二、人民检察院司法警察依法履行下列职责：（一）保护人民检察院直接立案侦查案件的犯罪现场；（二）执行传唤、拘传；（三）协助执行监视居住、拘留、逮捕，协助追捕在逃或者脱逃的犯罪嫌疑人；（四）参与搜查；（五）提押、看管犯罪嫌疑人、被告人和罪犯；（六）送达有关法律文书；（七）保护出席法庭、执行死刑临场监督检察人员的安全；（八）协助维护检察机关接待群众来访场所的秩序和安全，参与处置突发事件；（九）法律、法规规定的其他职责。

42. 关于缉控措施的批复

×××人民检察院

关于缉控措施的批复

×××（下级人民检察院名称）：

你院关于拟对×××采取缉控措施的请示收悉。经研究，决定（同意/不同意）对×××采取缉控措施。

此复。

××××年×月×日
（院印）

制作说明

一、本文书依据《人民检察院刑事诉讼规则》第二百三十五条规定制作。为上级人民检察院对下级人民检察院采取缉控措施进行批复时使用。

二、本文书中批复的内容应当具体、明确。

43. 边控对象通知书

边控对象通知书

★姓名			
曾用名			★照片
★籍贯或国籍（地区）		★性别	
★出入境证件、号码		★出生日期	
★身份证号码			
住址	国内		
	国外		
职业身份			
体貌特征			
控制范围			
交控日期		★控制期限至	
★主要问题			
★边控要求及发现后的处理方法			
★法律依据			
文书或文件文号			★交控机关印章
★是否县级以上人民代表大会代表			
★交控机关领导签名			

★决定机关： 　　联系人： 　　联系电话：
★交控机关： 　　联系人： 　　联系电话：
备注：★号为必填项

制作说明

一、本文书依据《人民检察院刑事诉讼规则》第二百三十五条规定制作。为防止犯罪嫌疑人等涉案人员逃往境外，需要在边防口岸采取边控措施的，人民检察院应当按照有关规定制作本文书，商请公安机关办理边控手续。

二、交控机关领导签名一栏应由检察长或者分管副检察长签字。

三、注意带"★"的项目是必填项。

44. 撤销边控对象通知书

×××人民检察院

撤销边控对象通知书

交控单位：　　　　　　　　　　　　联系人：×××

姓		名		相片
化名：姓		名		
籍贯或国籍		性别		
证件种类号码		出生日期		
职业或社会身份				
体貌特征				
住址	境内			
	境外			
入出境口岸		入出境后到达地点		
交控日期		控制期限至		
撤销边控原因				
审批机关意见			审批机关盖章	

制作说明

一、本文书依据《人民检察院刑事诉讼规则》第二百三十五条规定制作。

二、本文书需要说明撤销边控的具体原因。

45. 红色通报申请表

红色通报申请表

通缉该人以便服刑或起诉

通报媒体（包括互联网）　　［　］是　［V］否

通报	
	请求国：CHINA
以下信息系：（　）通缉待服刑逃犯 　　　　　　　（　）通缉逃犯以便起诉	
1－身份信息	
照片	日期： 地点：
指纹	日期： 地点：
注意	该人可能是： （　）暴力　　　　（　）传染 （　）精神疾病　　（　）自杀 （　）吸毒　　　　（　）拥有武器 （　）危险　　　　（　）其它＿＿
1.1 姓	
1.2 本姓（出生时）	
1.3 名	
1.4 性别	（　）男　　　　　（　）女

1.5 出生日期和地点	
1.6 曾用名	
1.7 其它出生日期	
1.8 父亲姓名	
1.9 母亲姓名	
1.10 身份	（ ）确认　　（ ）没确认
1.11 国籍	<table><tr><td></td><td>（ ）确认 （ ）没确认</td></tr></table>
1.12 身份文件	
1.13 职业（技巧、专业资格等）	
1.14 语言	常用：　　其它：
1.15 体貌	身高（cm）：　　发色： 体重（kg）：　　眼睛颜色： 体态：
1.16 特征标记（伤疤、纹身、畸形、截肢）	
1.17 DNA 编码	
1.18 可能前往地区和国家	
1.19 其它信息（犯罪前科）	

2 – 司法信息	
2.1 简要案情（发案时间、地点、案情及作案手段等）	
2.2 同案犯（姓名、出生日期）	
通缉逃犯以便起诉	
2.3 罪名	
2.4 适用法律（第___条___款）	
2.5 最高刑期	
2.6 起诉时限或逮捕证有效期	
2.7 逮捕证 （逮捕证号码、签发日期和地点、签发机关）	
2.8 签发人	如需要，总秘书处将提供逮捕证副本 (v) 是　　　( ) 否

\multicolumn{2}{l}{**3－一旦发现逃犯将采取的行动**}
3.1	立即通报国际刑警组织中国国家中心局　　年　月　日之档案号：＿＿＿＿＿＿并通报国际刑警总秘书处
3.2	如红通可视为临时拘捕依据则应对逃犯施行逮捕，为此请说明贵国是否属于下列公约签字国 （　）欧洲引渡公约 （　）阿拉伯国家司法互助公约 （　）西非经济共同体国家引渡公约 （　）从任何与申请国签有双边引渡协议、引渡条约的国家或签有包括引渡内容的协定或条约的国家提出引渡逃犯的要求 （　）从任何与申请国签有双边引渡协议、引渡条约的国家或签有包括引渡内容的协定或条约的国家提出引渡逃犯的要求；不包括下列国家 （　）从任何与申请国签有双边引渡协议、引渡条约的国家或签有包括引渡内容的协定或条约的国家提出引渡逃犯的要求；包括下列国家
签发人	
\multicolumn{2}{c}{申请签发红通的中心局的地址 （电话和传真） Interpol NCB China, 14, Dong Chang An Street, Beijing 100741, China Tel：+86 10 65122725；Fa×：+86 10 65125804 主管官员姓名}

制作说明

一、标题

"请求国"应填写请求国家的名称。总部将按照中心局要求发布红通,共两类:一是要求对逃犯进行起诉,二是要求逃犯服刑。

二、红通

(一)身份信息

本项无须详解,但要注意填写内容详尽、准确,为避免重名人,故应填父母名。(注:如不写父母名有的国家不给查,因怕抓错了同名无辜者)。国籍应填准,如多重国籍应都填上,因这将与司法引渡程序有关。

(二)司法信息

1. 简要案情。案情摘要至关重要,有助于被申请国定罪或双重定罪。因为按照引渡法所列罪名不仅在申请国定罪,在被申请国亦应定罪,但双方定罪名目不一定相同。但只要被通缉人被控罪名在被申请国构成犯罪,即足以要求引渡。另,详细案情介绍还有助于被申请国按自身法律量刑决定是否执行红通。

2. 同案犯。要说明同案犯或同案中人有否为红通缉拿对象,如已通缉过,应予说明。

3. 罪名。应按所列罪名规定其法律定义,并应引用申请国之刑法条文。

4. 适用法律。有关此案引用法条应详述法律条目、法规名称及公布实施日期。

5. 最高刑期。刑期应按引用法条说明对逃犯可能判处之最高刑罚,刑罚应为终审判决。有关待服遗留刑期指在押期间逃亡,假释不归之人。此联亦应填实。如逃犯犯有多种罪行则"刑期"与"最高刑期"应分别填写。

6. 起诉时限或逮捕证有效期。起诉时限系指被通缉人在申请国起诉之有效期限。此栏最好填具体,比如起诉期限和从某年某月某日到何年何月何日。逮捕证之有效期亦应说明,无失效期应亦说明。有些国家很注重逮捕证时效。

7. 逮捕证和判决书。逮捕证和判决书为必备之文件。它向被申请国表明红通是由申请国司法当局提请的,红通才具法律效力。如未提供此法律文书,被申请国有权拒绝协查。如法律文书有编号,亦应写明;如无编号,亦应编有说明标记。法律文书签发日期、地点都应说明。

8. 签发人。签发当局、人士亦很重要。

上述法律文书应交总部一份副本存档,如非工作语言还应译好交总部存档。

三、一旦发现逃犯将采取的行动

(一)临时性拘捕。如双边有引渡协议,则申请国填表时应加说明,如:欧洲引渡公约有关临时性拘捕之第16条,阿拉伯国家司法互助公约第43条,西非经济共同体国家引渡公约第22条。

(二)引渡。如双方有引渡协议则第一步是要求临时性拘捕。如双方签有协议其中有关引渡之内容亦在此例。有些国家间虽无引渡条约或决议则也可按国际互助名义要求引渡。但有的国家间虽存在引渡协议,但由于多种原因也无法引渡。如填表内容有所更改(如增加或减少被申请国数目、名称)则应及时向总部更正。鉴于红通涉及被通缉人人身自由,故发函前申请国对所填内容应与有关当局严肃核实。如果申请国要求发布红通,但并不要求引渡则会给被申请国造成困难。

(三)红通之更新。按照有关红通之规定,在下列情况下,申请国必须立即通知总部:1. 如被通缉人已被逮捕;2. 如被通缉人已引渡;3. 如已不需某些国家协查人犯;4. 如逮捕证效期已逾期;5. 如本国有关通缉对象之法律已更改。

为便于拘捕引渡逃犯,红通中一切有关信息变更后应立即更新。如此材料已更新,则被申请国办案法庭对材料便无须核查。从而大大节约办案时间而能立即执行,拘捕避免其逃脱之危险。

46. 撤销红色通缉令通知书

×××人民检察院
撤销红色通缉令通知书
（存根）

×××检××撤红缉〔××××〕×××号

案由
犯罪嫌疑人＿＿＿＿＿＿　年龄＿＿＿＿＿＿
性别
工作单位
住址
身份证号码　　　　　　　人大代表＿＿＿＿＿＿　政协委员＿＿＿＿＿＿
发布红色通缉令时间及原因
撤销红色通缉令原因
送达机关
批准人
承办人
填发人
填发时间××××年××月××日

第一联　统一保存

×××人民检察院
撤销红色通缉令通知书
（副本）

×××检××撤红缉〔××××〕×××号

　　＿＿＿＿＿＿人民检察院立案侦查的犯罪嫌疑人＿＿＿＿＿＿涉嫌＿＿＿＿＿＿一案，于××××年××月××日商国际刑警组织对其发布了红色通缉令，因＿＿＿＿＿＿，现决定撤销通缉。
　　特此通知。
　　此致

××××年×月×日
（院印）

第二联　附卷

×××人民检察院
撤销红色通缉令通知书

×××检××撤红缉〔××××〕×××号

　　＿＿＿＿＿＿人民检察院立案侦查的犯罪嫌疑人＿＿＿＿＿＿涉嫌＿＿＿＿＿＿一案，于××××年××月××日商国际刑警组织对其发布了红色通缉令，因＿＿＿＿＿＿，现决定撤销通缉。
　　特此通知。
　　此致

××××年×月×日
（院印）

第三联　送达立案单位

制作说明

一、本文书依据《人民检察院刑事诉讼规则》第二百三十六条规定制作。

二、本文书共三联,第一联统一保存,第二联附卷,第三联送达立案单位。

47. 申请侦查实验审批表

×××人民检察院

申请侦查实验审批表

案由		案号		立案时间	
犯罪嫌疑人		性别		年龄		民族	
侦查实验种类	
案情简介及申请侦查实验的理由	
侦查实验内容与注意事项	
审批意见	

制作说明

一、本文书依据《中华人民共和国刑事诉讼法》第一百三十五条、第一百六十四条的规定制作。为了查明案情，对申请侦查实验进行审批时使用。

二、侦查实验，禁止一切足以造成危险、侮辱人格或者有伤风化的行为。

48. 辨认犯罪嫌疑人审批表

×××人民检察院

辨认犯罪嫌疑人审批表

〔20   〕第   号

案由		立案时间					
辨认人诉讼身份		辨认地点					
辨认人姓名		性别		年龄		民族	
家庭住址				文化程度		政治面貌	
工作单位及职务							
被辨认人（照片）数				被辨认人（照片）来源			
辨认必要性及组织情况							
审批意见							

制作说明

一、本文书依据《人民检察院刑事诉讼规则》第二百二十三条至第二百二十六条规定制作。为辨认犯罪嫌疑人审批时使用。

二、本文书主要内容包括犯罪嫌疑人基本情况、辨认必要性及组织情况、审批意见。

49. 辨认笔录

×××人民检察院

辨认笔录

时间：

地点：

辨认人：

侦查人员：

记录人：

见证人：

辨认目的：

辨认过程：

辨认结论：

辨认人（签名）：

侦查人员（签名）：

见证人（签名）：

年　月　日

制作说明

一、本文书依据《人民检察院刑事诉讼规则》第二百二十三条至第二百二十六条规定制作。

二、辨认应当在检察人员的主持下进行，执行辨认的人员不得少于二人。辨认犯罪嫌疑人时，被辨认的人数不得少于七人，照片不得少于十张。辨认物品时，同类物品不得少于五件，照片不得少于五张。

三、辨认的情况应当制作笔录，由检察人员、辨认人、见证人签字。

50. 搜查笔录

×××人民检察院
搜查笔录

兹因×××一案，本院工作人员：×××于××××年×月×日×时至×日×时，根据××××年×月×日×××号搜查证，在见证人××在场的情况下，依法对××××进行了搜查。

搜查的简要情况：

本记录的附件（扣押财物、文件清单）一式×份。

搜查人：×××
见证人：×××
被搜查人（家属）：×××
××××年××月××日

附件:

×××人民检察院
扣押财物、文件清单

编号:

第　页　共　页

编号	物品、文件名称	数量	单位	特征	备注

被扣押财物、文件持有人:

见证人:

扣押人:

年　月　日

(院印)

本清单一式四份,一份统一保存,一份附卷,一份交被扣押财物、文件持有人,一份交被扣押财物、文件保管人。

制作说明

一、本文书依据《中华人民共和国刑事诉讼法》第一百四十条的规定制作。

二、本文书需要简要写明搜查的情况,由侦查人员、被搜查人或者家属、见证人签名或者盖章。如果被搜查人或者家属拒绝签名、盖章,应当在笔录上注明。

三、本文书后附《扣押财物、文件清单》。该清单一式四份,一份统一保存,一份附卷,一份交被扣押财物、文件持有人,一份交被扣押财物、文件保管人。

51. 接受报案、控告、举报笔录

×××人民检察院
接受报案、控告、举报笔录

时　　间：_____ 年　月　日　时　分至　时　分
地　　点：_____
报案、控告、举报事由：_____
接谈人：_____　　记录人：_____
报案、控告、举报人姓名：_____ 性别：_____ 年龄：_____
工作单位、职务：_____
现　住　址：_____
联系方式：_____

问：我们是×××人民检察院的工作人员，（出示工作证件，讲明报案、控告、举报的相关法律规定）。我们对你大胆揭露犯罪行为表示肯定，希望你反映问题实事求是、客观、准确。我国法律规定，故意捏造事实、伪造证据诬陷他人，造成严重后果，是要负相应法律责任的。你听明白了吗？
答：……
问：……
问：……
答：……
……

（以下为末页内容）
以上记录我看过（向我宣读过），和我说的相符。

[签名，捺手印]
　年　月　日
接谈人：
记录人：
　年　月　日

制作说明

一、本文书依据《中华人民共和国刑事诉讼法》第一百一十一条规定制作。

二、接受控告、举报的工作人员，应当向控告人、举报人说明诬告应负的法律责任。但是，只要不是捏造事实、伪造证据，即使控告、举报的事实有出入，甚至是错告的，也要和诬告严格加以区别。

52. 接受投案自首笔录

×××人民检察院

接受投案自首笔录

时间： 年 月 日 时 分至 年 月 日 时 分
地点：_____
接案人：_____ 记录人：_____
投案人姓名：_____ 性别：_____ 年龄：_____
工作单位、职务：_____
是否人大代表、政协委员：_____
住址：_____ 联系方式：_____
内容：_____
_____

（以下为末页内容）_____
_____
[投案人亲笔书写"以上笔录我看过（向我宣读过），和我说的相符"，并逐页签名]

投案人：（签名、指印）
年 月 日

接案人亲笔签名： 记录人亲笔签名：

制作说明

一、本文书依据《中华人民共和国刑事诉讼法》第一百一十条第四款的规定制作。为人民检察院在接受犯罪嫌疑人自首时使用。

二、共同犯罪案件，数人共同自首的，应当分别制作笔录。

53. 辩护律师会见犯罪嫌疑人应当经过许可通知书

×××人民检察院
辩护律师会见犯罪嫌疑人应当经过许可通知书
（存根）

×××检×××见［××××］×××号

案　　由
案件编号
犯罪嫌疑人　　　　性别　　　　年龄
执行机构
批　准　人
承　办　人
填　发　人
填发时间

第一联　统一保存

×××人民检察院
辩护律师会见犯罪嫌疑人应当经过许可通知书
（副本）

×××检×××见［××××］×××号

＿＿＿＿＿＿：

我院办理的＿＿＿＿＿（性别、年龄），犯罪嫌疑人＿＿＿＿＿案件，依据《中华人民共和国刑事诉讼法》第三十九条第三款的规定，辩护律师会见犯罪嫌疑人应当经过我院许可。

特此通知。

××××年××月××日
（院印）

本通知书已收到。
执行机构收件人：
　　　　年　月　日

第二联　附卷

×××人民检察院
辩护律师会见犯罪嫌疑人应当经过许可通知书

×××检×××见［××××］×××号

＿＿＿＿＿＿：

我院办理的＿＿＿＿＿（性别、年龄），犯罪嫌疑人＿＿＿＿＿案件，依据《中华人民共和国刑事诉讼法》第三十九条第三款的规定，辩护律师会见犯罪嫌疑人应当经过我院许可。

特此通知。

××××年××月××日
（院印）

第三联　送执行机构

制作说明

一、本文书依据《中华人民共和国刑事诉讼法》第三十九条第三款规定制作。为通知辩护律师会见犯罪嫌疑人应当经过人民检察院许可时使用。

二、本文书共三联,第一联统一保存备查,第二联附卷,第三联送执行机构。

54. 辩护律师可以不经许可会见犯罪嫌疑人通知书

×××人民检察院

辩护律师可以不经许可会见犯罪嫌疑人通知书

（存　根）

×××检××不经见〔××××〕×××号

案　由
案件编号
犯罪嫌疑人　　　　　性别　　　年龄
执行机构
批　准　人
承　办　人
填　发　人
填发时间

第一联　统一保存

×××人民检察院

辩护律师可以不经许可会见犯罪嫌疑人通知书

（副　本）

×××检××不经见〔××××〕×××号

：
我院办理的　　　　　　　　案，犯罪嫌疑人　　　　　（性别、年龄）已消失，根据《中华人民共和国刑事诉讼法》第三十九条第三款的规定，辩护律师可以不经我院许可会见犯罪嫌疑人。

本通知书已收到。
执行机构收件人：
　　　年　月　日

（院印）
××××年××月××日

第二联　附卷

×××人民检察院

辩护律师可以不经许可会见犯罪嫌疑人通知书

×××检××不经见〔××××〕×××号

：
我院办理的　　　　　　　　案，犯罪嫌疑人　　　　　（性别、年龄），本案有碍侦查的情形已消失，根据《中华人民共和国刑事诉讼法》第三十九条第三款的规定，辩护律师可以不经我院许可会见犯罪嫌疑人。

（院印）
××××年××月××日

第三联　送执行机构

制作说明

一、本文书依据《中华人民共和国刑事诉讼法》第三十九条第三款规定制作。为本案有碍侦查的情形已消失,通知辩护律师会见犯罪嫌疑人可以不经人民检察院许可时使用。

二、本文书共三联,第一联统一保存备查,第二联附卷,第三联送执行机构。

55. 许可会见犯罪嫌疑人决定书

×××人民检察院
许可会见犯罪嫌疑人决定书
（存根）

×× 检××许见
[××××] ×××号

案　　由
案件编号
犯罪嫌疑人　　性别　　年龄
申请人
工作单位
批准会见时间
批　准　人
承　办　人
填　发　人
填发时间

第一联　统一保存

×××人民检察院
许可会见犯罪嫌疑人决定书
（副本）

×× 检××许见
[××××] ×××号

根据《中华人民共和国刑事诉讼法》第三十九条第三款之规定，决定许可你会见犯罪嫌疑人　　　　。
请持此决定书与　　　　联系会见事宜。

×××年××月××日
（院印）

本决定书已收到。
申请人：
年　月　日

第二联　附卷

×××人民检察院
许可会见犯罪嫌疑人决定书

×× 检××许见
[××××] ×××号

根据《中华人民共和国刑事诉讼法》第三十九条第三款之规定，决定批准你会见犯罪嫌疑人　　　　。
请持此决定书与　　　　联系会见事宜。

×××年××月××日
（院印）

第三联　交申请人

×××人民检察院
许可会见犯罪嫌疑人通知书

×× 检××许见
[××××] ×××号

根据《中华人民共和国刑事诉讼法》第三十九条第三款之规定，决定许可　　　　（律师执业证编号　　　　或者身份证编号　　　　）会见犯罪嫌疑人　　　　，年龄　　　　（性别　　　　），于　　　年　　月　　日被执行　　　　（　　　　）。
请予以安排。

×××年××月××日
（院印）

第四联　送看守所或者执行监视居住的公安机关

制作说明

一、本文书依据《中华人民共和国刑事诉讼法》第三十九条第三款规定制作。

二、本文书共四联，第一联统一保存备查，第二联附卷，第三联交申请人，第四联送看守所或者执行监视居住的公安机关。

56. 不许可会见犯罪嫌疑人决定书

×××人民检察院
不许可会见犯罪嫌疑人决定书
（存　根）

×××检××不许见［××××］×××号

案　　由_____
案件编号_____
犯罪嫌疑人_____性别_____年龄_____
申 请 人_____
工作单位_____
许可会见时间_____
批 准 人_____
承 办 人_____
填 发 人_____
填发时间_____

第一联　统一保存

×××人民检察院
不许可会见犯罪嫌疑人决定书
（副　本）

×××检××不许见［××××］×××号

　　因本案属于_____案件，根据《中华人民共和国刑事诉讼法》第三十九条第三款之规定，决定不许可你会见犯罪嫌疑人_____。

××××年××月××日
（院印）

本决定书已收到。
申请人：
　　　年　月　日

第二联　附卷

×××人民检察院
不许可会见犯罪嫌疑人决定书

×××检××不许见［××××］×××号

　　因本案属于_____案件，根据《中华人民共和国刑事诉讼法》第三十九条第三款之规定，决定不许可你会见犯罪嫌疑人_____。

××××年××月××日
（院印）

第三联　交申请人

制作说明

一、本文书依据《中华人民共和国刑事诉讼法》第三十九条第三款规定制作。为人民检察院决定不许可会见犯罪嫌疑人时使用。

二、本文书共三联，第一联统一保存备查，第二联附卷，第三联交申请人。

57. 补充侦查说明

×××人民检察院

补充侦查说明

一、案件具体情况

二、负责审查起诉的部门退回补充侦查提纲

三、补充侦查情况

四、处理意见

承办人×××

××××年××月××日

制作说明

一、本文书依据《人民检察院刑事诉讼规则》第三百四十六条的规定制作。为人民检察院负责侦查的部门在对补充侦查情况进行说明时使用。

二、本文书主要内容包括案件具体情况、负责审查起诉的部门退回补充侦查提纲、补充侦查情况以及处理意见。

58. 申请指定管辖案件意见书

×××人民检察院
申请指定管辖案件意见书

××检××申指〔××××〕××号

×××人民检察院（上级人民检察院名称）：

犯罪嫌疑人　　　涉嫌　　　犯罪一案，（因……），现提请你院批准指定管辖，现报告如下：

一、犯罪嫌疑人基本情况

犯罪嫌疑人×××，性别，××××年××月××日出生，身份证号码，民族，籍贯，文化程度，政治面貌（如系人大代表、政协委员，一并写明具体级、届代表、委员及代表、委员号），工作单位，职务，职级，现住址等。（有多名犯罪嫌疑人的，应按涉嫌犯罪情节轻重逐一写明）

二、涉嫌犯罪事实与证据情况

……

三、提请指定管辖理由与依据

……

依据《中华人民共和国刑法》第××条之规定，×××的行为已涉嫌××犯罪，应当追究刑事责任，依据《人民检察院刑事诉讼规则》第十三条、第二十二条之规定，特提请××××人民检察院将此案指定我院管辖。

特此报告。

××××年××月××日

（院印）

制作说明

一、本文书依据《中华人民共和国刑事诉讼法》第十九条第二款和《人民检察院刑事诉讼规则》第十三条、第二十二条的规定制作。为下级人民检察院向上级人民检察院申请管辖时使用。

二、本文书主要内容包括犯罪嫌疑人基本情况、涉嫌犯罪事实与证据情况、提请指定管辖理由与依据等。

59. 指定管辖案件审查意见书

×××人民检察院
指定管辖案件审查意见书

×××检××指审〔××××〕××号

被调查对象或犯罪嫌疑人基本情况：×××，性别，××××年××月××日出生，身份证号码，民族，籍贯，文化程度，政治面貌（如系人大代表、政协委员，一并写明具体级、届代表、委员及代表、委员号），工作单位，职务，职级，现住址等。（有多名犯罪嫌疑人的，应按涉嫌犯罪情节轻重逐一写明）

案件基本情况：

报请机关的理由和意见：

审查意见：

当否，请批示。

承办人：×××
××××年××月××日

制作说明

一、本文书依据《中华人民共和国刑事诉讼法》第十九条第二款和《人民检察院刑事诉讼规则》第十三条、第二十二条的规定制作。为上级人民检察院将本院管辖的案件指定下级人民检察院立案侦查，或者对管辖权有争议、需要改变管辖的案件，由上级人民检察院审查指定下级人民检察院管辖时使用。

二、填制本文书时，根据具体情况，分别引用《人民检察院刑事诉讼规则》第十三条、第十四条、第二十二条的规定。

三、本文书的主要内容包括被调查对象或犯罪嫌疑人基本情况、案件基本情况、报请机关的理由和意见、审查意见等。

60. 批准指定管辖决定书

×××人民检察院

批准指定管辖决定书

（存根）

×检××指辖准［×××××］×××号

案　　由
涉案人基本情况（姓名、性别、年龄、身份证号、工作单位及职务、住址、是否人大代表、政协委员）
送达单位
批准人
承办人
填发时间

第一联　统一保存

×××人民检察院

批准指定管辖决定书

×检××指辖准［×××××］×××号

_____ 人民检察院：

你院报请对 _____ 涉嫌 _____ 一案指定管辖，我院决定予以批准。

×××年××月××日
（院印）

第二联　送达报请的下级人民检察院

制作说明

一、本文书依据《中华人民共和国刑事诉讼法》第十九条第二款和《人民检察院刑事诉讼规则》第十三条、第二十二条的规定制作。针对下级人民检察院报请指定管辖的案件，上级人民检察院决定批准时使用。

二、本文书共两联，第一联统一保存备查，第二联送达报请的下级人民检察院。

61. 不予批准指定管辖决定书

×××人民检察院

不予批准指定管辖决定书

（存 根）

×× 检×× 不指辖 ［××××］ ×××号

案　　由
涉案人基本情况（姓名、性别、年龄、身份证号、工作单位及职务、住址、是否人大代表、政协委员）
送达单位
不批准理由
批 准 人
承 办 人
填 发 人
填发时间

第一联　统一保存

×××人民检察院

不予批准指定管辖决定书

×× 检×× 不指辖 ［××××］ ×××号

　　　　　　人民检察院：

你院报请对　　　　涉嫌　　　　一案指定管辖，因　　　　，我院决定不予批准。

××××年×月×日
（院印）

第二联　送达报请的下级人民检察院

一、刑事检察工作文书

制作说明

一、本文书依据《中华人民共和国刑事诉讼法》第十九条第二款和《人民检察院刑事诉讼规则》第十三条、第二十二条的规定制作。针对下级人民检察院报请指定管辖的案件，上级人民检察院决定不予批准时使用。

二、有权制作本文书的是作出指定管辖决定的人民检察院，需要写明不予批准的具体原因。

三、本文书共两联，第一联统一保存备查，第二联送达报请的下级人民检察院。

62. 采取强制措施审批表

×××人民检察院

采取_____强制措施审批表

案由/案号			立案时间			
犯罪嫌疑人		性别		年龄		民族	
籍贯		文化程度		政治面貌		
工作单位、职务						
家庭住址						
是否人大代表或政协委员						
是否需报请许可、报告、通报						
案情简介、采取强制措施的理由及方式						
审批意见						

制作说明

一、本文书依据《中华人民共和国刑事诉讼法》第一编第六章和《人民检察院刑事诉讼规则》第六章规定制作。

二、注意犯罪嫌疑人是否系人大代表或政协委员，是否需报请许可、报告、通报。

63. 查封通知书

×××人民检察院
查封通知书
（存 根）

×××检××封通〔××××〕×××号

案件名称＿＿＿＿＿＿＿＿＿＿＿＿
案件编号＿＿＿＿＿＿＿＿＿＿＿＿
犯罪嫌疑人＿＿＿＿性别＿＿年龄＿＿
查封原因＿＿＿＿＿＿＿＿＿＿＿＿
查封数量＿＿＿＿＿＿＿＿＿＿＿＿
查封时间＿＿＿＿＿＿＿＿＿＿＿＿
批准人＿＿＿＿＿＿＿＿＿＿＿＿＿
批准时间＿＿＿＿＿＿＿＿＿＿＿＿
办案人＿＿＿＿＿＿＿＿＿＿＿＿＿
办案单位＿＿＿＿＿＿＿＿＿＿＿＿
填发人＿＿＿＿＿＿＿＿＿＿＿＿＿
填发时间＿＿＿＿＿＿＿＿＿＿＿＿

第一联　统一保存

×××人民检察院
查封通知书
（副 本）

×××检××封通〔××××〕×××号

＿＿＿＿＿＿＿＿＿＿＿＿＿＿＿：

根据《中华人民共和国刑事诉讼法》第一百四十一条的规定，对＿＿＿＿＿＿＿＿＿＿＿＿＿＿＿＿＿＿＿＿予以查封。

××××年×月×日
（院印）

附件：查封财物、文件清单

第二联　附卷

×××人民检察院
查封通知书

×××检××封通〔××××〕×××号

＿＿＿＿＿＿＿＿＿＿＿＿＿＿＿：

根据《中华人民共和国刑事诉讼法》第一百四十一条的规定，对＿＿＿＿＿＿＿＿＿＿＿＿＿＿＿＿＿＿＿＿予以查封。

××××年×月×日
（院印）

附件：查封财物、文件清单

第三联　送达被查封人或其家属

附件：

×××人民检察院
查封财物、文件清单

编号：

第　页　共　页

编号	物品、文件名称	数量	单位	特征	备注

被查封财物、文件持有人：
见证人：
查封人：

年　月　日

（院印）

本清单一式四份，一份统一保存，一份附卷，一份交被查封财物、文件持有人，一份交被查封财物、文件保管人。

制作说明

一、本文书依据《中华人民共和国刑事诉讼法》第一百四十一条、第一百四十二条和《人民检察院刑事诉讼规则》第二百一十条的规定制作。为人民检察院在办案中，查封可用以证明犯罪嫌疑人有罪或者无罪的、与案件有关的财物、文件时使用。

二、本文书共三联，第一联统一保存备查，第二联附卷，第三联送达被查封人或其家属。

三、本文书后附《查封财物、文件清单》。该清单一式四份，一份统一保存备查，一份附卷，一份交被查封财物、文件持有人，一份交被查封财物、文件保管人。

四、《查封财物、文件清单》要对查封财物或文件的名称、型号、规格、数量、重量、质量、新旧程度和缺损等特征予以注明。由侦查人员、见证人、持有人签名或盖章。如物品、文件持有人拒绝签名或盖章，应当在文书上注明。

64. 扣押邮件、电报通知书

×××人民检察院
扣押邮件、电报通知书
（副本）

检扣邮〔　〕　号

　　　　　　　　：

因　　　　　　　　　　　　　　，根据《中华人民共和国刑事诉讼法》第　　　条的规定，请你单位从　　年　　月　　日起，对犯罪嫌疑人　　　　（工作单位　　　　，住址　　　　）的邮件、电报检交本院扣押。

　　　　　　　　　　　　年　月　日

第一联　统一保存

×××人民检察院
扣押邮件、电报通知书

检扣邮〔　〕　号

　　　　　　　　：

因　　　　　　　　　　　　　　，根据《中华人民共和国刑事诉讼法》第　　　条的规定，请你单位从　　年　　月　　日起，对犯罪嫌疑人　　　　（工作单位　　　　，住址　　　　）的邮件、电报检交本院扣押。

　　　　　　　　　　　　年　月　日

第二联　送达邮电部门或网络服务机构

×××人民检察院
扣押邮件、电报通知书
（回执）

　　人民检察院：

你院　　年　　月　　日以　　　号扣押邮件、电报通知书收悉，我（单位）已开始执行扣押措施，犯罪嫌疑人的邮件、电报一经发现，立即送交你院。此复。

　　　　　　　　　　　　年　月　日

第三联　退回后附卷

制作说明

一、本文书依据《中华人民共和国刑事诉讼法》第一百四十三条的规定制作。为人民检察院在侦查案件过程中发现应对涉案邮件、电报予以扣押时使用。

二、填制本文书时，第一联、第二联需写明接收文书单位、具体案由、引用法条、扣押开始日期、犯罪嫌疑人姓名、工作单位、住址，发文日期并加盖公章。第三联由收文单位填写，写明接收文书日期、文号，加盖单位公章并写明日期。引用《中华人民共和国刑事诉讼法》第一百四十三条的规定。

三、该文书以案为单位，有权制作本文书的是侦查具体案件的人民检察院。

四、本文书共计三联，第一联统一保存备查，第二联送达邮电部门或网络服务机构，第三联由邮电部门或网络服务机构填写盖章退回办案单位后附卷。

65. 扣押款物处理结果告知书

×××人民检察院×××部
扣押款物处理结果告知书

×检×扣处告〔××××〕×号

（被告知人）×××：

根据《人民检察院刑事诉讼涉案财物管理规定》第四章之规定，本院决定对与×××案有关的扣押款物进行处理（详见后附清单）。对处理不服的，可以向同级或者上一级人民检察院申诉。

特此告知。

×××人民检察院×××部
××××年××月××日

（正本送达被告知人）

本人已收到×检×扣处告〔××××〕×号《扣押款物处理结果告知书》，知悉扣押款物处理结果的情况及本人依法享有的权利。对于处理结果，本人无（有）异议。

（如有异议，则在此填写）

被告知人：
年　月　日

（副本存档）

附件：

×××人民检察院
处理扣押财物、文件清单

编号：

第　页　共　页

编号	财物、文件名称	数量	单位	特征	物品来源	处理情况	证明人

批准人：　　　　　　　　接收单位：

承办人：　　　　　　　　接收人：

　　年　月　日　　　　　　　　　　　年　月　日

　　（院印）　　　　　　　　　　　　（公章）

本清单一式五份，一份统一保存，一份附卷，一份送达有关当事人，一份交被扣押财物、文件保管人，一份交接收人。

制作说明

一、本文书依据《人民检察院刑事诉讼涉案财物管理规定》第四章的规定制作。为告知扣押款物处理结果时使用。

二、本文书正本送达被告知人，副本存档。

三、本文书后附《处理扣押财物、文件清单》。该清单一式五份，一份统一保存，一份附卷，一份送达有关当事人，一份交被扣押财物、文件保管人，一份交接收人。

66. 催办案件通知书

×××人民检察院

催办案件通知书

××检××催办〔××××〕××号

×××人民检察院：

　　我院交你院办理的×××案，请依法尽快办理，并按规定将办理情况和结果及时报我院。

××××年×月×日
（院印）

制作说明

　　一、本文书为上级人民检察院催促下级人民检察院依法尽快办理交办案件时使用。

　　二、有权制作本文书的是作出交办案件决定的上级人民检察院。

67. 督办案件通知书

×××人民检察院
督办案件通知书

××检××督通〔××××〕×号

×××人民检察院：

　　我院交你院办理的×××涉嫌×××犯罪一案，请依法予以办理，并按规定将案件进展和结果及时报我院。

××××年×月×日

（院印）

制作说明

一、本文书为上级人民检察院交下级人民检察院督办案件时使用。

二、有权制作本文书的是作出交办案件决定的上级人民检察院。

68. 督办案件查处情况报告

×××人民检察院

督办案件查处情况报告

××检××督办〔××××〕××号

×××人民检察院（上级人民检察院）：

你院以×××号督办案件通知书督办的犯罪嫌疑人×××涉嫌×××犯罪一案，我院已按照督办要求依法予以办理，现将案件办理情况汇报如下：

一、案件交办情况

二、犯罪嫌疑人的基本情况

三、查明的涉嫌犯罪事实与证据情况

四、案件处理结果（或下一步工作意见、建议）

××××年×月×日

（院印）

制作说明

一、本文书为下级人民检察院向上级人民检察院报告办理督办案件查处情况时使用。

二、本文书的主要内容包括案件交办情况、犯罪嫌疑人的基本情况、查明的涉嫌犯罪事实与证据情况、案件处理结果或下一步工作意见建议等。

69. 督办案件审查意见书

×××人民检察院

督办案件审查意见书

一、案件来源及督办情况

二、案件基本情况

三、办案单位意见

四、审查意见

承办人：×××

××××年××月××日

制作说明

一、本文书为上级人民检察院承办人对督办案件的查办情况及处理建议提出审查意见时使用。

二、本文书的主要内容包括案件来源及督办情况、案件基本情况、办案单位意见、审查意见等。

70. 复议案件审查报告

×××人民检察院
复议案件审查报告

一、犯罪嫌疑人基本情况

犯罪嫌疑人×××，性别，××××年××月××日出生，身份证号码，民族，籍贯，文化程度，政治面貌（如系人大代表、政协委员，一并写明具体级、届代表、委员及代表、委员号），工作单位，职务，职级，现住址等。（有多名犯罪嫌疑人的，应按涉嫌犯罪情节轻重逐一写明）

二、案件基本情况

三、办案单位意见

四、审查意见

承办人：×××

××××年××月××日

制作说明

一、本文书依据《人民检察院刑事诉讼规则》第一百七十三条第二款规定制作。

二、不立案的复议，由上一级人民检察院负责侦查的部门审查办理。

三、本文书主要内容包括犯罪嫌疑人基本情况、案件基本情况、办案单位意见以及审查意见等。

71. 关于×××事项（案件）的请示

×××人民检察院

关于×××事项（案件）的请示

××检××请〔××××〕××号

×××（上级人民检察院名称）：

（概括说明请示的原因、遇到的问题）

一、案情以及证据的基本情况

二、主要问题的分析

理由、依据，分歧意见、检委会讨论的情况等

三、需要请示的具体事项

妥否，请批示。

××××年×月×日
（院印）

制作说明

一、本文书为下级人民检察院向上级人民检察院请示事项（案件）时使用。

二、如果涉案人员被羁押，请示案件时应给上级部门留出足够的回复时间。如果羁押期限届满仍未收到上级回复的，应当先依法采取变更强制措施等方式处理。

三、说明请示的原因、碰到的问题时要简明扼要、逻辑清楚。

72. 关于×××事项（案件）的审查意见书

×××人民检察院

关于×××事项（案件）的审查意见书

一、事项内容或案件基本情况

二、主要问题的分析

存在的分歧，理由、依据等

三、审查意见

承办人：×××
××××年××月××日

制作说明

一、本文书为上级人民检察院审查下级人民检察院请示事项（案件）时使用。

二、承办人应当对下级人民检察院的请示提出倾向性明确的审查意见。

73. 关于×××事项（案件）的批复

×××人民检察院

关于×××事项（案件）的批复

××检××请复〔××××〕××号

×××（下级人民检察院名称）：

你院关于×××事项（案件）的请示收悉。经研究，（具体内容）

此复。

××××年×月×日
（院印）

制作说明

一、本文书为上级人民检察院答复下级人民检察院请示的事项（案件）时使用。

二、如果涉案人员被羁押，上级人民检察院在答复时应注意羁押期限届满的时间。如果羁押期限即将届满，要根据情况抓紧办理。

三、本文书中批复的内容应当具体、明确。

74. 机关事业单位工作人员被采取/解除刑事强制措施情况告知书

机关事业单位工作人员被采取/解除刑事强制措施情况告知书

_____：

　　_____（性别_____，出生日期_____，工作单位_____，（□是□否在逃），因_____于_____年_____月_____日被_____。

　　特此告知。

(办案机关印)

年　月　日

注：文书中"□是□否在逃"为选择性项目，由办案人员根据当事人到案情况在选定的"□"中打"√"。

机关事业单位工作人员被采取/解除刑事强制措施情况告知书
（回执）

_____：

　　_____（性别_____，出生日期_____，工作单位_____，（□是□否在逃），因于_____年_____月_____日被_____。

　　特此告知。

本告知书已收到。

被告知单位：

采取其他方式告知或者有特殊情况未告知的，注明情况：

办案人：　　　　　　　　见证人：

　　　年　月　日　时　　　　年　月　日　时

注：文书中"□是□否在逃"为选择性项目，由办案人员根据当事人到案情况在选定的"□"中打"√"。

制作说明

一、本文书依据《人民检察院刑事诉讼规则》第一百五十三条规定制作。在对涉嫌犯罪的机关事业单位工作人员采取强制措施后告知其所在单位时使用。

二、人民检察院决定对涉嫌犯罪的机关事业单位工作人员取保候审、监视居住、拘留、逮捕的,应当在采取或者解除强制措施后五日以内告知其所在单位。

三、本文书中"□是□否在逃"为选择性项目,由办案人员根据当事人到案情况在选定的"□"中打"√"。

75. 机关事业单位工作人员涉嫌犯罪撤销案件/终止侦查情况告知书

机关事业单位工作人员涉嫌犯罪撤销案件/终止侦查情况告知书

_____（性别_____，出生日期_____，工作单位_____），因涉嫌_____，于___年___月___日被_____（□是□否在逃）。经查明_____，根据_____之规定，决定_____。

特此告知。

　　　　　　　　　　　　　　　　　　年　月　日
　　　　　　　　　　　　　　　　　　（办案机关印）

机关事业单位工作人员涉嫌犯罪撤销案件/终止侦查情况告知书（回执）

_____（性别_____，出生日期_____，工作单位_____），因涉嫌_____，于___年___月___日被_____（□是□否在逃）。经查明_____，根据_____之规定，决定_____。

特此告知。

本告知书已收到。

被告知单位：

采取其他方式告知或者有特殊情况未告知的，注明情况：

办案人：　　　　　　　　见证人：

　　　　　　　　　　　　　　　　　　年　月　日　时

　　　　　　　　　　　　　　　　　　年　月　日　时

注：文书中"□是□否在逃"为选择性项目，由办案人员根据当事人到案情况在选定的"□"中打"√"。

注：文书中"□是□否在逃"为选择性项目，由办案人员根据当事人到案情况在选定的"□"中打"√"。

制作说明

一、本文书依据《人民检察院刑事诉讼规则》第一百五十三条规定制作。在对涉嫌犯罪的机关事业单位工作人员撤销案件、终止侦查情况后告知其所在单位时使用。

二、人民检察院决定对涉嫌犯罪的机关事业单位工作人员撤销案件或者不起诉的,应当在作出决定后十日以内告知其所在单位。

三、本文书中"□是□否在逃"为选择性项目,由办案人员根据当事人到案情况在选定的"□"中打"√"。

76. 确定犯罪嫌疑人报告

×××人民检察院

确定犯罪嫌疑人报告

××检××立确〔××××〕×号

一、案由

二、犯罪嫌疑人基本情况

×××

三、涉嫌犯罪事实及认定犯罪的主要证据

（引用原以事立案文号）……

四、结论

建议将×××确定为×××犯罪一案的犯罪嫌疑人，并对其采取×××强制措施。

承办人：×××
××××年××月××日

制作说明

一、本文书依据《中华人民共和国刑事诉讼法》第一百零九条的规定制作。职务犯罪侦查部门在以事立案后，经过侦查，证明犯罪事实是由确定的犯罪嫌疑人实施，为全面采取侦查措施，彻底查清案情，提出确定犯罪嫌疑人的意见。

二、本文书的主要内容包括案由、犯罪嫌疑人基本情况、涉嫌犯罪事实及认定犯罪的主要证据、结论等。

77. 提请以事立案终止侦查报告

×××人民检察院

提请以事立案终止侦查报告

××检×××终侦〔××××〕××号

以事立案的时间和案由:

事实和证据:

终止侦查的理由和结论:

承办人:×××
××××年××月××日

制作说明

一、本文书为人民检察院负责侦查的部门以事立案后,经过侦查后没有发现犯罪嫌疑人,不需要继续侦查时而使用。

二、本文书主要内容包括以事立案的时间和案由、事实和证据、终止侦查的理由和结论。

78. 上网追逃人员登记/撤销/删除表

上网追逃人员登记/撤销/删除表

在逃编号	T□□□□□□□□□□□□□□□□□□			□历年 □新增	
姓名		别号/绰号			
性别		出生日期			
身份证号				正面免冠照片	
其他证件一	名称		号码		
其他证件二	名称		号码		
身高		厘米	体型		
脸形		口音		身份	
户籍地址		省 市 县			
现住地址					
特殊标记					
案件编号	A□□□□□□□□□□□□□□□□□				
案件类别			□涉黑	在逃类型	
简要案情：					
逃跑日期		逃跑方向		法律手续	
督捕级别	□部 □省 □地	通缉令级别	□部 □省 □地 □县	奖金	元
通缉日期		通缉令编号	公缉 [ ] 号 ( ) 级		
立案单位				业务系统分类	
主办单位		主办人		联系方式	
登记填表人		登记日期	年 月 日	登记审批人	
抓获日期		抓获方式		奖金兑现	□是 □否
抓获地点					
抓获单位					
指纹编号	R□□□□□□□□□□□□□□□□□				
撤销填表人		撤销日期	年 月 日	撤销审批人	

登记填表单位（盖章）： 撤销/删除填表单位（盖章）：

×××人民检察院
上网追逃人员登记/撤销/删除表

（存　根）

×检×〔××××〕×号

案件名称＿＿＿＿＿＿＿＿＿＿＿＿＿＿＿＿＿＿＿＿＿

执行机关＿＿＿＿＿＿＿＿＿＿＿＿＿＿＿＿＿＿＿＿＿

批 准 人＿＿＿＿＿＿＿＿＿＿＿＿＿＿＿＿＿＿＿＿＿

承 办 人＿＿＿＿＿＿＿＿＿＿＿＿＿＿＿＿＿＿＿＿＿

确 认 人＿＿＿＿＿＿＿＿＿＿＿＿＿＿＿＿＿＿＿＿＿

填发时间＿＿＿＿＿＿＿＿＿＿＿＿＿＿＿＿＿＿＿＿＿

本联　统一保存

制作说明

一、本文书为人民检察院办理上网追逃登记、撤销、删除时使用。

二、本文书一式二份，一份统一保存，一份送执行机关。

79. 在逃人员信息登记/撤销表

在逃人员信息登记/撤销表

主办单位（盖章）

在逃人员编号	T□□□□□□□□□□□□□□□□□□□				
姓名		曾用名/别名/绰号			照片 如有其它照片 贴在背面
性别	□男 □女	出生日期			
身份证号码			民族		
证件种类1		证件号码1			
证件种类2		证件号码2			
身高	厘米	职业			
户籍地址					
现住地址					
籍贯				口音	
体貌特征					
特殊标记					
案件编号		填立案编号		立案日期	
案件类别		附加案件类别1		附加案件类别2	

简要案情及附加信息：

在逃类型		逃跑日期	年 月 日	逃跑方向	
法律文书	□拘留证 □逮捕证	签发日期	年 月 日	奖金	
立案单位					
主办单位				主办单位分类	
主办人		联系方式			
登记填表人		登记日期		登记审批人	

附件：在逃人员法律文书

抓获日期	年 月 日	奖金兑现	□是 □否	抓获方式	
抓获地点	省 市 县				
抓获单位	省 市 县			抓获单位分类	
指纹编号	R□□□□□□□□□□□□□□□□□□□				
撤销填表人		撤销日期		撤销审批人	

注：与通缉、边控等相关文书配套使用。

制作说明

一、本文书依据《人民检察院刑事诉讼规则》第二百三十五条、第二百三十六条的规定制作。

二、本文书后附在逃人员法律文书。

三、本文书与通缉、边控等相关文书配套使用。

80. 涉案财物处理意见表

×××人民检察院
涉案财物处理意见表

统一受案号	
案名	
办案部门	
赃证款物 名称、数量	详见后附清单
已确认赃证款物	是　　　　否
处理意见	

附件：

×××人民检察院
随案移送赃证款物品清单

案名：　　　　　　　　　编号：

序号	赃证款物名称	数量（金额）	单位/特征

移送单位：　　　　接收（移送）单位：　　　接收单位：
移送人：　　　　　接收（移送）人：　　　　接收人：
时间：　　　　　　时间：　　　　　　　　　时间：

注：本清单一式六份，两份由移送单位存留，两份由检察院存留，两份由法院存留。

制作说明

一、本文书依据《人民检察院刑事诉讼涉案财物管理规定》制作。为提出涉案财物处理意见时使用。

二、本文书后附《随案移送赃证款物品清单》。该清单一式六份，两份由移送单位存留，两份由检察院存留，两份由法院存留。

81. 涉案财物调用审批表

×××人民检察院
涉案财物调用审批表

统一受案号	
案件名称	
诉讼阶段	
调用单位/部门	
调用涉案财物名称、数量	详见后附清单
调用理由	
调用日期		调用天数	
审批意见	

附件：

×××人民检察院
涉案财物调用清单

案件名称： 第 页 共 页

编号	物品、文件名称	数量	单位	特征	备注

注：本清单一式三份，一份统一保存，一份交调用人，一份交涉案财物保管员。

制作说明

一、本文书依据《人民检察院刑事诉讼涉案财物管理规定》第二十一条的规定制作。

二、人民检察院办案部门人员需要查看、临时调用涉案财物的，应当经办案部门负责人批准。案件管理部门对于审批手续齐全的，应当办理查看、出库手续并认真登记。

三、本文书后附《涉案财物调用清单》。该清单一式三份，一份统一保存，一份交调用人，一份交涉案财物保管员。

82. 送回被询（讯）问人记录

×××人民检察院

送回被询（讯）问人记录

被询（讯）问人姓名			
送回人	送回时间	接回人签名或盖章	备注

制作说明

一、本文书为人民检察院送回被询（讯）问人制作记录时使用。

二、本文书需要接回人签名或盖章。

83. 提请启动人民监督员监督案件意见表

×××人民检察院
提请启动人民监督员监督案件意见表

提请部门			监督事由	
犯罪嫌疑人基本情况	姓名		性别	
	出生日期		受教育状况	
	政治面貌		职级	
	人大代表		政协委员	
	工作单位		职务	
	立案日期		强制措施	
	涉嫌案由			
简要案情				
提请意见				
备注				

制作说明

一、本文书根据《人民检察院办案活动接受人民监督员监督的规定》第二条、第八条、第十一条、第二十二条规定制作。为刑事执行检察部门提请启动人民监督员监督案件时使用。

二、本文书发送本院人民监督员工作机构。

三、监督事由主要包括：（一）案件公开审查、公开听证；（二）检察官出庭支持公诉；（三）巡回检察；（四）检察建议的研究提出、督促落实等相关工作；（五）法律文书宣告送达；（六）案件质量评查；（七）司法规范化检查；（八）检察工作情况通报；（九）其他相关司法办案工作。

四、本文书的提请意见要具体、明确。

84. 提请启动人民监督员监督检察办案活动意见表

×××人民检察院
提请启动人民监督员监督检察办案活动意见表

提请主体		监督类别	
拟监督时间		拟监督地点	
拟邀请人民监督员人数			
检察办案活动基本情况			
拟办意见	（签章）　　　　　年　月　日		
决定意见	（签章）　　　　　年　月　日		
备注	（特殊要求）		

制作说明

一、本文书根据《人民检察院办案活动接受人民监督员监督的规定》第二十二条规定制作。为司法人员职务犯罪侦查部门邀请人民监督员对办案活动进行监督时使用。

二、本文书发送至本院人民监督员工作机构。

85. 介绍信

×××人民检察院

介绍信

××检介××〔××××〕××号

_____：

　　兹介绍我院_____等同志前往你单位办理（联系）_____事宜。

　　请接洽为盼。

××××年××月××日

（院印）

制作说明

一、本文书为介绍本单位工作人员向其他单位办理公务时使用。

二、本文书需要写明前往办理公务的同志姓名、办理的具体事务等。

86. 提请重新计算侦查羁押期限意见书

×××人民检察院
提请重新计算侦查羁押期限意见书

(第　次)

×检××请重计〔××××〕×号

一、犯罪嫌疑人基本情况

犯罪嫌疑人×××，性别，××××年××月××日出生，身份证号码，民族，籍贯，文化程度，政治面貌（如系人大代表、政协委员，一并写明具体级、届代表、委员及代表、委员号），工作单位，职务，职级，现住址等。（有多名犯罪嫌疑人的，应按涉嫌犯罪情节轻重逐一写明）

犯罪嫌疑人×××于××××年××月××日，因涉嫌×××罪被我院立案侦查；××××年××月××日，因涉嫌×××罪由我院决定，并由××公安局执行刑事拘留；××××年××月××日，因涉嫌×××罪由××院决定，并由×××公安局执行逮捕，现羁押于×××看守所。

二、新发现的重要罪行

在侦查×××涉嫌×××犯罪期间，××××年××月××日，发现其另有重要罪行：……

三、重新计算侦查羁押期限的理由及起始时间

综上所述，侦查过程中发现的犯罪嫌疑人×××的行为，涉嫌×××罪，且属与逮捕时的罪行不同种的重大犯罪（或虽与逮捕时同种罪行，但属将影响罪名认定、量刑档次的重大犯罪），依照《中华人民共和国刑事

诉讼法》第一百六十条第一款之规定，特提请批准对犯罪嫌疑人×××自××××年××月××日起重新计算侦查羁押期限。

此致

侦查部门

××××年××月××日

制作说明

一、本文书依据《中华人民共和国刑事诉讼法》第一百六十条第一款的规定制作。为在侦查期间发现犯罪嫌疑人另有重要罪行需要提请重新计算侦查羁押期限时使用。

二、本文书主要内容包括犯罪嫌疑人基本情况、新发现的重要罪行、重新计算侦查羁押期限的理由及起始时间等。

87. 延长侦查羁押期限意见书（一延用）

×××人民检察院
延长侦查羁押期限意见书

××检××延〔××××〕××号

一、犯罪嫌疑人基本情况

犯罪嫌疑人×××，性别，××××年××月××日出生，身份证号码，民族，籍贯，文化程度，政治面貌（如系人大代表、政协委员，一并写明具体级、届代表、委员及代表、委员号），工作单位，职务，职级，现住址等。（有多名犯罪嫌疑人的，应按涉嫌犯罪情节轻重逐一写明）

二、案件来源及诉讼过程

犯罪嫌疑人×××涉嫌×××一案……（案件来源，具体为自首、单位或者公民举报、上级交办、有关部门移送、本院其他部门移送以及办案中发现等）。××××年××月××日，我院依法对犯罪嫌疑人×××以×××罪立案侦查，××××年××月××日对×××刑事拘留（或采取其他强制措施情况），××××年××月××日逮捕，现羁押于×××看守所。

三、涉嫌主要犯罪事实

经初步查明，……（围绕刑法规定的犯罪构成要件，具体叙述犯罪嫌疑人涉嫌的主要犯罪事实）

上述事实，有……证据证明，且已经查证属实。

四、延长羁押期限的时间、理由和法律依据

鉴于……（叙述延长侦查羁押期限的事实依据及具体理由）。根据《中华人民共和国刑事诉讼法》第一百五十六条（或者第一百五十八条、

第一百五十九条)的规定,移送审查延长侦查羁押期限。

此致

本院职务犯罪检察部门

××××年×月×日

(部门印)

制作说明

一、本文书依据《中华人民共和国刑事诉讼法》第一百五十六条(或者第一百五十八条、第一百五十九条)的规定制作。为人民检察院侦查部门移送职务犯罪检察部门审查延长侦查羁押期限时使用。

二、本文书的主要内容包括犯罪嫌疑人基本情况,案件来源及诉讼过程,涉嫌主要犯罪事实,延长羁押期限的时间、理由和法律依据等。

88. 延长侦查羁押期限通知书（一延用）

×××人民检察院
延长侦查羁押期限通知书
（存 根）

×××检××延通〔×××related×〕×××号

案　　　由
犯罪嫌疑人基本情况
送达机关
延长原因
延长期限自　　年　　月　　日起
至　　年　　月　　日止，共　　个月。
批 准 人
承 办 人
填 发 人
填发时间

×××人民检察院
延长侦查羁押期限通知书

×××检××延决〔×××related×〕×××号

本院于　　年　　月　　日　　犯罪决定的逮捕决定书以涉嫌　　　　，因期限届满不能侦查终结，根据《中华人民共和国刑事诉讼法》第　　条的规定，经　　批准，延长犯罪嫌疑人　　的侦查羁押期限　　个月，自　　年　　月　　日起至　　年　　月　　日止。
特此通知。

××××年××月××日
（院印）

本决定已于　　年　　月　　日向我宣告。
犯罪嫌疑人：
宣 告 人：

第二联 向犯罪嫌疑人宣告后附卷

×××人民检察院
延长侦查羁押期限通知书

×××检××延决〔×××related×〕×××号

本院于　　年　　月　　日　　犯罪决定的逮捕决定书以涉嫌　　　　，因期限届满不能侦查终结，根据《中华人民共和国刑事诉讼法》第　　条的规定，经　　批准，延长犯罪嫌疑人　　的侦查羁押期限　　个月，自　　年　　月　　日起至　　年　　月　　日止。
特此通知。

××××年××月××日
（院印）

第三联 送达看守所

制作说明

一、本文书依据《中华人民共和国刑事诉讼法》第一百五十六条（或者第一百五十八条、第一百五十九条）的规定制作。为向犯罪嫌疑人、看守所通知延长侦查羁押期限时使用。

二、本文书共三联，第一联统一保存备查，第二联向犯罪嫌疑人宣告后附卷，第三联送达看守所。

89. 调（借）阅案卷通知书

×××人民检察院
调（借）阅案卷通知书
（存　根）

××检××调［×××××］×××号

案　　由＿＿＿＿＿＿＿＿＿＿＿＿＿＿
送达单位＿＿＿＿＿＿＿＿＿＿＿＿＿＿
案卷文号＿＿＿＿＿＿＿＿＿＿＿＿＿＿
批准人＿＿＿＿＿＿＿＿＿＿＿＿＿＿
承办人＿＿＿＿＿＿＿＿＿＿＿＿＿＿
填发人＿＿＿＿＿＿＿＿＿＿＿＿＿＿
填发时间＿＿＿＿＿＿＿＿＿＿＿＿＿＿
备　　注＿＿＿＿＿＿＿＿＿＿＿＿＿＿

第一联　统一保存

×××人民检察院
调（借）阅案卷通知书

××检××调［×××××］×××号

我院因办案需要，需要调（借）阅＿＿＿＿＿＿＿＿案的案卷＿＿＿册，请协助办理。

××××年××月××日
（院印）

第二联　送达调（借）出单位

×××人民检察院
调（借）阅案卷通知书

××检××调［×××××］×××号

我院因办案需要，需要调（借）阅＿＿＿＿＿＿＿＿案的案卷＿＿＿册，请协助办理。

××××年××月××日
（院印）

资料名称	册数	调(借)出单位经办人签字	检察院经办人签字	办理日期
调（借）出				
归　　　还				

第三联　附卷

制作说明

一、本文书系人民检察院向有关单位调取或借阅相关案卷时使用的文书。

二、本文书共三联,第一联统一保存备查,第二联送达调(借)出单位,第三联附卷。

90. 同步录音录像通知单

×××人民检察院
同步录音录像通知单

×检×委录〔××××〕××号

＿＿＿＿＿＿：

本部门承办的＿＿＿＿＿＿一案，需进行同步录音录像，请你部门派技术人员于＿＿＿＿＿＿到＿＿＿＿＿＿录制。

联系人：＿＿＿＿＿＿
联系电话：＿＿＿＿＿＿

××××年××月××日
（部门公章）

制作说明

一、本文书依据《人民检察院讯问职务犯罪嫌疑人实行全程同步录音录像的规定》第四条的规定制作。

二、讯问录音、录像的，应当由检察人员填写《同步录音录像通知单》，写明讯问开始的时间、地点等情况送检察技术部门或者通知其他检察人员。

91. 同步录音录像资料档案调用单

×××人民检察院
同步录音录像资料档案调用单

×检×委录调〔××××〕××号

_____：

　　本部门承办的_____一案，需调用同步录音录像资料正本，现委托你部门按下列要求进行：_____
_____
_____
_____。

　　委托人_____

×××× 年 ×× 月 ×× 日
（部门公章）

制作说明

一、本文书依据《人民检察院讯问职务犯罪嫌疑人实行全程同步录音录像的规定》第二条的规定制作。

二、讯问录音、录像资料是检察机关讯问职务犯罪嫌疑人的工作资料，实行有条件调取查看。

一、刑事检察工作文书

92. 采取技术侦查措施申请书

×××人民检察院 采取技术侦查措施申请书（存根）

×××检××请技侦〔××××〕×××号

案件名称
案件编号
办案部门
办案人
适用对象
采取措施原因
措施种类
起算时间
批准人
批准时间
填发人
填发时间

第一联 统一保存

×××人民检察院 采取技术侦查措施申请书

×××检××请技侦〔××××〕×××号

本院　　年　　月　　日以　　　　　号决定立案的犯罪嫌疑人　　　　　，因涉嫌利用职权实施的严重侵犯公民人身权利的重大犯罪案件，根据《中华人民共和国刑事诉讼法》第一百五十条第二款之规定，现申请对　　　　　采取记录/通信/活动监控技术侦查措施。采取技术侦查措施期限为三个月，时间从　　年　　月　　日至　　年　　月　　日。

此致

××××年××月××日
（院印）

第二联 交批准机关

×××人民检察院 采取技术侦查措施申请书（回执）

　　　　　人民检察院：
你院　　年　　月　　日以　　　　　号申请对犯罪嫌疑人　　　　　采取记录/通信/活动监控技术侦查措施，已经批准采取通信/活动监控技术侦查措施，采取技术侦查措施期限为三个月，时间从　　年　　月　　日至　　年　　月　　日。

此复

批准机关：
　　年　　月　　日
（公章）

第三联 附卷

制作说明

一、本文书为新增检察工作文书。本文书依据《中华人民共和国刑事诉讼法》第一百五十条、第一百五十一条的规定制作。为人民检察院在侦查过程中，对符合刑事诉讼法第一百五十条第二款规定的犯罪案件，向上级部门申请采取技术侦查措施期限时使用。

二、本文书共三联，第一联统一保存备查，第二联交批准机关，第三联批准机关批准后退回附卷。

93. 延长技术侦查措施期限申请书

×××人民检察院
延长技术侦查措施期限申请书
（存根）

×××检××请延技〔20××〕××号

案件名称＿＿＿＿＿＿＿＿＿＿＿＿
案件编号＿＿＿＿＿＿＿＿＿＿＿＿
办案部门＿＿＿＿＿＿＿＿＿＿＿＿
办案人＿＿＿＿＿＿＿＿＿＿＿＿＿
延长措施原因＿＿＿＿＿＿＿＿＿＿
延长措施种类＿＿＿＿＿＿＿＿＿＿
延长措施时限＿＿＿＿＿＿＿＿＿＿
送往单位＿＿＿＿＿＿＿＿＿＿＿＿
批准人＿＿＿＿＿＿＿＿＿＿＿＿＿
批准时间＿＿＿＿＿＿＿＿＿＿＿＿
承办人＿＿＿＿＿＿＿＿＿＿＿＿＿
填发人＿＿＿＿＿＿＿＿＿＿＿＿＿
填发时间＿＿＿＿＿＿＿＿＿＿＿＿

第一联　统一保存

×××人民检察院
延长技术侦查措施期限申请书

×××检××请延技〔20××〕××号

　　＿＿＿＿＿＿检察院于＿＿＿＿年＿＿月＿＿日以×检×技侦字〔20××〕×号采取技术侦查措施决定书对＿＿＿＿＿＿＿＿采取技术侦查措施，现因案情复杂、疑难，需要继续采取技术侦查措施，根据《中华人民共和国刑事诉讼法》第一百五十一条之规定，现申请延长技术侦查措施期限。

　　延长技术侦查措施期限为三个月，自＿＿＿年＿＿月＿＿日至＿＿＿年＿＿月＿＿日。

×××××年××月××日
（院印）

第二联　支技术侦查措施批准机关

×××人民检察院
延长技术侦查措施期限申请书
（回执）

＿＿＿＿＿＿人民检察院：

　　你院＿＿＿＿＿＿＿号延长技术侦查措施申请书收悉。对犯罪嫌疑人＿＿＿＿＿＿批准/不批准延长采取记录/通信/活动监控技术侦查措施。

此复

批准机关：

　　　　　　　　年　　月　　日

第三联　附卷

制作说明

一、本文书为新增检察工作文书。本文书依据《中华人民共和国刑事诉讼法》第一百五十一条的规定制作。为人民检察院在侦查过程中,申请延长技术侦查措施期限时使用。

二、本文书共三联,第一联统一保存备查,第二联交技术侦查措施批准机关,第三联批准机关批准后退回附卷。

94. 委托协查函

×××人民检察院

委托协查函

××检××协函〔××××〕××号

　　_____人民检察院：

　　我院因侦查犯罪嫌疑人_____涉嫌_____犯罪一案，需委托你院协助调查，请予以支持协助。

　　具体协查内容是：×××

××××年××月××日

（院印）

制作说明

　　一、本文书依据《人民检察院刑事诉讼规则》第一百八十条的规定制作，为人民检察院在侦查中需要委托本辖区以外的人民检察院协助调查有关事项时使用。

　　二、委托协助调查应当写明协助调查事项及有关要求。

95. 协查案件登记表

×××人民检察院

协查案件登记表

请求协查单位及人员	
联系地址及电话	
请求方式	
案由	犯罪嫌疑人
请求协查事项	
协查情况及结果	
备注	

制作说明

一、本文书依据《人民检察院刑事诉讼规则》第一百八十条的规定制作。

二、本文书应当写明请求协查事项、协查情况及结果等。

96. 提请协调协查争议报告

×××人民检察院

提请协调协查争议报告

××检××提协〔××××〕×号

_____人民检察院：

提请的理由及协助调查事项及有关要求。

××××年××月××日
（院印）

制作说明

一、本文书为提请协调协查争议时使用。

二、本文书要写明提请的理由、协助调查事项及有关要求等。

97. 询问笔录（侦查用）

×××人民检察院
询问笔录

询问时间：_____年_____月_____日_____时_____分至_____时_____分

询问地点：_____

询问人：_____记录人：_____

案由：_____

被询问人姓名：_____曾用名：_____性别：_____

年龄：_____民族：_____籍贯：_____受教育状况：_____

住址：_____

工作单位：_____

职务或职业：_____

联系方式：_____

  告知：（出示工作证件）我们是×××人民检察院的检察人员，现依法对你进行询问。法律规定，凡是知道案件情况的人，都有作证的义务；你应当如实提供有关证言和其他证据，但是对于与本案无关的问题，你有拒绝回答的权利；故意提供虚假证言或者其他证据，故意隐匿、毁灭证据都要负相应的法律责任。（向被询问人宣读并送达权利和义务告知书。）

  问：你清楚了吗？

  答：

  问：介绍一下你的基本情况。

  答：

  问：

  答：（证词的主要内容）

  ……

问：本次询问中，有无非法羁押、刑讯逼供、威胁、引诱、欺骗或者以其他非法方法获取证言或者其他证据的情形？

答：

问：你还有何补充？

答：

问：你以上所讲是否属实？

答：

［被询问人写：以上笔录我看过（向我宣读过），和我说的相符。］

被询问人：×××（签名、指印）

××××年×月×日

询问人签字：

制作说明

一、本文书依据《中华人民共和国刑事诉讼法》第一百二十四条至第一百二十七条和《人民检察院刑事诉讼规则》第一百九十一条至第一百九十五条的规定制作。为人民检察院因办案需要向证人或被害人了解案件有关情况时使用。

二、如果系首次询问，应当记明被询问人的基本情况以及与犯罪嫌疑人的关系，告知被询问人依法享有的权利和承担的义务。

98. 讯问笔录（第一次）

×××人民检察院
讯问笔录
（第一次）

讯问时间：_____年_____月_____日_____时_____分至_____时_____分

讯问地点：_____

讯问人：_____ 记录人：_____

案　由：_____

犯罪嫌疑人（被告人）姓名：_____ 曾用名：_____ 性别：_____

年龄：_____ 民族：_____ 籍贯：_____ 受教育状况：_____

住址：_____

工作单位：_____

职务或职业：_____

联系方式：_____

（出示工作证件）我们是×××人民检察院的检察人员，现依法对你进行讯问。根据法律的规定，对于我们的提问，你应当如实回答，不得作虚假陈述。但是对于与本案无关的问题，你有拒绝回答的权利。

问：以上告知，你清楚了吗？

答：

问：介绍一下你的基本情况。

答：[犯罪嫌疑人（被告人）的基本情况，包括姓名、曾用名、性别、出生年月日、身份证件种类及号码、民族、籍贯、文化程度、有无党派、是否人大代表或者政协委员、工作单位、职务级别或者职业、住址、有无前科等。]

问：介绍一下你的家庭情况。

答：（配偶、子女、父母、兄弟姐妹及其他重要家庭成员的年龄、工作单位、住址等。）

问：介绍一下你的个人简历。

答：（从中学毕业至今的学习、工作经历。）

问：你是否有犯罪行为？

答：[犯罪嫌疑人（被告人）的有罪供述或者无罪辩解。]

（供述的主要内容。）

问：本次讯问中，有无非法羁押、刑讯逼供、威胁、引诱、欺骗或者以其他非法方法获取口供的情形？

答：

问：你还有何补充？

答：

问：你以上所讲是否属实？

答：

犯罪嫌疑人（被告人）：×××（签名、指印）
年　月　日

讯问人签字：

制作说明

一、本文书依据《中华人民共和国刑事诉讼法》第一百一十八条至第一百二十三条、第一百六十四条和《人民检察院刑事诉讼规则》第一百八十二条至第一百九十条的规定制作。为人民检察院第一次讯问犯罪嫌疑人时使用。

二、制作讯问笔录时，要客观、全面、真实、准确。

99. 讯问笔录（第二次及以后）

×××人民检察院

讯问笔录

（第×次）

讯问时间：_____年____月____日____时____分至____时____分

讯问地点：_____

讯问人：_____ 记录人：_____

案由：_____

犯罪嫌疑人（被告人）姓名：_____ 曾用名：_____ 性别：_____

年龄：_____ 民族：_____ 籍贯：_____ 受教育状况：_____

住址：_____

工作单位：_____

职务或职业：_____

联系方式：_____

（出示工作证件）我们是×××人民检察院的检察人员，现依法对你继续进行讯问。根据法律的规定，对于我们的提问，你应当如实回答，不得作虚假陈述。但是对于与本案无关的问题，你有拒绝回答的权利。

问：以上告知，你清楚了吗？

答：

问：本次讯问中，有无非法羁押、刑讯逼供、威胁、引诱、欺骗或者以其他非法方法获取口供的情形？

答：

问：你还有何补充？

答：

问：你以上所讲是否属实？

答：

犯罪嫌疑人（被告人）：×××（签名、指印）

年　月　日

讯问人签字：

制作说明

一、本文书依据《中华人民共和国刑事诉讼法》第一百一十八条至第一百二十三条、第一百六十四条和《人民检察院刑事诉讼规则》第一百八十二条至第一百九十条的规定制作。为人民检察院第二次及以后讯问犯罪嫌疑人时使用。

二、制作讯问笔录时，要客观、全面、真实、准确。

100. 异地羁押审批表

异地羁押审批表

申请单位:

犯罪嫌疑人情况	姓名		性别		年龄		民族	
	籍贯							
	住址							
	原工作单位及职务							
	案件性质		强制措施			时间		
	简要案情							
现羁押地点								
拟羁押地点								
办案单位		办案人员				电话		
申请理由								
办案机关分管领导审核意见								
公安机关意见								

填表人:　　　　　　　　　　　　　　　　　年　月　日

制作说明

一、本文书为申请异地羁押进行审批时使用。

二、本文书需要人民检察院负责侦查的部门的分管领导和公安机关签署意见。

101. 拟撤销案件意见书

×××人民检察院

拟撤销案件意见书

一、犯罪嫌疑人基本情况

犯罪嫌疑人×××，性别，××××年××月××日出生，身份证号码，民族，籍贯，文化程度，政治面貌（如系人大代表、政协委员，一并写明具体级、届代表、委员及代表、委员号），工作单位，职务，职级，现住址等。（有多名犯罪嫌疑人的，应按涉嫌犯罪情节轻重逐一写明）

二、查明的案件事实和证据情况

犯罪嫌疑人×××涉嫌×××一案，系……（写明案件来源。如果案件是其他人民检察院移送的，此处应当将指定管辖、移送单位以及移送时间等写清楚），本院于……年…月…日立案侦查，×××（采取和变更强制措施情况），×××（侦查终结时间、拟撤销案件的时间等）。

经查明：×××（犯罪嫌疑人姓名）……（简要叙述涉嫌犯罪的事实、后果及不作有罪认定的理由）

三、拟撤案的理由和法律依据

（如《中华人民共和国刑事诉讼法》第十六条、第一百六十三条规定的情形）。

根据……（如《中华人民共和国刑事诉讼法》第十六条、第一百六十三条、第一百六十八条），建议撤销此案。

以上意见妥否，请批示。

承办人：×××
××××年××月××日

制作说明

一、本文书依据《中华人民共和国刑事诉讼法》第十六条、第一百六十三条、第一百六十八条和《人民检察院刑事诉讼规则》第二百四十二条、第二百四十三条的规定制作。

二、本文书主要是针对符合《中华人民共和国刑事诉讼法》第十六条规定的六种情形，第一百六十三条规定的在侦查过程中，发现不应对犯罪嫌疑人追究刑事责任的情形等，需要撤销案件时使用。

102. 关于对×××拟撤销案件的批复

×××人民检察院
关于对×××拟撤销案件的批复

××检××复〔××××〕××号

×××（下级人民检察院名称）：

你院对×××一案提请撤销案件意见书收悉。经研究，同意（或不同意）你院对×××作撤销案件处理。

此复。

××××年×月×日
（院印）

制作说明

一、本文书依据《中华人民共和国刑事诉讼法》第十六条、第一百六十三条、第一百六十八条和《人民检察院刑事诉讼规则》第二百四十三条、第二百四十四条的规定制作。为上级人民检察院对下级人民检察院拟撤销案件进行批复时使用。

二、上一级人民检察院负责侦查的部门审查后，应当提出是否同意撤销案件的意见，报请检察长决定。

三、上一级人民检察院审查下级人民检察院报送的拟撤销案件，应当在收到案件后七日以内批复；重大、复杂案件，应当在收到案件后十日以内批复。情况紧急或者因其他特殊原因不能按时送达的，可以先行通知下级人民检察院执行。

103. 撤销案件查封、扣押、冻结财物处理报告

×××人民检察院
撤销案件查封、扣押、冻结财物处理报告

一、案件诉讼情况

二、查封、扣押、冻结财物的基本情况

三、查封、扣押、冻结财物的处理意见

××××年××月××日

（院印）

制作说明

一、本文书依据《中华人民共和国刑事诉讼法》第一百四十五条、第一百七十七条第三款的规定制作。为人民检察院对已查明与案件无关的查封财物、文件，以及人民检察院决定不起诉的案件，对侦查中查封的财物决定解除查封、扣押、冻结，退回被查封、扣押、冻结人时使用。

二、本文书主要内容包括案件诉讼情况，查封、扣押、冻结财物的基本情况以及处理意见等。

104. 侦查终结报告（拟撤销案件）

×××人民检察院
侦查终结报告

××检××侦终〔××××〕×号

一、犯罪嫌疑人基本情况

犯罪嫌疑人×××，性别，××××年××月××日出生，身份证号码，民族，籍贯，文化程度，政治面貌（如系人大代表、政协委员，一并写明具体级、届代表、委员及代表、委员号），工作单位，职务，职级，现住址等。（有多名犯罪嫌疑人的，应按涉嫌犯罪情节轻重逐一写明）

二、案件来源

犯罪嫌疑人×××涉嫌×××一案系（案件来源具体为自首、单位或者公民举报、上级交办、有关部门移送、本院其他部门移送以及办案中发现等。）

三、主要案件事实

经依法侦查，查明：

×××

四、主要证据

认定上述事实的证据如下：

×××

上述事实清楚，证据确实、充分，足以认定。×××

五、需要说明的问题

六、定性、处理意见和法律依据

犯罪嫌疑人×××（简述具体情况）。根据《中华人民共和国刑事诉讼法》第十六条第（×）项、第一百六十八条以及《人民检察院刑事诉讼规则》第二百三十七条的规定，拟将本案作撤销案件处理。

承办人：×××
××××年××月××日

制作说明

一、本文书根据《中华人民共和国刑事诉讼法》第十六条、第一百六十八条以及《人民检察院刑事诉讼规则》第二百三十七条的规定制作，为将本案作撤销案件处理时使用。可以写明具体为《中华人民共和国刑事诉讼法》第十六条的第几项。

二、本文书的主要内容包括犯罪嫌疑人基本情况，案件来源，主要案件事实，主要证据，需要说明的问题，定性、处理意见和法律依据等内容。

105. 侦查终结报告（移送审查不起诉）

×××人民检察院
侦查终结报告

××检××侦终〔××××〕××号

一、犯罪嫌疑人基本情况

犯罪嫌疑人×××，性别，××××年××月××日出生，身份证号码，民族，籍贯，文化程度，政治面貌（如系人大代表、政协委员，一并写明具体级、届代表、委员及代表、委员号），工作单位，职务，职级，现住址等。（有多名犯罪嫌疑人的，应按涉嫌犯罪情节轻重逐一写明）

二、案件来源

犯罪嫌疑人×××涉嫌×××一案系（案件来源具体为自首、单位或者公民举报、上级交办、有关部门移送、本院其他部门移送以及办案中发现等。）

三、主要案件事实

经依法侦查，查明：

×××

四、主要证据

认定上述事实的证据如下：

×××

上述事实清楚，证据确实、充分，足以认定。×××

五、需要说明的问题

六、定性、处理意见和法律依据

犯罪嫌疑人×××其行为涉嫌触犯《中华人民共和国刑法》第×××

条之规定，构成×××罪，但是×××。根据《中华人民共和国刑事诉讼法》第十六条第（×）项、第一百六十八条以及《人民检察院刑事诉讼规则》第二百三十七条的规定，拟将本案移送审查不起诉。

承办人：×××
××××年××月××日

制作说明

一、本文书根据《中华人民共和国刑事诉讼法》第十六条、第一百六十八条以及《人民检察院刑事诉讼规则》第二百三十七条的规定制作，为将本案作移送审查不起诉时使用。可以写明具体为《中华人民共和国刑事诉讼法》第十六条的第几项。

二、本文书的主要内容包括犯罪嫌疑人基本情况，案件来源，主要案件事实，主要证据，需要说明的问题，定性、处理意见和法律依据等内容。

106. 侦查终结报告（移送审查起诉）

×××人民检察院
侦查终结报告

×ד×侦终〔××××〕××号

一、犯罪人嫌疑人基本情况

犯罪嫌疑人×××，性别，××××年××月××日出生，身份证号码，民族，籍贯，文化程度，政治面貌（如系人大代表、政协委员，一并写明具体级、届代表、委员及代表、委员号），工作单位，职务，职级，现住址等。（有多名犯罪嫌疑人的，应按涉嫌犯罪情节轻重逐一写明）

二、案件来源

犯罪嫌疑人×××涉嫌×××一案系（案件来源具体为自首、单位或者公民举报、上级交办、有关部门移送、本院其他部门移送以及办案中发现等。）

三、主要涉嫌犯罪事实

经依法侦查，查明：

×××

四、主要证据

认定上述事实的证据如下：

×××

上述事实清楚，证据确实、充分，足以认定。×××

五、需要说明的问题

六、定性、处理意见和法律依据

犯罪嫌疑人×××，其行为涉嫌触犯《中华人民共和国刑法》第××

×条之规定，构成×××罪，应依法追究其刑事责任。依据《中华人民共和国刑事诉讼法》第一百六十八条及《人民检察院刑事诉讼规则》第二百三十七条的规定，拟将犯罪嫌疑人×××涉嫌×××一案移送审查起诉。鉴于×××，建议对犯罪嫌疑人×××（从重、从轻、减轻）处罚。

承办人：×××

××××年××月××日

制作说明

一、本文书依据《中华人民共和国刑事诉讼法》第一百六十八条及《人民检察院刑事诉讼规则》第二百三十七条的规定，为侦查终结将犯罪嫌疑人移送审查起诉时使用。

二、本文书的主要内容包括犯罪嫌疑人基本情况，案件来源，主要涉嫌犯罪事实，主要证据，需要说明的问题，定性、处理意见和法律依据等内容。

107. 关于侦结交办移送审查起诉的决定

×××人民检察院

关于侦结交办移送审查起诉的决定

××检××决〔××××〕××号

×××：（下级人民检察院名称）

根据《中华人民共和国刑事诉讼法》第一百六十九条的规定，我院立案侦查的×××案件交由你院移送审查起诉（或不起诉）。（具体内容）。

××××年××月××日

（院印）

制作说明

一、本文书依据《中华人民共和国刑事诉讼法》第一百六十九条和《人民检察院刑事诉讼规则》第三百二十八条的规定制作。为上级人民检察院向下级人民检察院交办需要改变管辖的审查起诉案件时使用。

二、本文书一式二份，一份附卷，一份送达下级人民检察院。

（二）审查逮捕、审查起诉工作文书

108. ×××案审查报告（适用捕诉一体案件）

×××人民检察院

×××案审查报告

（适用捕诉一体案件）

收案时间（审查逮捕）：××　　收案时间（审查起诉）：××

侦查机关（审查逮捕）：××　　侦查机关（审查起诉）：××

移送单位（审查逮捕）：××　　移送单位（审查起诉）：××

移送案由（审查逮捕）：××　　移送案由（审查起诉）：××

犯罪嫌疑人（审查逮捕）：××　　犯罪嫌疑人（审查起诉）：××

案件编号（审查逮捕）：××××　　案件编号（审查起诉）：××××

侦查机关承办人：×××　　联系电话：×××

检察院承办人：×××

（上述侦查机关、移送单位、移送案由、犯罪嫌疑人、案件编号、侦查机关、部门等捕诉期间无变化的，只撰写一次，无须重复）

我院于××××年××月××日接到×××以×××号文书提请审查逮捕犯罪嫌疑人×××涉嫌×××一案的文书及案卷材料、证据，承办人审阅了案卷，讯问了犯罪嫌疑人（无法讯问的说明原因），（犯罪嫌疑人已经委托辩护律师的，可以听取辩护律师的意见。辩护律师提出要求的，应当听取辩护律师的意见），核实了有关证据，已审查完毕。

我院于××××年××月××日受理该案，收到卷宗××册，证物××。我院受理后，依照刑事诉讼法的有关规定，于××××年××月××

日告知犯罪嫌疑人（未成年人案件增加"及其法定代理人"）依法享有的诉讼权利；于××××年××月××日告知被害人及法定代理人或者近亲属、附带民事诉讼的当事人及其法定代理人依法享有的诉讼权利；已依法讯问犯罪嫌疑人，询问证人，听取了辩护人或者值班律师、被害人及其诉讼代理人的意见。（未成年人案件包括"进行社会调查、心理测评疏导"）进行补充鉴定、复验复查等。审阅了全部案件材料，核实了案件事实与证据。期间，因×××（写明退补理由：因犯罪事实不清、证据不足或者存在遗漏罪行、遗漏同案犯罪嫌疑人），退回补充侦查×次（自××××年××月××日至××××年××月××日，自××××年××月××日至××××年××月××日）；因×××（写明延长理由：因案情重大、复杂），延长审查起诉期限×次（自××××年××月××日至××××年××月××日，自××××年××月××日至××××年××月××日，自××××年××月××日至××××年××月××日）。现已审查终结。（审查逮捕阶段，此段无须撰写）

报告如下：

一、犯罪嫌疑人及诉讼参与人的基本情况

（一）犯罪嫌疑人基本情况

犯罪嫌疑人×××，（曾用名×××、与案情有关的别名×××、化名×××、绰号"×××"，外国人应先写明中文译名，再括号注明外文姓名的全名），男/女，××××年××月××日出生（如无法查清出生日期，也可以仅标注自述年龄，未成年人无法查明实际年龄的，应当注明骨龄鉴定所证实的年龄），公民身份号码×××（犯罪嫌疑人是外国人或者港澳台地区的，应当注明证件类型及号码），民族、文化程度、职业（有工作单位的"工作单位+职务"，没有工作单位的直接注明职业类型，没有职业的注明"无职业"，如涉及国家工作人员利用职务实施的犯罪应当注明其何时任何职务），户籍所在地×××（为户籍登记地址，没有户籍登记信息的，应予以注明；如系港澳台地区应注明其所属地区），住××

×（经常居住地的详细信息）。前科情况：因×××，于××××年××月××日被×××（单位）处以……；因犯×××罪，于××××年××月××日被×××（单位）判处……，于××××年××月××日刑满释放。如果刑期未满被假释应当注明假释及假释期满的时间，如果被赦免应当注明被赦免的时间。（刑事处罚与行政处罚并存时，按照先行政处罚后刑事处罚的顺序叙写）因本案被采取强制措施的情况：因涉嫌×××罪，于××××年××月××日被×××（单位）刑事拘留；因涉嫌×××罪，于××××年××月××日经×××（单位）批准/决定，于××××年××月××日被×××（执行单位）×××（强制措施种类）。（如犯罪嫌疑人为人大代表或政协委员等特殊身份，要注明采取强制措施前是否依法履行了相关程序及罢免情况等情况。）

（单位犯罪）（犯罪单位名称），统一社会信用代码，所在地址（实际经营地址），注册地址，法定代表人姓名。诉讼代表人姓名，性别，年龄，职务（应负刑事责任的"主要负责人"和"直接责任人"，按照上述犯罪嫌疑人表述方式叙写）

（有特殊需求的案件）本人简历：（写明成长、就学、工作经历，注明就学、就业起讫时间、地点，重点叙写对其产生重要影响的经历等。）

辩护人情况（审查逮捕/审查起诉）：×××事务所律师×××/直系亲属×××，在×××工作，与犯罪嫌疑人是×××关系/法律援助律师×××，×××律师事务所，由×××（法律援助机构名称）指派。

未成年犯罪嫌疑人法定代理人情况（抚养、监护情况）：×××。

（二）被害人基本情况

被害人×××，（曾用名×××，与案情有关的别名×××，化名×××，绰号×××，外国人应先写明中文译名，再括号注明外文姓名的全名），男/女，××××年××月××日出生（如无法查清出生日期，也可以仅标注自述年龄，未成年人无法查明实际年龄的，应当注明骨龄鉴定所证实的年龄），公民身份号码×××（被害人是外国人或者港澳台地区的，应当注明证件类型及号码），民族，职业（有工作单位的"工作单位＋职务"，没有工作单位的直接注明职业类型，没有职业的注明"无职业"，如涉及国家工作人员利用职务实施的犯罪应当注明其何时任何职务），（与本案有关的身份），户籍所在地×××（为户籍登记地址，没有户籍登记信息的，应予以注明；如系港澳台地区应注明其所属地区），住×××（经常居住地的详细信息）。（非法集资或类似案件被害人较多的，可以归纳叙写共有多少名被害人，被害人的主要情况。）

被害人诉讼代理人情况：

被害人法定代理人情况：

未成年被害人法定代理人情况：×××。

二、发、破案经过

（结合破案报告及案件其他证实犯罪嫌疑人归案的证据具体撰写）……

三、侦查机关（部门）认定的犯罪事实与意见

（一）审查逮捕

移送机关认定：（可全文摘抄提请批准逮捕意见书的内容）……

移送机关处理意见：

……

（二）审查起诉

移送机关认定：（可全文摘抄起诉意见书的内容）……

移送机关处理意见：

……

四、审查逮捕认定的案件事实及证据

经审查认定：（结合在案证据，详细叙述案件发生的时间、地点、影响案件事实表述的当事人之间的关系，案件的起因，实施行为的经过、手段、后果，以及社会影响。撰写总体事实。事实描述要清楚、详尽、客观，不能复制粘贴提请批准逮捕书认定的事实，要与起诉书认定的事实写

法有所区别）

对于一人多罪或者多人多罪的案件，以罪名为单位，采取"一事一证一分析"的体例撰写。对于多起犯罪事实的案件，可以根据案件情况，采取时间先后或者情节轻重的顺序进行表述。

（一）关于×××涉嫌×××罪的事实

经审查认定的事实：

认定上述事实的证据如下：

1. 物证

证明（单证能够证明的问题）：

存在的问题（单证审查，就证据的合法性、关联性、真实性进行审查）：

2. 书证

（1）×××，摘自证据卷××页。

证明（单证能够证明的问题）：

存在的问题（单证审查，就证据的合法性、关联性、真实性进行审查，如书证是复印件的，是否注明书证的来源、原件存放在何处、复印件与原件是否一致等）：

3. 证人证言

（1）证人×××，男/女，××岁，（职业或与本案有关联性的身份），××××年××月××日作证，摘自证据卷××页。

辨认笔录，摘自证据卷××页。

辨认人×××，于××××年××月××日，在见证人×××的见证下，经辨认指出×××。

证明（单证能够证明的问题）：

存在的问题（单证审查，就证据的合法性、关联性、真实性进行审查，如未成年证人接受询问时是否有合适成年人在场，询问女性证人是否有女工作人员在场等）：

4. 被害人陈述

(1) 被害人×××,男/女,××岁,共陈述×次,摘自××××年××月××日陈述,摘自证据卷××页。

辨认笔录,摘自证据卷××页。

辨认人×××,于××××年××月××日,在见证人×××的见证下,经辨认指出×××。

证明(单证能够证明的问题):

存在的问题(单证审查,就证据的合法性、关联性、真实性进行审查,如被害人多次陈述中,是否存在关键情节上前后矛盾的情况,是否与正常逻辑相违背等情况):

5. 犯罪嫌疑人的供述与辩解

(1) 犯罪嫌疑人×××,共陈述×次,摘自××××年××月××日供述,摘自口供卷××页。辨认笔录,摘自证据卷××页。

辨认人×××,于××××年××月××日,在见证人×××的见证下,经辨认指出×××。

证明(单证能够证明的问题):

存在的问题(单证审查,就证据的合法性、关联性、真实性进行审查,如嫌疑人供述的稳定性,其辩解是否合理,是否与生活常理相符合等):

6. 鉴定意见

证明(单证能够证明的问题):

存在的问题(单证审查,就证据的合法性、关联性、真实性进行审查,如鉴定机构或者鉴定人是否具备相关资质,检材或者样本来源和保管是否规范等):

7. 勘验、检查、侦查实验等笔录

证明(单证能够证明的问题):

存在的问题(单证审查,就证据的合法性、关联性、真实性进行审

查,如勘验、检查的主体是否合法,程序是否规范等):

8. 视听资料、电子数据

证明(单证能够证明的问题):

存在的问题(单证审查,就证据的合法性、关联性、真实性进行审查,如视听资料、电子证据的来源是否合法、提取是否规范、是否为原件等):

该起事实证据分析:

(二)关于×××涉嫌×××罪的事实

……

五、审查起诉认定的案件事实及证据

本案经审查批准(决定)逮捕(无逮捕必要)后,侦查机关继续侦查,补充了以下新的证据(如公安机关未补充新证据:本案经移送起诉后,证据未发生新的变化。新的证据包括采取逮捕强制措施后所有补充的证据。如有自行补充侦查的证据也应当在该部分进行填录,并标明为自行补充侦查调取):

对于一人多罪或者多人多罪的案件,以罪名为单位,采取"一事一证一分析"的体例撰写。对于多起犯罪事实的案件,可以根据案件情况,采取时间先后或者情节轻重的顺序进行表述。

(一)关于×××涉嫌×××罪的事实

1. 物证

证明(单证能够证明的问题):

存在的问题(单证审查,就证据的合法性、关联性、真实性进行审查):

2. 书证

(1)×××,摘自证据卷××页。

证明(单证能够证明的问题):

存在的问题(单证审查,就证据的合法性、关联性、真实性进行审查,如书证是复印件的,是否注明书证的来源、原件存放在何处、复印件与原件是否一致等）：

3. 证人证言

（1）证人×××，男/女，××岁，（职业或与本案有关联性的身份），××××年××月××日作证，摘自证据卷××页。

辨认笔录，摘自证据卷××页。

辨认人×××，于××××年××月××日，在见证人×××的见证下，经辨认指出×××。

证明（单证能够证明的问题）：

存在的问题（单证审查，就证据的合法性、关联性、真实性进行审查，如未成年证人接受询问时是否有合适成年人在场，询问女性证人是否有女工作人员在场等）：

4. 被害人陈述

（1）被害人×××，男/女，××岁，共陈述×次，摘自××××年××月××日陈述，摘自证据卷××页。

辨认笔录，摘自证据卷××页。

辨认人×××，于××××年××月××日，在见证人×××的见证下，经辨认指出×××。

证明（单证能够证明的问题）：

存在的问题（单证审查，就证据的合法性、关联性、真实性进行审查，如被害人多次陈述中，是否存在关键情节上前后矛盾的情况，是否与正常逻辑相违背等情况）：

5. 犯罪嫌疑人的供述与辩解

（1）犯罪嫌疑人×××，共供述×次，摘自××××年××月××日供述，摘自口供卷××页。辨认笔录，摘自证据卷××页。

辨认人×××，于××××年××月××日，在见证人×××的见证下，经辨认指出×××。

证明（单证能够证明的问题）：

存在的问题（单证审查，就证据的合法性、关联性、真实性进行审查，如嫌疑人供述的稳定性，其辩解是否合理，是否与生活常理相符合等）：

6. 鉴定意见

证明（单证能够证明的问题）：

存在的问题（单证审查，就证据的合法性、关联性、真实性进行审查，如鉴定机构或者鉴定人是否具备相关资质，检材或者样本来源和保管是否规范等）：

7. 勘验、检查、侦查实验等笔录

证明（单证能够证明的问题）：

存在的问题（单证审查，就证据的合法性、关联性、真实性进行审查，如勘验、检查的主体是否合法，程序是否规范等）：

8. 视听资料、电子数据

证明（单证能够证明的问题）：

存在的问题（单证审查，就证据的合法性、关联性、真实性进行审查，如视听资料、电子证据的来源是否合法、提取是否规范、是否为原件等）：

经审查上述全部证据，认定以下案件事实：（根据新增加的证据，对全案事实予以认定。结合在案证据，详细叙述案件发生的时间、地点、影响案件事实表述的当事人之间的关系，案件的起因，实施行为的经过、手段、后果，以及社会影响等。事实描述应清楚、详尽、客观，不能复制粘贴起诉意见书认定的事实，要与起诉书认定的事实写法有所区别）

（二）关于×××涉嫌×××罪的事实

……

六、需要说明的问题及有关情况

（一）审查逮捕

1. 案件背景、有关领导批示情况；

2. 引导公安机关取证事项；

3. 未成年人有效监护及帮教条件；

4. 公安机关落实未成年人特别诉讼程序情况（如社会调查、心理测评、合适成年人等）；

5. 是否属于督办或挂账案件；

6. 承办人认为需要说明的其他问题及情况。

（二）审查起诉

1. 案件背景、有关领导批示情况（捕后新情况）；

2. 引导公安机关取证事项（针对捕后引导取证情况）；

3. 案件管辖问题；

4. 同案犯处理情况（如另案处理等情况）；

5. 刑事和解情况；

6. 敏感案件预警或处置情况；

7. 扣押款物的追缴、保管、移交、处理情况；

8. 结合办案参与综合治理、发出检察建议等相关情况；

9. 公益诉讼线索情况；

10. 未成年人特别程序及帮教落实情况；

（1）法律援助情况（写明通知法律援助的时间与单位、检察机关督促落实法律援助情况等。）；

（2）法定代理人、合适成年人到场情况；

（3）社会调查情况；

（4）心理测评、心理干预情况；

（5）已开展帮教情况（已采取的观护帮教措施及庭前教育情况）；

（6）拟开展附条件不起诉的听取意见、（附条件）不起诉不公开听证等情况；

（7）其他，如亲情会见、通话。

（根据社会调查、心理测评、心理干预、帮教、和解情况等认定的未成年人家庭环境、成长背景、犯罪原因、存在问题、社会关系修复、悔改表现等，为后续作出处理决定提供参考和依据。)

11. 承办人认为需要说明的其他问题及情况。

七、相关诉讼参与人的意见

（一）被害人及其代理人的意见

（简明归纳被害人就本案定罪及量刑的意见和理由。被害人及其代理人的意见可以分别叙明。）

（二）辩护人及其他代理人的意见

×××律师事务所×××律师/×××，与犯罪嫌疑人×××是×××关系，（如是法律援助律师的应注明指派的法律援助机构。）担任本案的辩护人。

（简明归纳辩护人或者其他代理人在审查起诉阶段就案件性质认定、定罪量刑方面提出的意见及理由）

（三）其他

（如无可予以删除）

八、审查意见

（一）审查逮捕

1. 对全案事实证据情况的认定意见

（包括对于事实及证据之间相互印证情况，案件是否有瑕疵证据、违法证据的情况）

2. 对案件法律适用的认定意见

（对于案件定性的分析）

3. 社会危险性分析

4. 犯罪嫌疑人认罪认罚情况

5. 继续侦查意见

（需要继续进行侦查，补强证据的内容）

(1) ……

(2) ……

6. 侦查监督及追捕漏犯意见

综上，承办人认为：

犯罪嫌疑人×××的行为，已构成×××罪，具有社会危险性/不具有社会危险性，依据《中华人民共和国刑事诉讼法》第×××条（应具体到条款项），决定批准/不批准逮捕。（犯罪嫌疑人×××涉嫌×××罪一案，证据不足/不构成犯罪，决定不批准逮捕）

（二）审查起诉

1. 对全案事实证据情况的认定意见

（包括对于事实及证据之间相互印证情况，案件是否有瑕疵证据、违法证据的情况）

2. 对案件法律适用的认定意见

（对于案件定性的分析）

3. 认罪认罚适用情况

4. 量刑分析

（是否可能判处有期徒刑以上刑罚，移送起诉后可增补上具体量刑建议）

5. 羁押必要性审查意见

6. 侦查监督及追诉漏罪漏犯意见

综上，承办人认为：

犯罪嫌疑人×××的行为，事实清楚，证据确实、充分，其行为触犯《中华人民共和国刑法》第×××条（应具体到条款项），依据《中华人民共和国刑事诉讼法》第×××条（应具体到条款项），应以×××罪提起公诉，适用×××程序。（如不起诉，述明不起诉的法律依据、类型及意见。）

承办人：×××

××××年×月×日

制作说明

一、本文书为人民检察院在办理捕诉一体案件过程中撰写审查报告时使用，审查批准逮捕、审查起诉阶段合并适用该报告，两个阶段的案件材料合并为一个卷宗。监察委、自侦部门移送案件可根据实际情况适当调整。

二、本报告共分为两部分：首部、正文。

（一）首部

本文书标题描述为"犯罪嫌疑人姓名"＋"×案审查报告"，犯罪嫌疑人为三名及以上的描述为"犯罪嫌疑人姓名等×人"＋"×案审查报告"。首部需要根据审查逮捕和审查起诉阶段的收案情况及案件的相关信息进行撰写，结合案件具体情况，对于捕诉期间无变化的案件信息内容撰写一次即可，无须重复撰写。如中间更换承办人，在本报告前期部分基础上继续撰写即可，承办人信息可以相应增加。

（二）正文

1．"犯罪嫌疑人及诉讼参与人的基本情况"部分按照文书中列明的具体要求，结合案情进行撰写。审查逮捕阶段未填完整的内容可在审查起诉阶段就同一份审查报告继续完成撰写。多名被害人的，可以视情况后附表格的形式列明被害人姓名及受侵害情况。

2．"发、破案经过"部分结合发、破案报告，到案经过等证实犯罪嫌疑人到案的证据进行综合撰写。审查起诉阶段如果内容有变化，可继续补充完善。

3．"侦查机关（部门）认定的犯罪事实与意见"部分共有审查逮捕阶段与审查起诉阶段两个部分，分别根据提请批准逮捕书（逮捕犯罪嫌疑人意见书）和起诉意见书的内容摘抄即可。

4．"审查逮捕认定的案件事实及证据""审查起诉认定的案件事实及证据"，即审查逮捕和审查起诉两个阶段经审查认定的事实及证据。审查逮捕阶段认定的事实根据文书内列明的具体要求进行撰写，所依据的证据按照一事一证一分析的体例撰写。审查起诉阶段对于证据的撰写旨在列明经过审查批准逮捕后，侦查机关补充的新证据，按照文书内列明的要求对证据进行列举、分析即可。最后，综合全案的证据，综合撰写经审查认定的案件事实。

5."需要说明的问题及有关情况"部分共有审查逮捕阶段与审查起诉阶段两部分，根据文书列明的事项及要求，结合案情有针对性的叙写，对于没有问题的部分，直接写"无"即可。

6."相关诉讼参与人的意见"部分根据文书列明要求，结合案件具体的内容，对被害人及其代理人的意见、辩护人及其他代理人的情况和意见进行撰写。

7."审查意见"部分共有审查逮捕阶段和审查起诉阶段两部分，需要结合案件具体情况，根据文书列明的事项及要求进行撰写。审查逮捕和审查起诉两个阶段都需要撰写总结性的处理意见，并分别列明承办人及日期。侦查监督包括立案监督和侦查活动监督。

三、本文书为附检察内卷文书，无需向其他机关或部门送达。

109. ×××案审查报告（适用非羁押直诉案件）

×××人民检察院

×××案审查报告

（适用非羁押直诉案件）

收案时间：×××

侦查机关：×××

移送单位：×××

移送案由：×××

犯罪嫌疑人：×××

侦查机关承办人：×××　　联系电话：×××

检察院承办人：×××

　　××××年××月××日（侦查机关）以（起诉意见书文号）起诉意见书将该案移送审查起诉，我院于××××年××月××日收到卷宗××册，证物××。

　　我院受理后，依照刑事诉讼法的有关规定，于××××年××月××日告知犯罪嫌疑人（未成年人案件增加"及其法定代理人"）依法享有的诉讼权利；于××××年××月××日告知被害人及法定代理人或者近亲属、附带民事诉讼的当事人及其法定代理人依法享有的诉讼权利；已依法讯问犯罪嫌疑人，询问证人，听取了辩护人或者值班律师、被害人及其诉讼代理人的意见。（未成年人案件包括"进行社会调查、心理测评疏导"）进行补充鉴定、复验复查等。审阅了全部案件材料，核实了案件事实与证据。

　　期间，因×××（写明退补理由：因犯罪事实不清、证据不足或者存在遗漏罪行、遗漏同案犯罪嫌疑人），退回补充侦查×次（自××××年

××月××日至××××年××月××日，自××××年××月××日至××××年××月××日）；因×××（写明延长理由：因案情重大、复杂），延长审查起诉期限×次（自××××年××月××日至××××年××月××日，自××××年××月××日至××××年××月××日，自××××年××月××日至××××年××月××日）。现已审查终结。报告如下：

一、犯罪嫌疑人及诉讼参与人的基本情况

1. 犯罪嫌疑人基本情况

犯罪嫌疑人×××，（曾用名×××、与案情有关的别名×××、化名×××、绰号"×××"，外国人应先写明中文译名，再括号注明外文姓名的全名），男/女，××××年××月××日出生（如无法查清出生日期，也可以仅标注自述年龄，未成年人无法查明实际年龄的，应当注明属相或者骨龄鉴定所证实的年龄），公民身份号码×××（犯罪嫌疑人是外国人或者港澳台地区的，应当注明证件类型及号码），民族、文化程度、职业（有工作单位的"工作单位＋职务"，没有工作单位的直接注明职业类型，没有职业的注明"无职业"，如涉及国家工作人员利用职务实施的犯罪应当注明其何时任何职务），户籍所在地×××（为户籍登记地址，没有户籍登记信息的，应予以注明；如系港澳台地区应注明其所属地区），住×××（经常居住地的详细信息）。前科情况：因×××，于××××年××月××日被×××（单位）处以……；因犯×××罪，于××××年××月××日被×××（单位）判处……，于××××年××月××日刑满释放。如果刑期未满被假释应当注明假释及假释期满的时间，如果被赦免应当注明被赦免的时间。（刑事处罚与行政处罚并存时，按照先行政处罚后刑事处罚的顺序叙写）因本案被采取强制措施的情况：因涉嫌×××罪，于××××年××月××日被×××（单位）取保候审（监视居住）；因涉嫌×××罪，于××××年××月××日经×××（单位）批准/决定，于××××年××月××日被×××（执行单位）×××（强制措施种类)。(如犯罪嫌疑人为人大代表或政协委员等特殊身份,要注明采取强制措施前是否依法履行了相关程序及罢免情况等。)

未成年犯罪嫌疑人法定代理人情况(抚养、监护情况):

本人简历:写明成长、就学、工作经历,注明就学、就业起讫时间、地点,重点叙写对其产生重要影响的经历等。

辩护人情况(审查逮捕/审查起诉):××××律师事务所×××律师/×××,与犯罪嫌疑人×××是×××关系。(如是法律援助律师的应注明指派的法律援助机构。)

2. 被害人基本情况

被害人×××,(曾用名×××,与案情有关的别名×××,化名×××,绰号×××,外国人应先写明中文译名,再括号注明外文姓名的全名),男/女,××××年××月××日出生(如无法查清出生日期,也可以仅标注自述年龄,未成年人无法查明实际年龄的,应当注明骨龄鉴定所证实的年龄),公民身份号码×××(被害人是外国人或者港澳台地区的,应当注明证件类型及号码),民族,职业(有工作单位的"工作单位+职务",没有工作单位的直接注明职业类型,没有职业的注明"无职业",如涉及国家工作人员利用职务实施的犯罪应当注明其何时任何职务),(与本案有关的身份),户籍所在地×××(为户籍登记地址,没有户籍登记信息的,应予以注明;如系港澳台地区应注明其所属地区),住×××(经常居住地的详细信息)。(非法集资或类似案件被害人较多的,可以归纳叙写共有多少名被害人,被害人的主要情况。)

被害人诉讼代理人或者法定代理人情况。

(未成年被害人法定代理人情况,包括法定代理人姓名,年龄,工作单位,与未成年被害人的关系)。

二、发、破案经过

(结合破案报告及案件其他证实犯罪嫌疑人归案的证据具体撰写)……

三、侦查机关（部门）认定的犯罪事实与意见

移送机关认定：（可全文摘抄起诉意见书的内容）……

移送机关认为：……

四、经审查认定的案件事实及证据

经审查认定：（结合在案证据，详细叙述案件发生的时间、地点，影响案件事实表述的当事人之间的关系，案件的起因，实施行为的经过、手段、后果，以及社会影响。撰写总体事实。事实描述要清楚、详尽、客观，不能复制粘贴起诉意见书认定的事实，要与起诉书认定的事实写法有所区别）

对于一人多罪或者多人多罪的案件，以罪名为单位，采取"一事一证一分析"的体例撰写。对于多起犯罪事实的案件，可以根据案件情况，采取时间先后或者情节轻重的顺序进行表述。

（一）关于×××涉嫌×××罪的事实

经审查认定的事实：

认定上述事实的证据如下：

1. 物证

证明（单证能够证明的问题）：

存在的问题（单证审查，就证据的合法性、关联性、真实性进行审查）：

2. 书证：

（1）×××，摘自证据卷××页。

证明（单证能够证明的问题）：

存在的问题（单证审查，就证据的合法性、关联性、真实性进行审查，如书证是复印件的，是否注明书证的来源、原件存放在何处、复印件与原件是否一致等）：

3. 证人证言：

（1）证人×××，男/女，××岁，（职业或与本案有关联性的身份），××××年××月××日作证，摘自证据卷××页。

辨认笔录，摘自证据卷××页。

辨认人×××，于××××年××月××日，在见证人×××的见证下，经辨认指出×××。

证明（单证能够证明的问题）：

存在的问题（单证审查，就证据的合法性、关联性、真实性进行审查，如未成年证人接受询问时是否有合适成年人在场，询问女性证人是否有女工作人员在场等）：

4. 被害人陈述：

（1）被害人×××，男/女，××岁，共陈述×次，摘自××××年××月××日陈述，摘自证据卷××页。

辨认笔录，摘自证据卷××页。

辨认人×××，于××××年××月××日，在见证人×××的见证下，经辨认指出×××。

证明（单证能够证明的问题）：

存在的问题（单证审查，就证据的合法性、关联性、真实性进行审查，如被害人多次陈述中，是否存在关键情节上前后矛盾的情况，是否与正常逻辑相违背等情况）：

5. 犯罪嫌疑人的供述与辩解：

（1）犯罪嫌疑人×××，共陈述×次，摘自××××年××月××日供述，摘自口供卷××页。辨认笔录，摘自证据卷××页。

辨认人×××，于××××年××月××日，在见证人×××的见证下，经辨认指出×××。

证明（单证能够证明的问题）：

存在的问题（单证审查，就证据的合法性、关联性、真实性进行审查，如嫌疑人供述的稳定性，其辩解是否合理，是否与生活常理相符合等）：

6. 鉴定意见：

证明（单证能够证明的问题）：

存在的问题（单证审查，就证据的合法性、关联性、真实性进行审查，如鉴定机构或者鉴定人是否具备相关资质，检材或者样本来源和保管是否规范等）：

7. 勘验、检查、侦查实验等笔录：

证明（单证能够证明的问题）：

存在的问题（单证审查，就证据的合法性、关联性、真实性进行审查，如勘验、检查的主体是否合法，程序是否规范等）：

8. 视听资料、电子数据：

证明（单证能够证明的问题）：

存在的问题（单证审查，就证据的合法性、关联性、真实性进行审查，如视听资料、电子证据的来源是否合法、提取是否规范、是否为原件等）：

该起事实证据分析：

（二）关于×××涉嫌×××罪的事实

……

五、相关诉讼参与人的意见

（一）被害人及其代理人的意见

（简明归纳被害人就本案定罪及量刑的意见和理由。被害人及其代理人的意见可以分别叙明。）

（二）辩护人及其他代理人的意见

×××律师事务所×××律师/×××，与犯罪嫌疑人×××是××× 关系，（如是法律援助律师的应注明指派的法律援助机构。）担任本案的辩护人。

（简明归纳辩护人或者其他代理人在审查起诉阶段就案件性质认定、定罪量刑方面提出的意见及理由）

（三）其他

（如无可予以删除）

六、需要说明的问题及有关情况

（一）案件背景、有关领导批示情况；

（二）引导公安机关取证事项；

（三）案件管辖问题；

（四）同案犯处理情况（如另案处理等情况）；

（五）刑事和解情况；

（六）敏感案件预警或处置情况；

（七）扣押款物的追缴、保管、移交、处理情况；

（八）结合办案参与综合治理、发出检察建议等相关情况；

（九）公益诉讼线索情况；

（十）未成年人特别程序及帮教落实情况；

1. 法律援助情况（写明通知法律援助的时间与单位、检察机关督促落实法律援助情况等。）；

2. 法定代理人、合适成年人到场情况；

3. 社会调查情况；

4. 心理测评、心理干预情况；

5. 已开展帮教情况（已采取的观护帮教措施及庭前教育情况）；

6. 拟开展附条件不起诉的听取意见、（附条件）不起诉不公开听证等情况；

7. 其他，如亲情会见、通话。

（根据社会调查、心理测评、心理干预、帮教、和解情况等认定的未成年人家庭环境、成长背景、犯罪原因、存在问题、社会关系修复、悔改表现等，为后续作出处理决定提供参考和依据。）

（十一）承办人认为需要说明的其他问题及情况。

七、审查意见

（一）对全案事实证据情况的认定意见

（包括对于事实及证据之间相互印证情况，案件是否有瑕疵证据、违

法证据的情况）

（二）对案件法律适用的认定意见

（对于案件定性的分析）

（三）认罪认罚适用情况

（四）量刑分析

（是否可能判处有期徒刑以上刑罚，移送起诉后可增补上具体量刑建议）

（五）是否需要变更强制措施意见

（六）侦查监督及追诉漏罪漏犯意见

综上，承办人认为：

犯罪嫌疑人×××的行为，事实清楚，证据确实、充分，其行为触犯《中华人民共和国刑法》第×××条（应具体到条款项），依据《中华人民共和国刑事诉讼法》第×××条（应具体到条款项），应以×××罪提起公诉，适用×××程序。（如不起诉，述明不起诉的法律依据、类型及意见。）

承办人：×××

××××年×月×日

制作说明

一、本文书为人民检察院在办理非羁押直诉案件过程中撰写审查报告时使用，监察委、自侦部门移送案件可根据实际情况适当调整。

二、本报告共分为两部分：首部、正文。

（一）首部

本文书标题描述为"犯罪嫌疑人姓名"+"×案审查报告"，犯罪嫌疑人为三名及以上的描述为"犯罪嫌疑人姓名等×人"+"×案审查报告"。首部需要结合案件收案情况、诉讼经过,按照文书内列明的具体要求进行撰写。

(二)正文

1. "犯罪嫌疑人及诉讼参与人的基本情况"部分按照文书中列明的具体要求,结合案情对犯罪嫌疑人、被害人、辩护人、诉讼代理人等诉讼参与人的情况进行撰写。多名被害人的,可以视情况后附表格的形式列明被害人姓名及受侵害情况。

2. "发、破案经过"部分结合发、破案报告,到案经过等证实犯罪嫌疑人到案的证据进行综合撰写。

3. "侦查机关(部门)认定的犯罪事实与意见"部分根据起诉意见书的内容摘抄即可。

4. "经审查认定的案件事实及证据"部分认定的事实根据文书内列明的具体要求进行撰写,所依据的证据按照一事一证一分析的体例撰写。

5. "相关诉讼参与人的意见"部分根据文书列明要求,结合案件具体的内容,对被害人及其代理人的意见、辩护人及其他代理人的情况和意见进行撰写。

6. "需要说明的问题及有关情况"部分根据文书列明的事项及要求,结合案件有针对性的叙写,对于没有问题的部分,直接写"无"即可。

7. "审查意见"部分需要结合案件具体情况,根据文书列明的事项及要求对六个方面的审查意见进行撰写。最后综合表述结论性的处理意见,并列明承办人及日期。

三、本文书为附检察内卷文书,无需向其他机关或部门送达。

110. ×××案审查报告（适用速裁程序/认罪认罚简易程序案件）

×××人民检察院

×××案审查报告

（适用速裁程序/认罪认罚简易程序案件）

一、犯罪嫌疑人基本情况

姓名：（包括案件有关的别名、化名、曾用名、绰号）	性别：	年龄：	职业：
户籍所在地：		公民身份号码：	
前科情况：			
刑事拘留时间：		逮捕/取保候审时间：（提请逮捕期间可先不填写）	
备注：（关于犯罪嫌疑人身份情况中对定罪量刑有影响的其他问题，如系未成年人犯罪的需要注明案发时年龄、法定代理人、成长经历等根据案件实际情况添加）			

二、移送机关认定的事实和意见

（提请批准逮捕书/批准逮捕意见书/起诉意见书内容）：

三、经审查认定的事实（审查逮捕阶段、审查起诉阶段经审查认定的案件事实。）

（先期写明审查逮捕期间认定的事实，移送审查起诉后，如事实发生变化应写明，"因证据发生变化，认定事实变更为：×××"）

四、本案的证据（速裁程序可省略此部分，言词证据主要写明证明的内容，物证、书证、鉴定意见等客观证据主要围绕案件事实写明，同一证明事项的客观证据可分组写明共同证明内容，审查起诉期间新增加的证据直接添加，对于证据不符合法定程序的，应当在证明内容中加以注明）

1. 物证	证明
2. 犯罪嫌疑人供述	证明
（1）张某甲	
3. 被害人陈述	证明
（1）张某乙	
4. 证人证言	证明
（1）张某丙	
5. 书证	证明
（1）诊断证明	
（2）转账记录、取款证明	
6. 鉴定意见	证明
（1）伤情鉴定	
7. 勘验、检查、辨认笔录	证明
（1）张某乙辨认	（辨认出张某甲是打人的人）
8. 视听资料	证明
（1）现场监控录像	
备注：公安机关落实未成年人特别诉讼程序情况，如社会调查、心理测评、合适成年人、对未成年人监护帮教条件进行审查及后续帮教计划等内容，及其他特别诉讼程序需要说明的证据及情况。	

五、分析意见

此处重点就证据合法性、社会危险性、法律适用、羁押必要性审查（审查起诉阶段）、起诉必要性进行分析。

六、量刑意见

法定情节	酌定情节	其他情节	具结书签署情况
			（认罪认罚的具体情况）
量刑分析：			

七、侦查监督及追捕漏犯/追诉漏罪漏犯意见

八、需要说明的问题及有关情况

是否有领导干部干预司法活动、插手具体案件处理的情形（是☐ 否☐）。如是，需写明具体情况。
是否有司法机关内部人员过问案件的情形（是☐ 否☐）。如是，需写明具体情况。
是否有司法人员与当事人、律师、特殊关系人、中介组织接触交往不当的情形（是☐ 否☐）。如是，需写明具体情况。

九、审查意见

> 犯罪嫌疑人×××的行为，触犯《中华人民共和国刑法》第×××条，依据《中华人民共和国刑事诉讼法》第×××条（应具体到条款项），决定批准逮捕/不批准逮捕（述明不批捕类型），（移送起诉后可继续增加："该案移送起诉后，依据《中华人民共和国刑事诉讼法》第×××条（应具体到条款项）决定提起公诉，适用简易/速裁程序。"或"决定不起诉，述明不起诉类型"）。

承办人：×××

20××年××月××日

制作说明

一、本文书为人民检察院在适用速裁程序或认罪认罚简易程序办理案件的过程中撰写审查报告时使用。

二、适用速裁程序案件可以不制作审查报告，在统一业务应用系统内"审查报告"处注明"详见起诉书"即可，也可制作表格化的审查报告。案情简单、证据稳定的简易程序案件可以使用该表格化报告，案情复杂的简易程序案件应当使用非表格版审查报告，但可以适当予以简化。

三、本报告为表格化审查报告，分为首部、正文、尾部三部分。其中正文以表格形式呈现。

（一）首部

本文书标题描述为"犯罪嫌疑人姓名"＋"×案审查报告"，犯罪嫌疑人为三名及以上的描述为"犯罪嫌疑人姓名等×人"＋"×案审查报告"。

（二）正文

1."犯罪嫌疑人基本情况"部分根据表格内容结合案件情况填写表格。

2."移送机关认定的事实和意见"部分根据案件材料摘录提请逮捕意见书或起诉意见书内容。

3."经审查认定的事实"分为审查逮捕和审查起诉期间经审查认定的案件事实。如果审查逮捕后因继续侦查，证据发生变化的，需要撰写依据新证据认定的事实。

4."本案的证据"部分根据文书列明的事项及要求进行填写或省略注明。

5."分析意见"部分重点就证据合法性、社会危险性、法律适用、羁押必要性（审查起诉阶段）、起诉必要性进行分析。

6."量刑意见"部分在审查起诉阶段根据表格内容进行填写。

7."侦查监督及追捕漏犯/追诉漏罪漏犯意见"部分根据案件实际情况进行撰写。

8."需要说明的问题及有关情况"部分根据案件实际情况进行勾选。如果有该情况，则需要具体说明。

9."审查意见"部分根据案件事实及证据填写案件的定性、适用的法条，作出批捕或不批捕的意见。移送审查起诉后需要结合案件事实和证据情况作出起诉或不起诉的意见，并述明适用的案件程序。

（三）尾部

承办人落款及结案日期写在表格下方。

四、本文书为附检察内卷文书，无需向其他机关或部门送达。

111. 二审案件审查报告

×××人民检察院
二审案件审查报告

（案件来源与办案简要过程）［上诉案件写明：上诉人（案件名称）一案，我院于（阅卷通知书收到日期）收到案件材料，经审查卷宗材料、讯问上诉人、核实有关证据（办案简要过程），现已审查完毕。承办人认为……（简要结论），报告如下：］［抗诉案件写明：（提出抗诉检察院）于（提出抗诉日期）就原审被告人（案件名称）一案提出抗诉，经审查卷宗材料、讯问原审被告人、复核有关证据（办案简要过程），现已审查完毕。承办人认为……（简要结论），报告如下：］

一、上诉人（或原审被告人）基本情况

上诉人（或原审被告人）（姓名），（曾用名×××，与案情有关的别名×××，化名×××，绰号×××），（性别），（出生日期）出生，（证件种类）号码（证件号码），（民族），（文化程度），（职业）（工作单位+职务），户籍所在地，住（住所地详细地址）。曾受到过行政处罚、刑事处罚的时间、原因、种类、决定机关、释放时间等情况。因涉嫌（移送案由+移送其他案由）罪，经（批准/决定机关）批准/决定，于（执行日期）被（执行机关）执行（强制措施名称）……（一人有多个强制措施的，按强制措施序号以上述格式添加）。

辩护人×××，×××律师事务所律师。

多名原审被告人的，按上述要求分别列明。

二、案件侦破及诉讼经过

［说明：案件侦破经过要写明案件的发生、揭发或者侦查、破获过程等情况，包括时间、地点、主要涉案人员和确定犯罪嫌疑人、抓获犯罪嫌疑人、破获案件的具体过程、方法等。对于侦破过程特殊，通过技术手段

或者特情抓获犯罪嫌疑人、侦破案件，以及关系到犯罪嫌疑人自首、立功认定等情节的，应当写具体、清楚。]

本案由（侦查机关）侦查终结，以原审被告人（原审被告人1姓名）涉嫌（移送案由＋移送其他案由），（原审被告人2姓名）涉嫌（移送案由＋移送其他案由）……（多名原审被告人的，按上述格式进行添加），向（原公诉机关）移送审查起诉。（原公诉机关）向（一审法院）提起公诉。经开庭审理，（一审法院）于（原审判决日期）以（一审判决文号）刑事判决书作出一审判决，以（原审罪名＋原审其他罪名）判处（原审被告人姓名1）（原审刑罚）（原审刑期），以（原审罪名＋原审其他罪名）判处（原审被告人姓名2）（原审刑罚）（原审刑期）……。（多名原审被告人的，按上述格式添加）

三、一审法院裁判理由和上诉理由（或抗诉理由）

……

四、案件事实和证据

（一）起诉书指控的犯罪事实

……

（二）一审判决认定的事实

……（可以仅叙述判决认定的事实与指控事实不一致之处）

（三）审查认定的事实和案件证据情况

[说明：（一）本部分是审查报告制作重点，要根据案件的具体情况叙述清楚，做到主次分明、重点突出、详略得当，叙述事实清楚，罗列证据客观、全面，说理分析恰当、充分、合乎逻辑。（二）经审查认定的事实要写明案件发生的时间、地点，犯罪嫌疑人犯罪动机、目的、手段、实施行为的准备、实行过程，危害结果和案发后的表现等内容，并以犯罪构成要件为重点，同时兼叙影响量刑的各种情形。犯罪嫌疑人有自首、立功等法定情节的，可在叙述完事实后，写明自首、立功等情形。（三）经审查认定的证据，要客观、全面逐一列举，不能遗漏。列举证据的顺序以案件

破获、案情发展；先客观性证据，后主观性证据；先被害人陈述、证人证言，后犯罪嫌疑人供述的原则排列。特殊情况，承办人可以灵活掌握。
（四）对证据的综合分析可根据案件具体情况进行叙述。对于事实清楚，客观证据扎实的，可简写或不写；对于主要靠言词证据、间接证据定案的，应详写，在确定、分析矛盾点、关联点、空白点的基础上，详细阐述定案证据能否形成完整锁链，得出能够排除合理怀疑的结论。对于犯罪嫌疑人翻供的，对翻供的内容、翻供的原因以及翻供是否合理等进行分析，作出结论；对于提取、固定证据、司法鉴定等方面存在缺陷、瑕疵的证据，在分析论证的基础上得出是否影响证据使用、事实认定的结论。]

五、需要说明的情况

写明不宜在前几项中表述，但可能影响案件处理的已客观存在的具体情况。

六、承办人意见

写明案件在认定事实证据、适用法律和诉讼程序等方面存在争议的焦点问题，并针对焦点问题进行详细的分析，提出承办人对事实、证据、定罪、量刑、诉讼程序和风险评估等方面的审查意见，并根据案件具体情况提出处理意见。

承办人：×××
××××年×月×日

制作说明

一、本文书为人民检察院在办理二审上诉、抗诉案件过程中撰写审查报告时使用。

二、本报告共分为两部分：首部、正文。

（一）审查报告首部

本文书的首部需要结合案件内容，按照文书内列明的具体要求撰写案件来源及办案简要过程。

（二）审查报告正文

1. "上诉人（或原审被告人）基本情况"部分按照文书中列明的具体要求，结合案情对犯罪嫌疑人、辩护人的情况进行撰写。

2. "案件侦破及诉讼经过"部分按照文书列明的要求，结合发、破案报告撰写案件侦破过程。根据原审案件起诉意见书、起诉书、判决书等文书撰写完整的诉讼过程。

3. "一审法院裁判理由和上诉理由（或抗诉理由）"部分根据一审判决书的裁判理由、上诉书或抗诉书内容摘抄即可。

4. "案件事实和证据"部分中"起诉书指控的犯罪事实"摘抄起诉书，"一审判决认定的事实"可以仅叙述判决认定的事实与指控事实不一致之处即可，"审查认定的事实和案件证据情况"为审查报告制作重点，根据案件的具体内容，结合文书内列明的要求，列明案件事实、证据，对案件证据进行综合分析。

5. "需要说明的情况"部分根据文书列明要求，结合案件具体的内容需要，撰写不宜在前几项中表述但可能影响案件处理的客观存在的情况，对于没有问题的部分，直接写"无"即可。

6. "承办人意见"部分结合案件具体情况，根据文书列明的事项及要求对案件提出具体的处理意见。最后列明承办人及日期。

三、本文书为附检察内卷文书，无需向其他机关或部门送达。

112. 发回重审案件审查报告

×××人民检察院
发回重审案件审查报告

收案时间：×××

侦查机关：×××

移送单位：×××

移送案由：×××

犯罪嫌疑人：×××

侦查机关（或部门）承办人：×××　联系电话：×××

第一检察部承办人：×××

承办人意见：

本案系（发回重审法院）以（发回重审裁定书文号）裁定书裁定发回重审的原审被告人×××（姓名）×××（案由）一案，（同级人民法院）于×××年××月××日通知我院阅卷，承办人审查了卷宗材料，复核了相关证据，现已审查完毕，汇报如下：

一、犯罪嫌疑人及其他诉讼参与人的基本情况

1. 犯罪嫌疑人（姓名），（曾用名×××，与案情有关的别名×××，化名×××，绰号×××），（性别），（出生日期）出生，（证件种类）号码（证件号码），（民族），（文化程度），（职业）（工作单位+职务），户籍所在地，住（住所地详细地址）。前科情况。因涉嫌（移送案由+移送其他案由）罪，经（批准/决定机关）批准/决定，于（执行日期）被（执行机关）执行（强制措施名称）……

2. 辩护人（辩护与代理卡的申请人姓名），（所在的律师事务所）律师。

3. 被害人基本情况。

4. 委托代理人的基本情况。

5. 附带民事诉讼原告人情况。

二、发、破案经过

三、侦查机关（部门）认定的犯罪事实与意见

四、相关诉讼参与人的意见

（一）被害人意见

（二）被害人委托的人的意见

（三）辩护人意见

五、审查认定的事实、证据及分析

（一）经审查认定的事实

（二）本案证据情况及分析

［说明：（一）本部分要根据案件的具体情况叙述清楚，做到主次分明、重点突出、详略得当，叙述事实清楚，罗列证据客观、全面，说理分析恰当、充分、合乎逻辑。（二）经审查认定的事实要写明案件发生的时间、地点，犯罪嫌疑人犯罪动机、目的、手段、实施行为的准备、实行过程，危害结果和案发后的表现等内容，并以犯罪构成要件为重点，同时兼叙影响量刑的各种情形。犯罪嫌疑人有自首、立功等法定情节的，可在叙述完事实后，写明自首、立功等情形。（三）经审查认定的证据，要客观、全面逐一列举，不能遗漏。列举证据的顺序以案件破获，案情发展；先客观性证据，后主观性证据；先被害人陈述、证人证言，后犯罪嫌疑人供述的原则排列。特殊情况，承办人可以灵活掌握。（四）对证据的综合分析可根据案件具体情况进行叙述。对于事实清楚，客观证据扎实的，可简写或不写；对于主要靠言词证据、间接证据定案的，应详写，在确定、分析矛盾点、关联点、空白点的基础上，详细阐述定案证据能否形成完整锁链，得出能够排除合理怀疑的结论。对于犯罪嫌疑人翻供的，对翻供的内容、翻供的原因以及翻供是否合理等进行分析，作出结论；对于提取、固

定证据、司法鉴定等方面存在缺陷、瑕疵的证据，在分析论证的基础上得出是否影响证据使用、事实认定的结论。]

六、需要说明的问题及有关情况

1. 案件管辖问题；

2. 羁押必要性审查；

3. 追诉漏罪、漏犯情况；

4. 共同犯罪案件中未一并移送起诉的同案人的处理问题；

5. 刑事和解情况；

6. 敏感案件预警或处置情况；

7. 侦查活动违法及纠正情况；

8. 扣押款物的追缴、保管、移交、处理情况；

9. 被害人及附带民事诉讼原告人、被告人及其亲属以及人民群众对案件的处理有无涉法、涉诉上访问题及化解矛盾情况；

10. 结合办案参与综合治理、发出检察建议等相关情况；

11. 需要由检察机关提起附带民事诉讼问题；

12. 案件经过沟通、协调情况，领导批示情况；

13. 承办人认为需要解决的其他问题等。

七、承办人意见

（一）对全案事实证据情况的意见

（二）对案件定性和法律适用的意见

（三）量刑建议

综上，承办人认为：

承办人：×××

××××年×月×日

制作说明

一、本文书依据《中华人民共和国刑事诉讼法》第二百三十六条、第二百三十八条、《人民检察院刑事诉讼规则》第四百五十五条的规定制作。为人民检察院审查发回重审案件时使用。

二、本文书为报告式文书,分为首部、犯罪嫌疑人及其他诉讼参与人的基本情况、发破案经过、侦查机关(部门)认定的犯罪事实与意见、相关诉讼参与人的意见、审查认定的事实证据及分析、需要说明的问题及有关情况、承办人意见、尾部九部分。

1. 首部。需写明收案时间、侦查机关、移送单位、移送案由、犯罪嫌疑人姓名、侦查机关承办人姓名、检察机关承办人姓名、发回重审法院及案号、通知承办人阅卷时间等。

2. 犯罪嫌疑人及其他诉讼参与人的基本情况。犯罪嫌疑人及其他诉讼参与人的基本情况包括:犯罪嫌疑人基本情况(姓名、性别、出生日期、身份证号、民族、文化程度、职业、户籍所在地、住所地、前科情况及被采取强制措施情况)、辩护人基本情况、被害人基本情况、委托代理人的基本情况、附带民事诉讼原告人情况。

3. 发、破案经过。应阐明如何案发、如何开展侦查工作、采取了哪些侦查措施、如何确定犯罪嫌疑人、如何抓获犯罪嫌疑人等具体环节。被告人有自首、立功情节或被告人及其辩护人提出自首或立功情节的应详细叙述抓捕过程。

4. 侦查机关(部门)认定的犯罪事实与意见。需写明侦查机关对案件事实的认定及对犯罪嫌疑人处理意见。

5. 相关诉讼参与人的意见。需写明被害人、被害人委托的人和辩护人的意见。

6. 审查认定的事实、证据及分析。需写明经审查认定的事实、本案证据情况及分析。

7. 需要说明的问题及有关情况。写明不宜在前几项中表述，但可能影响案件处理的已客观存在的具体情况。

8. 承办人意见。需写明对全案事实证据情况的意见、对案件定性和法律适用的意见及量刑建议。

9. 尾部。写明承办人姓名，制作文书年、月、日。

三、本文书以案为制作单位，由办理案件的人民检察院制作。

四、文书制作一份，附卷备案审查。

113. 再审案件审查报告

×××人民检察院
再审案件审查报告

（案件来源与办案简要过程）[（提请抗诉检察院）于（提请抗诉日期）就（案件名称）一案提请我院抗诉（或我院于××××年××月××日收到×××法院关于×××案的再审决定书），经审查卷宗材料、提审原审被告人、复核有关证据（办案简要过程），现已审查完毕。承办人认为……（简要结论），报告如下:]

一、原审被告人基本情况

……

二、案件侦破及诉讼经过

（案件侦破经过要写明案件的发生、揭发或者侦查、破获过程等情况，包括时间、地点、主要涉案人员和确定犯罪嫌疑人、抓获犯罪嫌疑人、破获案件的具体过程、方法等。对于侦破过程特殊，通过技术手段或者特情抓获犯罪嫌疑人、侦破案件，以及关系到犯罪嫌疑人自首、立功认定等情节的，应当写具体、清楚。）

（诉讼经过要写明完整的诉讼过程）本案由×××侦查终结，……

三、生效裁判理由和提请抗诉理由（或法院决定再审理由）

……

四、案件事实和证据

（一）生效裁判认定的犯罪事实

……

（二）审查认定的事实和案件证据情况

[说明：（一）本部分是审查报告制作重点，要根据案件的具体情况叙述清楚，做到主次分明、重点突出、详略得当，叙述事实清楚，罗列证据

客观、全面，说理分析恰当、充分、合乎逻辑。（二）经审查认定的事实要写明案件发生的时间、地点，犯罪嫌疑人犯罪动机、目的、手段、实施行为的准备、实行过程，危害结果和案发后的表现等内容，并以犯罪构成要件为重点，同时兼叙影响量刑的各种情形。犯罪嫌疑人有自首、立功等法定情节的，可在叙述完事实后，写明自首、立功等情形。（三）经审查认定的证据，要客观、全面逐一列举，不能遗漏。列举证据的顺序以案件破获，案情发展；先客观性证据，后主观性证据；先被害人陈述、证人证言，后犯罪嫌疑人供述的原则排列。特殊情况，承办人可以灵活掌握。（四）对证据的综合分析可根据案件具体情况进行叙述。对于事实清楚，客观证据扎实的，可简写或不写；对于主要靠言词证据、间接证据定案的，应详写，在确定、分析矛盾点、关联点、空白点的基础上，详细阐述定案证据能否形成完整锁链，得出能够排除合理怀疑的结论。对于犯罪嫌疑人翻供的，对翻供的内容、翻供的原因以及翻供是否合理等进行分析，作出结论；对于提取、固定证据、司法鉴定等方面存在缺陷、瑕疵的证据，在分析论证的基础上得出是否影响证据使用、事实认定的结论。]

五、需要说明的问题及有关情况

写明不宜在前几项中表述，但可能影响案件处理的已客观存在的具体情况。

六、承办人意见

写明案件在认定事实证据、适用法律和诉讼程序等方面存在争议的焦点问题，并针对焦点问题进行详细的分析，提出承办人对事实、证据、定罪、量刑、诉讼程序和风险评估等方面的审查意见，并根据案件具体情况提出处理意见。

承办人：×××

××××年×月×日

制作说明

一、本文书为人民检察院在办理再审案件过程中撰写审查报告时使用。

二、本报告共分为两部分：首部、正文。

（一）审查报告首部

本文书的首部需要结合案件内容，按照文书内列明的具体要求撰写案件来源及办案简要过程。

（二）审查报告正文

1. "原审被告人基本情况"部分结合案件具体信息对原审被告人的情况进行撰写，具体内容可以参照二审审查报告文书中列明的事项内容。

2. "案件侦破及诉讼经过"部分按照文书列明的要求，结合发、破案报告撰写案件侦破过程。根据原审案件起诉意见书、起诉书、判决书等文书撰写完整的诉讼过程。

3. "生效裁判理由和提请抗诉理由（或法院决定再审理由）"部分根据生效裁判文书的裁判理由、抗诉书、再审决定书内容摘抄即可。

4. "案件事实和证据"部分中"生效裁判认定的犯罪事实"摘抄生效裁判文书认定的内容，"审查认定的事实和案件证据情况"为审查报告制作重点，根据案件的具体内容，结合文书内列明的要求，列明案件事实、证据，对案件证据进行综合分析。

5. "需要说明的问题及有关情况"部分根据文书列明要求，结合案件具体的内容需要，撰写不宜在前几项中表述但可能影响案件处理的客观存在的情况，对于没有问题的部分，直接写"无"即可。

6. "承办人意见"部分结合案件具体情况，根据文书列明的事项及要求对案件提出具体的处理意见。最后列明承办人及日期。

三、本文书为附检察内卷文书，无需向其他机关或部门送达。

114. 委托调查函

×××人民检察院

委托调查函

××检××委调〔××××〕××号

_____：

　　本院办理的犯罪嫌疑人×××案，需要调查适用社区矫正对其所居住社区的影响，现委托你单位对×××的居所情况、家庭和社会关系、一贯表现、犯罪行为的后果和影响、居住地居（村）民委员会和被害人的意见、拟禁止的事项等情况进行社会调查，请于××××年××月××日前将调查报告送交我院。

××××年××月××日
（院印）

制作说明

　　一、本文书根据《中华人民共和国刑事诉讼法》第二百六十九条、《人民检察院刑事诉讼规则》第二百七十七条的规定制作。犯罪嫌疑人认罪认罚，人民检察院拟提出适用缓刑或者判处管制的量刑建议，委托犯罪嫌疑人居住地的社区矫正机构进行调查评估时使用。

　　二、本文书发送至犯罪嫌疑人居住地的社区矫正机构。

　　三、本文书加盖人民检察院印章。

115. 延长审查逮捕期限申请表

×××人民检察院
延长审查逮捕期限申请表

犯罪嫌疑人	×××		
涉嫌案由	×××	强制措施	×××
强制措施日期	×××	受理日期	×××
拟延长期限			
案情摘要			
申请延长理由			
备注			

制作说明

一、本文书根据《人民检察院刑事诉讼规则》第二百八十二条、第二百九十七条的规定制作。对公安机关提请批准逮捕的未被拘留的犯罪嫌疑人,认为案件重大、复杂,在收到提请批准逮捕书后十五日以内无法作出是否批准逮捕的决定,需要延长审查逮捕期限至二十日时,或者对本院负责侦查的部门移送审查逮捕的案件,需要延长审查逮捕期限时使用。

二、本文书需制作审批表,层报分管副检察长审批。

116. 准予撤回决定书（审查逮捕用）

×××人民检察院

准予撤回决定书

××检××捕准撤〔××××〕××号

×××（侦查机关名称）：

你单位于××××年××月××日提出撤回对犯罪嫌疑人×××的提请批准（报请审查）逮捕意见，本院经审查认为，同意你单位的撤回意见。

××××年××月××日
（院印）

制作说明

一、本文书参考《中华人民共和国刑事诉讼法》有关提请批准（报请审查）逮捕、撤销案件的有关规定制作。为同意侦查机关或侦查部门提出撤回对犯罪嫌疑人提请批准（报请审查）逮捕意见时使用。

二、本文书发送提出撤回对犯罪嫌疑人提请批准（报请审查）逮捕意见的侦查机关或侦查部门。

三、本文书需加盖院印。

117. 通报逮捕外（无）国籍犯罪嫌疑人×××的函

×××人民检察院

通报逮捕外（无）国籍犯罪嫌疑人×××的函

××检××函〔××××〕××号

×××人民政府外事办公室：

犯罪嫌疑人×××，××性别，×××国公民（无国籍），护照编号×××，因涉嫌×××罪于××××年××月××日被本院以×××号文书依法批准（决定）逮捕，现羁押于×××看守所。

特此函告。

××××年××月××日
（院印）

制作说明

一、本文书根据《中华人民共和国刑事诉讼法》第十七条第一款、《人民检察院刑事诉讼规则》第二百九十四条第三款的规定制作。人民检察院对外国人、无国籍人涉嫌危害国家安全犯罪的案件或者涉及国与国之间政治、外交关系的案件以及在适用法律上确有疑难的案件以外的其他犯罪案件，决定批准逮捕后向同级人民政府外事部门通报时使用。

二、本文书由决定批准逮捕的人民检察院向同级人民政府外事部门移交。

三、本文书加盖人民检察院印章。

118. 继续侦查提纲（适用于审查批捕阶段批准逮捕后需要继续侦查的案件）

×××人民检察院

继续侦查提纲

（适用于审查批捕阶段批准逮捕后需要继续侦查的案件）

×××（侦查机关名称）：

你局（或其他称谓）以＿＿＿＿＿＿＿＿＿＿号提请批准逮捕意见书移送审查批准逮捕的犯罪嫌疑人×××（姓名）涉嫌×××（罪名）一案，经审查，决定批准逮捕。为有效地指控犯罪，请你局（或其他称谓）继续做好以下侦查工作：

一、继续侦查的主要事项和工作

请你局（或其他称谓）查明以下事项并重点做好相关工作：

1. 为查明……，调取（核查、询问、讯问、梳理）……

2. 为核实……，调取（核查、询问、讯问、梳理）……

……

二、相关工作要求

继续侦查过程中，注意以下问题：

1. ……

2. ……

……

联系人：

联系电话：

×××人民检察院

×××年×月×日

（院印）

制作说明

一、本文书依据《人民检察院刑事诉讼规则》第二百五十七条的规定制作，适用于作出批准逮捕决定的案件，供侦查机关继续开展侦查工作时使用。

二、"继续侦查的主要事项和工作"部分，主要围绕认定事实、适用法律存在的问题，详细、具体、明确地列明需要继续侦查的事项。

三、"相关工作要求"部分，结合具体办案情况，列明继续侦查中需要达到的要求。

四、本文书一式两份，一份附检察内卷，一份附《批准逮捕决定书》后送达侦查机关。

五、对于人民检察院直接受理侦查案件决定逮捕，需要对收集证据、适用法律提出意见的，可以参照本文书修改表述后，制作继续侦查提纲。

119. 补充侦查提纲（适用于审查批捕阶段因证据不足不批准逮捕的案件）

×××人民检察院

补充侦查提纲

（适用于审查批捕阶段因证据不足不批准逮捕的案件）

×××（侦查机关名称）：

你局（或其他称谓）以_____号提请批准逮捕意见书移送审查批准逮捕的犯罪嫌疑人×××（姓名）涉嫌×××（罪名）一案，经审查，决定不批准逮捕。为有效地指控犯罪，请你局（或其他称谓）做好以下补充侦查工作：

一、补充侦查的主要事项和工作

请你局（或其他称谓）查明以下事项并重点做好相关工作：

1. 为查明……，调取（核查、询问、讯问、梳理）……

2. 为核实……，调取（核查、询问、讯问、梳理）……

……

二、相关工作要求

补充侦查过程中，注意以下问题：

1.……

2.……

……

联系人：

联系电话：

×××人民检察院
××××年×月×日
（院印）

制作说明

一、本文书依据《中华人民共和国刑事诉讼法》第九十条和《人民检察院刑事诉讼规则》第二百五十七条的规定制作，适用于因证据不足作出不批准逮捕决定的案件，供侦查机关开展补充侦查工作时使用。

二、"补充侦查的主要事项和工作"部分，主要围绕认定事实、适用法律存在的问题和证据体系存在的问题，详细、具体、明确地列明需要补充侦查的事项。

三、"相关工作要求"部分，结合具体办案情况，列明补充侦查中需要达到的要求。

四、本文书一式两份，一份附检察内卷，一份附《不批准逮捕决定书》后送达侦查机关。

五、对于人民检察院直接受理侦查案件决定不予逮捕的，参照本文书修改表述后，制作补充侦查提纲。

120. 不批准逮捕理由说明书

×××人民检察院

不批准逮捕理由说明书

××检××不批捕说理〔××××〕××号

×××（侦查机关）：

你局××××年××月××日以×××文书提请批准逮捕的犯罪嫌疑人×××，经审查，我院对其作出不批准逮捕决定。根据《中华人民共和国刑事诉讼法》第九十条的规定，现说明理由如下：

一、

二、

……

××××年××月××日
（院印）

制作说明

一、本文书依据《中华人民共和国刑事诉讼法》第九十条的规定制作。为人民检察院对公安机关提请批准逮捕的案件，决定不批准逮捕，向公安机关说明不批准逮捕理由时使用。

二、本文书一式二份，第一份附卷，第二份送达侦查机关。

121. 复议案件审查报告（不捕复议用）

×××人民检察院
复议案件审查报告

我院于××××年××月××日收到×××公安局以×××号文书提出复议的犯罪嫌疑人×××案，承办人×××审阅了案卷，（简要写明讯问犯罪嫌疑人、听取犯罪嫌疑人意见、听取辩护人意见、核实有关证据等相关工作情况），现依法对本案审查完毕。

一、犯罪嫌疑人基本情况

犯罪嫌疑人×××，（曾用名×××，绰号×××），（性别）×，×××年××月××日出生，身份证号码×××，（民族）×××，文化程度×××，户籍所在地×××，住×××。工作单位×××。于××××年××月××日被×××单位采取×××（强制措施）。本院于××××年××月××日对其作出不批准逮捕决定，其于××××年××月××日被变更为×××强制措施（释放）。

二、发案、立案、破案经过

简要写明案件受理、立案和侦破情况。

三、对案件事实的认定及证据

（一）侦查机关认定的案件事实及理由。

（二）原不批准逮捕的理由。

四、要求复议的理由及根据

×××

五、经复议认定的案件事实及证据

经审查，认为侦查机关认定的案件事实有证据证明，应当改变原不批准逮捕决定的，写明改变的理由，然后按照证据种类，进行必要的摘抄或归纳，并根据其证明力予以分析。

227

经审查,认为原不批准逮捕决定正确,经复议维持原不批准逮捕决定的,应当结合侦查机关提请复议的理由,按照证据种类,进行必要的摘抄或归纳,并根据其证明力予以分析。

六、需要说明的问题

(一)上级机关或有关领导对案件的批示、指示意见;

(二)需要进行立案监督或者侦查活动监督的事项及处理意见;

(三)需要补充侦查或者继续侦查的事项;

(四)对不批准逮捕的犯罪嫌疑人需要做其他处理的建议;

(五)其他需要说明的问题。

七、处理意见

(写明适用的法律依据,提出应否逮捕的意见及理由;是否维持或变更原不批准逮捕决定的意见。)

承办人:×××

××××年××月××日

制作说明

本文书依据《中华人民共和国刑事诉讼法》第九十二条和《人民检察院刑事诉讼规则》第二百九十条的规定制作。为人民检察院对侦查机关认为不批捕决定有错误的复议申请进行审查时使用。

122. 复核案件审查报告（不捕复核用）

×××人民检察院
复核案件审查报告

我院于××××年××月××日收到的×××公安局以×××号文书提请复核的犯罪嫌疑人×××案，承办人×××审阅了案卷，（简要写明讯问犯罪嫌疑人、听取犯罪嫌疑人意见、听取辩护人意见、核实有关证据等相关工作情况），现已对本案审查完毕。

一、犯罪嫌疑人基本情况

犯罪嫌疑人×××，（曾用名×××，绰号×××），（性别）×，×××年××月××日出生，身份证号码×××，（民族）×××，文化程度×××，户籍所在地×××，住×××。工作单位×××。于×××年××月××日被×××单位采取×××（强制措施）。本院于××××年××月××日对其作出不批准逮捕决定，其于××××年××月××日被变更为×××强制措施（释放）。

二、发案、立案、破案经过

简要写明案件受理、立案和侦破情况。

三、对案件事实的认定及证据

（一）侦查机关认定的案件事实及理由。

（二）下级检察机关原不批准逮捕的理由以及复议决定维持的理由。

四、提请复核的理由及根据

×××

五、经复核认定的案件事实及证据

经审查，认为下级检察机关复议决定错误的（包括部分错误），应当改变原不批准逮捕决定的，写明改变的理由，然后按照证据种类，进行必要的摘抄或归纳，并根据其证明力予以分析。

经审查，认为下级检察机关复议决定正确的，原不批准逮捕决定正确，经复核维持复议决定的，应当结合侦查机关提请复核的理由，按照证据种类，进行必要的摘抄或归纳，并根据其证明力予以分析。

六、需要说明的问题

（一）上级机关或有关领导对案件的批示、指示意见；

（二）需要进行立案监督或者侦查活动监督的事项及处理意见；

（三）需要补充侦查或者继续侦查的事项；

（四）对不批准逮捕的犯罪嫌疑人需要做其他处理的建议；

（五）其他需要说明的问题。

七、处理意见

（写明适用的法律依据，提出应否逮捕的意见及理由；是否维持或变更下级检察机关复议决定的意见。）

承办人：×××

××××年××月××日

制作说明

本文书依据《中华人民共和国刑事诉讼法》第九十二条和《人民检察院刑事诉讼规则》第二百九十一条的规定制作，为上一级人民检察院对侦查机关认为不批捕决定有错误提请复核的案件进行审查时使用。

123. 撤销逮捕决定通知书（备案审查用）

×××人民检察院

撤销逮捕决定通知书

××检××撤捕通〔××××〕××号

×××（下级检察院）：

你院办理的×××案，经审查认为，你院对犯罪嫌疑人×××的（批准）逮捕决定错误，现通知你院予以撤销，并将处理结果上报我院。

××××年××月××日
（院印）

制作说明

一、本文书依据《人民检察院刑事诉讼规则》第三百一十二条第二款的规定制作。为发现犯罪嫌疑人不符合逮捕条件，需要撤销下级人民检察院逮捕决定时使用。

二、本文书需经检察长批准，加盖院印。

三、该文书一式两份，一份留档，一份交下级院执行。

124. 委托报请许可拘留人大代表的函（监委移送案件）

×××人民检察院
委托报请许可拘留人大代表的函

××检××协报函〔20××〕××号

_____人民检察院：

犯罪嫌疑人_____涉嫌_____一案，因犯罪嫌疑人_____是_____省（市、县）人大代表，根据《人民检察院刑事诉讼规则》第一百四十八条之规定，需委托你院报请该代表所属的人民代表大会主席团或者常务委员会许可，请予以支持协助。

犯罪嫌疑人基本情况：×××

××××年××月××日
（院印）

制作说明

一、本文书依据《人民检察院刑事诉讼规则》第一百四十八条制作。办理案件的人民检察院对于各级人大代表需采取强制措施的，委托人大代表所属的人民代表大会同级的人民检察院，报请该代表所属的人民代表大会主席团或者常务委员会许可时使用。

二、本文书应写明被委托的人民检察院名称、犯罪嫌疑人姓名、案由、担任人大代表具体情况，并附犯罪嫌疑人具体情况，包括：姓名、出生年月日、公民身份号码、人大代表情况、工作单位、住址。填写日期后加盖办案单位公章。

三、本文书以案为制作单位，由办理案件的人民检察院制作。

四、本文书共计一联，可按需要复制。

125. 对监察机关移送起诉案件延长拘留期限审批表

×××人民检察院

对监察机关移送起诉案件
延长拘留期限审批表

受理日期	×××	犯罪嫌疑人	×××
拘留日期	×××	拘留期限	×××
延长天数	×××	延长后截止日期	×××
简要案情	犯罪嫌疑人×××，涉案案由×××，于××××年××月××日由×××移送我院起诉，经×××决定，于××××年××月××日被×××执行刑事拘留。案情摘要：×××		
提请延长理由	犯罪嫌疑人当前拘留期限为×天，截至××××年××月××日，此次延长天数为×天，延长后截止日期为××××年××月××日。提请延长理由为：×××		
拟制人意见			
检察官意见			
备注			

制作说明

一、本文书依据《中华人民共和国刑事诉讼法》第一百七十条、《人民检察院刑事诉讼规则》第一百四十二条、第一百四十三条的规定制作。为检察机关对于监察机关移送起诉案件，需要延长拘留期限1—4日时使用。

二、本文书应写明受理日期、犯罪嫌疑人姓名、拘留日期、拘留期限、延长天数、延长后截止日期、简要案情（姓名、案由、移送起诉日期、移送单位、决定拘留单位、拘留日期、执行拘留单位、案情摘要等）及提请延长理由（当前拘留具体天数、截止日期、延长天数、延长后截止日期、具体延长理由）。

三、本文书以案为制作单位，由办理案件的人民检察院制作。

四、本文书共计一联，可按需要复制。

126. 关于提供证据收集合法性书面说明/相关证明材料的函（监委移送案件）

×××人民检察院
关于提供证据收集合法性书面说明/
相关证明材料的函

××检××函〔20××〕××号

×××监察委员会：

  犯罪嫌疑人（被告人）×××涉嫌×××一案，由你委于××××年××月××日向本院移送起诉，我院于××××年××月××日向×××人民法院提起公诉。经审查，根据《人民检察院刑事诉讼规则》第三百九十三条规定，本院认为需要你委对_____证据收集的合法性作出书面说明或提供相关证明材料。

××××年××月××日
（院印）

附件：需要说明的有关问题/提供的相关证明材料

制作说明

一、本文书依据《人民检察院刑事诉讼规则》第三百九十三条的规定制作。为人民检察院在开庭审理前收到人民法院或者被告人及其辩护人、被害人、证人等送交的反映证据系非法取得的书面材料,经审查具有调查核实必要性的,或者在审查起诉中自行发现监察委员会存在非法取证可能的,要求监察机关对证据收集的合法性进行说明或者提供相关证明材料时使用。

二、填制本文书时,需写明发往单位、犯罪嫌疑人姓名、案由、移送起诉日期、提起公诉日期、需要说明的证据名称、需要说明的具体情况,填写日期后加盖单位公章。

三、本文书由办理案件的人民检察院制作。

四、本文书共计一联,可按需要复制。

127. 讯问提纲

×××人民检察院

讯问提纲

案件阶段：

适用情形：

犯罪嫌疑人（被告人、原审被告人、上诉人）：

案由：

讯问人：

讯问重点：

    1.

    2.

    3.

制作说明

一、本文书依据《中华人民共和国刑事诉讼法》第一百七十三条和《人民检察院刑事诉讼规则》第三百零二条、第三百三十一条、第四百四十八条、第四百五十条、第五百五十一条、《最高人民检察院、公安部关于审查逮捕阶段讯问犯罪嫌疑人的规定》的规定制作。为检察机关讯问犯罪嫌疑人、被告人、原审被告人、上诉人时使用。

二、讯问重点主要包括：

1. 犯罪嫌疑人身份状况，包括姓名、性别、国籍、出生年月日、职业和单位等；单位犯罪的，单位的相关情况；

2. 犯罪事实、情节；实施犯罪的时间、地点、手段、危害后果等；

3. 有无法定的从重、从轻、减轻或者免除处罚情节及酌定从重、从轻情节；共同犯罪案件的犯罪嫌疑人在犯罪活动中的责任情节；

4. 犯罪嫌疑人是否认罪认罚；

5. 是否存在刑讯逼供或其他非法取证的情形；

6. 有无附带民事诉讼；是否有国家财产、集体财产遭受损失情况；是否有破坏生态环境和资源保护，食品药品安全领域侵害众多消费者合法权益，侵害英雄烈士的姓名、肖像、名誉、荣誉等损害社会公共利益的行为；

7. 采取的强制措施是否适当；对于已经逮捕的犯罪嫌疑人，有无继续羁押的必要；

8. 涉案财物情况；

9. 是否有揭发检举他人犯罪情况。

三、本文书以人为单位制作。

四、本文书一式一份附卷。

128. 讯问笔录（捕诉阶段适用）

×××人民检察院
讯问笔录

讯问时间：_____年_____月___日_____时_____分至_____时_____分

讯问地点：_____

讯问人：_____记录人：_____

案由：_____

犯罪嫌疑人（被告人）姓名：_____曾用名：____性别：_____

年龄：_____民族：_____籍贯：_____受教育状况：_____

住址：_____

工作单位：_____

职务或职业：_____

联系方式：_____

（出示工作证件）我们是×××人民检察院的检察人员，现依法对你进行讯问。根据法律的规定，对于我们的提问，你应当如实回答，不得作虚假陈述。但是对于与本案无关的问题，你有拒绝回答的权利。

问：以上告知，你清楚了吗？

答：

问：介绍一下你的基本情况。

答：[犯罪嫌疑人（被告人）的基本情况，包括姓名、曾用名、性别、出生年月日、身份证件种类及号码、民族、籍贯、文化程度、有无党派、是否人大代表或者政协委员、工作单位、职务级别或者职业、住址、有无前科等。]

问：介绍一下你的家庭情况。

答：（配偶、子女、父母、兄弟姐妹及其他重要家庭成员的年龄、工作单位、住址等。）

问：介绍一下你的个人简历。

答：（从中学毕业至今的学习、工作经历。）

问：你是否有犯罪行为？

答：[犯罪嫌疑人（被告人）的有罪供述或者无罪辩解。]

（供述的主要内容。）

问：本次讯问中，有无非法羁押、刑讯逼供、威胁、引诱、欺骗或者以其他非法方法获取口供的情形？

答：

问：你还有何补充？

答：

问：你以上所讲是否属实？

答：

问：请核对笔录，如果记载有遗漏或者差错的，有权申请补正。核对无误的，请在每一页签名、捺指印，并在最后一页写上："以上笔录我看过，和我说的相符。"

答：

犯罪嫌疑人（被告人）：×××（签名、指印）
年　月　日

讯问人签字：

制作说明

一、本文书依据《中华人民共和国刑事诉讼法》第八十八条、第一百一十八条、第一百二十条、第一百二十一条、第一百二十二条、第一百二十三条、第一百七十三条，《人民检察院刑事诉讼规则》第一百三十五条、第一百八十二条、第一百八十七条、第一百八十八条的规定制作。

二、填制本文书时，可参考《中华人民共和国刑事诉讼法》第八十八条、第一百一十八条、第一百二十条、第一百二十一条、第一百二十二条、第一百七十三条，《人民检察院刑事诉讼规则》第一百三十五条、第一百八十二条、第一百八十七条、第一百八十八条的规定。

三、有权制作本文书的是办理具体案件的人民检察院。

四、讯问笔录制作时需由两名以上工作人员完成，写明制作单位、制作时间、地点、讯问人姓名、记录人姓名、犯罪嫌疑人（被告人）姓名、曾用名、性别、年龄、民族、籍贯、受教育状况、住址、工作单位、职务或职业、联系方式。

1. 讯问时应先对被讯问人进行权利义务告知，待其明确后进行讯问。

2. 犯罪嫌疑人（被告人）的基本情况，包括姓名、曾用名、性别、出生年月日、身份证件种类及号码、民族、籍贯、文化程度、有无党派、是否人大代表或者政协委员、工作单位、职务级别或者职业、住址、有无前科等。

3. 家庭情况。配偶、子女、父母、兄弟姐妹及其他重要家庭成员的年龄、工作单位、住址等。

4. 个人简历。包括从中学毕业至今的学习、工作经历。

5. 有无犯罪行为并讯问主要犯罪事实。

6. 征询在讯问过程中有无非法羁押、刑讯逼供、威胁、引诱、欺骗或者以其他非法方法获取口供的情形。

7. 有无对犯罪事实的补充情况。

8. 对所供述的犯罪事实是否属实。

9. 笔录制作完毕时，由被讯问人阅读并确认与其所供述内容一致后，签字并按手印。如果被讯问人因其他原因无法阅读的，由讯问人向其宣读，待其确认后签字按手印。如果被讯问人拒绝签字的，在见证人见证之下，待被讯问人阅读或向其宣读之后，由见证人签字。讯问人、记录人待被讯问人签字按手印之后，对讯问笔录签字。

129. 调查笔录（捕诉阶段适用）

×××人民检察院
调查笔录

开始时间：　　　　　结束时间：
地　　点：
调 查 人：　　　　　记 录 人：
被调查人：　　　　　性　别：　　　　民　族：
出生年月：　　　　　文化程度：
身份证号码：　　　　政治面貌：
工作单位、职务：
联系方式：
现在住址：

　　告知：（出示工作证件）我们是×××人民检察院的检察人员，现依法对你进行调查。按照法律规定，你应当如实回答，不得作虚假陈述，否则要承担相应的法律责任。但是对于与本案无关的问题，你有权拒绝回答。（向被调查人宣读并送达权利和义务告知书。）

　　问：以上告知，你清楚了吗？
　　答：
　　……（调查发问与回答的内容）
　　问：本次调查中，有无非法羁押、刑讯逼供、威胁、引诱、欺骗或者以其他非法方法获取陈述的情形？
　　答：
　　问：你还有何补充？
　　答：
　　问：你以上所讲是否属实？

答：

问：请核对笔录，如果记载有遗漏或者差错的，有权申请补正。核对无误的，请在每一页签名、捺指印，并在最后一页写上："以上笔录我看过，和我说的相符。"

答：

[被调查人写："以上笔录我看过（向我宣读过），和我说的相符。"]

被调查人：_____（签名、指印）
　　　　　年　月　日

调查人签名：

制作说明

一、本文书依据《中华人民共和国刑事诉讼法》第五十七条、第二百七十九条、《人民检察院刑事诉讼规则》第二十七条、第七十二条、第一百六十一条、第一百六十七条、第一百六十九条、第一百七十条、第二百六十五条、第二百七十七条、第三百二十四条、第三百四十一条、第三百四十三条、第四百六十一条、第五百二十三条第二款、第五百三十八条、第五百三十九条第二款的规定制作。本文书供在办理案件中需调查核实时使用,一般用于人民检察院在办理直接受理案件的初查阶段的言词证据记录。在以下情况下亦可使用:

1. 在调查检察人员是否符合回避条件时;

2. 办理案件过程中发现侦查人员以非法方法收集证据的,应当及时进行调查核实;

3. 犯罪嫌疑人认罪认罚,人民检察院拟提出适用缓刑或者判处管制的量刑建议,可以委托犯罪嫌疑人居住地的社区矫正机构进行调查核实;

4. 审查核准追诉的案件时,有必要开展调查的;

5. 其他需要调查核实的情况。

二、制作本文书时需由两名以上工作人员完成,写明制作单位、制作时间、地点、调查人姓名、记录人姓名、被调查人姓名、性别、年龄、民族、文化状况、住址、工作单位、职务或职业、联系方式。

1. 调查时应先对被调查人进行权利义务告知,待其明确后进行调查。

2. 调查谈话内容。

3. 征询在调查过程中有无非法羁押、刑讯逼供、威胁、引诱、欺骗或者以其他非法方法获取陈述的情形。

4. 有无对犯罪事实的补充情况。

5. 询问对所陈述的内容是否属实。

6. 笔录制作完毕时,由被调查人阅读并确认与其所陈述内容一致后,签字并按手印。如果被调查人因其他原因无法阅读的，由调查人向其宣读，待其确认后签字按手印。如果被调查人拒绝签字的，在见证人见证之下，待被调查人阅读或向其宣读之后，由见证人签字。调查人、记录人待被调查人签字按手印之后，对调查笔录签字。

三、本文书以人为单位制作。

四、本文书一式一份，留存附卷。

130. 询问笔录（捕诉阶段适用）

×××人民检察院

询问笔录

询问时间：_____年____月____日____时____分至____时____分

询问地点：_____

询问人：_____记录人：_____

案由：_____

被询问人姓名：_____曾用名：_____性别：_____

年龄：_____民族：_____籍贯：_____受教育状况：_____

住址：_____

工作单位：_____

职务或职业：_____

联系方式：_____

　　告知：（出示工作证件）我们是×××人民检察院的检察人员，现依法对你进行询问。法律规定，凡是知道案件情况的人，都有作证的义务；你应当如实提供有关证言和其他证据，但是对于与本案无关的问题，你有拒绝回答的权利；故意提供虚假证言或者其他证据，故意隐匿、毁灭证据都要负相应的法律责任。（向被询问人宣读并送达权利和义务告知书。）

　　问：你清楚了吗？

　　答：

　　问：

　　答：证词的主要内容

　　问：本次询问中，有无非法羁押、刑讯逼供、威胁、引诱、欺骗或者以其他非法方法获取证言或者其他证据的情形？

　　答：

问：你还有何补充？

答：

问：你以上所讲是否属实？

答：

问：请核对笔录，如果记载有遗漏或者差错的，有权申请补正。核对无误的，请在每一页签名、捺指印，并在最后一页写上："以上笔录我看过，和我说的相符。"

答：

[被询问人写：以上笔录我看过（向我宣读过），和我说的相符。]

被询问人：×××（签名、指印）
××××年×月×日

询问人签字：

制作说明

一、本文书依据《中华人民共和国刑事诉讼法》第一百二十四条、第一百二十五条、第一百二十六条、第一百二十七条和《人民检察院刑事诉讼规则》第一百九十一条、第一百九十二条、第一百九十三条、第一百九十四条、第一百九十五条的规定制作。

二、使用本文书时注意事项，对于询问未成年被害人、证人，适用《人民检察院刑事诉讼规则》第四百六十五条第二款至第五款的规定。询问应当以一次为原则，避免反复询问。

三、本文书以人为单位制作。

131. 讨论案件记录

×××人民检察院

讨论案件记录

案由：

犯罪嫌疑人：

时间：　年　月　日　时　分至　年　月　日　时　分

地点：

主持人：

参加人：

承办人：　　　　记录人：

议题：

讨论情况：

参会人员签名

制作说明

一、本文书根据《人民检察院刑事诉讼规则》第四条、第六条和《中华人民共和国人民检察院组织法》第三十三条、第三十四条的规定制作。

二、使用本文书，是案件承办人在内部汇报，集体讨论决定时所作的记录。

132. 延长审查起诉期限审批表

×××人民检察院
延长审查起诉期限审批表

犯罪嫌疑人		案由	
收案时间		办案部门	

　　因该案系重大、复杂的案件，在一个月时间内无法作出决定，根据《中华人民共和国刑事诉讼法》第一百七十二条第一款的规定，需延长办案期限十五日，时间从（办案期限次日）至（办案期限+15日），请批示。

承办人：

备注	

制作说明

一、本文书依据《中华人民共和国刑事诉讼法》第一百七十二条、《人民检察院刑事诉讼规则》第三百五十一条的规定制作。为人民检察院对于移送起诉的重大、复杂案件，在一个月以内不能作出决定，申请延长十五日审查起诉期限时使用。

二、本文书需写明犯罪嫌疑人姓名、案由、收案时间、办案部门、提请延长理由、延长后截止日期、制作日期。

三、本文书以案为制作单位，由办理案件的人民检察院制作。

四、本文书共计一联，各地可根据检察官的权限酌情办理。

133. 撤案建议书（针对已移送审查起诉自侦案件）

×××人民检察院
撤案建议书

×× 检撤建〔20××〕××号

×××（负责侦查的部门）：

你部门于××××年××月××日以×××号（不）起诉意见书移送起诉的犯罪嫌疑人×××涉嫌×××一案，经审查认为：

……

依据《人民检察院刑事诉讼规则》第三百六十五条、第三百六十六条之规定，将本案退回你部门，并建议作撤销案件处理。

负责捕诉的部门

年　月　日

（部门印）

附件：侦查卷宗××册。

制作说明

一、本文书依据《中华人民共和国刑事诉讼法》第十六条、第一百六十三条、第一百六十四条、第一百六十八条和《人民检察院刑事诉讼规则》第三百六十五条、第三百六十六条的规定制作。负责捕诉的部门对于本院负责侦查的部门移送（不）起诉的案件，发现不应当对犯罪嫌疑人追究刑事责任或者有《中华人民共和国刑事诉讼法》第十六条规定情形之一的，建议侦查部门撤销案件时使用。

二、本文书应写明负责侦查的部门名称、移送（不）起诉的时间、文号、案由、犯罪嫌疑人姓名、撤销案件的理由并加盖负责捕诉部门的公章。

三、移送本文书时，同时将案件卷宗及其他材料移送负责侦查的部门。

四、本文书一式二份，一份送达负责侦查的部门，一份留存附卷。

134. 不同意移送机关撤回通知书

×××人民检察院

不同意移送机关撤回通知书

××检××同撤〔××××〕××号

×××（侦查机关）：

你局于××××年××月××日以××号起诉意见书移送我院审查的×××案，在我院退回补充侦查期间，你局认为该案原认定的犯罪事实有重大变化，不应当追究刑事责任，重新提出处理意见。经审查，不同意你局将该案撤回自行处理的意见。

××××年×月×日

（院印）

制作说明

一、本文书依据《中华人民共和国刑事诉讼法》第一百一十三条、第一百六十三条的规定制作。为人民检察院不同意公安机关撤回追究犯罪嫌疑人刑事责任的案件时使用。

二、本文书需写明申请撤回的侦查机关名称、具体案件名称、制作日期、并加盖文书制作单位公章。

三、本文书以案为制作单位，由办理案件的人民检察院制作。

四、本文书一式两份，一份附卷，一份送达公安机关。

135. 非法证据调查交办通知书

×××人民检察院

非法证据调查交办通知书

××检××交证调通〔××××〕××号

×××人民检察院：

犯罪嫌疑人×××案可能存在以非法方法收集证据的情形。根据《中华人民共和国刑事诉讼法》第五十七条、《人民检察院刑事诉讼规则》第七十二条第三款之规定，请你院对此予以调查，并将调查结果及时报告我院。

可能存在以非法方法收集的证据如下：

××××年×月×日
（院印）

制作说明

一、本文书依据《中华人民共和国刑事诉讼法》第五十七条、《人民检察院刑事诉讼规则》第七十二条第三款的规定制作。为上一级人民检察院发现侦查人员以非法方法收集证据，交由下级人民检察院调查核实时使用。

二、本文书一式二份，第一份由作出决定的人民检察院附卷，第二份送达被指定的人民检察院。

136. 拟不起诉报批案件审查报告（自侦/监委）

×××人民检察院
拟不起诉报批案件审查报告

本院于××××年××月××日收到×××对犯罪嫌疑人×××涉嫌×××一案拟不起诉的报请审批材料，承办人已审查了全部案卷材料，核实了相关证据。现已审查终结，报告如下：

一、犯罪嫌疑人基本情况

犯罪嫌疑人（姓名），（曾用名×××，与案情有关的别名×××，化名×××，绰号×××），（性别），（出生日期）出生，（证件种类）号码（证件号码），（民族），（文化程度），（职业）（工作单位＋职务），户籍所在地，住（住所地详细地址）。

监察机关移送案件：因涉嫌（立案案由）罪，经×××监察机关决定，于（执行日期）被采取留置措施。因涉嫌（移送案由）罪，经（批准/决定机关）批准/决定，于（执行日期）被（执行机关）执行（强制措施名称）……（一人有多个强制措施的，按强制措施序号以上述格式添加）。现羁押于（羁押场所）。

检察机关自侦案件：因涉嫌（立案案由）罪，经（批准/决定机关）批准/决定，于（执行日期）被（执行机关）执行（强制措施名称）……（一人有多个强制措施的，按强制措施顺序以上述格式添加）。现羁押于（羁押场所）。

曾受到过行政处罚、刑事处罚的时间、原因、种类、决定机关、释放时间等情况。

二、诉讼过程

写明指定管辖，监察机关（检察机关）立案调查（侦查），侦查终结、移送起诉（移送不起诉）、退回补充调查（侦查）等诉讼过程。

三、审查认定的事实和证据

（一）经审查认定的事实

（二）本案证据情况及分析

（三）量刑情节等

四、下级检察院拟不起诉的意见和理由

（一）人民监督员表决意见

（二）下级院检察长或检委会意见

五、需要说明的问题

六、承办人意见

承办人：×××

年 月 日

制作说明

一、本文书依据《人民检察院刑事诉讼规则》第三百七十一条规定制作。为下级人民检察在办理由人民检察院直接受理侦查的案件，以及监察机关移送起诉的案件，拟作不起诉处理，向上级人民检察院报请批准时，上级人民检察院承办人对案件审查终结后制作审查报告时使用。

二、本文书为报告式文书，分为首部、犯罪嫌疑人基本情况、诉讼过程、审查认定的事实和证据、下级检察院拟不起诉的意见和理由、需要说明的问题、承办人意见及尾部共八个部分。

1. 审查认定的事实和证据。要写明：（1）犯罪嫌疑人作案的时间、地点、动机、目的、实施过程、手段、犯罪情节、危害后果等。（2）证据情况及分析要按照先客观性证据后主观性证据的顺序列举；对于言词性证

据内容重复且不影响定罪量刑的,可以简单列明证据的出处及所能证明的案件事实,不必详细摘录;凡是证据存在瑕疵等问题的,应当在该份证据后注明。(3)量刑情节需要写明作案后的表现,如有无坦白、自首、立功、退赃等事实和情节。

2. 需要说明的问题。主要是报告其他部分无法涵盖而承办人认为需要说明或者报告的事项,包括:(1)案件管辖问题;(2)追诉漏罪、漏犯情况;(3)认罪认罚情况;(4)敏感案件预警或处置情况;(5)有碍侦查、起诉、审判的违法活动及解决情况;(6)被害人及附带民事诉讼原告人、被告人及其亲属以及人民群众对案件的处理有无涉法、涉诉上访问题及化解矛盾情况;(7)案件经过沟通、协调情况,领导批示情况;(8)承办人认为需要解决的其他问题等。

3. 承办人意见。简要写明审查结论,重点在于进行全面审查后,应当提出是否同意不起诉意见。如与下级检察机关对案件事实、案件性质的认识不一致,应当重点分析论证。如果一案多名犯罪嫌疑人的,应当分别论述清楚。在此基础上,提出是否同意或不同意下级院不起诉处理的意见。

三、本文书以案为制作单位。由上级人民检察院承办人制作。

四、本文书制作一份附卷,可视情况复印。

137. 关于对×××案拟不起诉意见的批复（自侦/监委）

×××人民检察院
关于对×××案拟不起诉意见的批复

××检×批复〔20××〕×号

（请示单位名称）：

你院于××××年××月××日以××号拟不起诉意见书报请本院审批的×××一案，本院审查后认为：……。

此复

年 月 日

（院印）

制作说明

一、本文书依据《人民检察院刑事诉讼规则》第三百七十一条的规定制作。为上一级人民检察院对下级人民检察院办理的人民检察院直接受理侦查的案件，或者监察机关移送起诉的案件拟作不起诉进行批复时使用。

二、本文书由上级人民检察院制作，根据案件不同情况，应列明下级人民检察院的拟不起诉意见书的文号、请示时间、犯罪嫌疑人姓名、案由、批复内容、制作时间。

三、本文书以案为制作单位。

四、本文书一式两份，一份送达下级院，一份留存附卷。

138. 不起诉理由说明书

×××人民检察院
不起诉理由说明书

（犯罪嫌疑人姓名）涉嫌（嫌疑人涉案情况表中的移送案由＋移送其他案由）一案，本院于×××以（不起诉书文号）不起诉决定书，对×××作出不起诉决定，主要理由如下：

……

（院印）

××××年×月×日

制作说明

一、本文书依据《中华人民共和国刑事诉讼法》第十六条、第一百七十七条、第一百七十八条、第一百七十九条、第一百八十条，《人民检察院刑事诉讼规则》第三百六十五条、第三百六十六条、第三百六十七条、第三百六十八条、第三百七十条、第三百七十七条、第三百七十八条，《最高人民检察院关于加强检察法律文书说理工作的意见》的规定制作。针对可能引发质疑、异议或者舆论炒作的不起诉案件，在作出不起诉决定时使用。

二、本文书为说理式文书，应写明犯罪嫌疑人姓名、案由、不起诉决定书作出的时间及文号，理由部分的内容应当根据具体情况有所侧重：

1. 对因不构成犯罪不起诉的案件，重点围绕不具备犯罪构成要件或者符合《中华人民共和国刑事诉讼法》第十六条规定的不追究刑事责任情形进行说理。阐明案件未达到犯罪主客观要件相统一的情况或因犯罪构成要件不完备而不构成犯罪的事实和法律依据。

2. 对因事实不清、证据不足不起诉的案件，重点围绕证据的客观性、合法性、关联性方面进行分析说理。对侦查机关（部门）说理，应指出哪些事实不清；对于证据不足的，应当指出欠缺哪些证据，并就补充取证提出建议；因取证不合法而排除非法证据的，应当指出违法的表现，阐明排除的理由，并附补充侦查提纲，详细列明需查清的事实和需要补充、完善的证据。

3. 对犯罪情节轻微，依照刑法规定不需要判处刑罚或者免除刑罚的不起诉案件，着重从法律依据和刑事政策上进行分析说理。结合案件事实，分析被不起诉人犯罪性质、社会危害程度、认罪悔罪表现、和解情况、法定从轻或者减轻、免除处罚的情节。对于不起诉的特殊人员（如未成年人、老年人、残疾人等），还应说明其身份、身体状况等。

三、本文书以人为单位制作。

四、本文书根据案件的具体情况，可以分别送达被害人或者其近亲属及其诉讼代理人、被不起诉人及其辩护人以及被不起诉人所在单位。对于监察机关或者公安机关移送起诉的案件，应当送达监察机关或者公安机关。同时将文书及送达情况附卷备查。

139. 不起诉复议理由说明书

×××人民检察院

不起诉复议理由说明书

（提请复议单位）于×××向我院提出复议的被不起诉人×××涉嫌×××一案，本院于×××以×××复议决定书作出复议决定，决定：……。主要理由如下：

……

××××年××月××日

制作说明

一、本文书依据《中华人民共和国刑事诉讼法》第一百七十九条和《人民检察院刑事诉讼规则》第三百七十九条、《最高人民检察院关于加强检察法律文书说理工作的意见》的规定制作。为人民检察院复议同级公安机关认为不起诉决定有错误案件，复议终结后作出复议决定时使用。

二、检察机关复议后应当作出维持或者撤销、变更的决定，并根据存疑不起诉、相对不起诉、绝对不起诉的情形有针对性的说明理由。

三、本文书以人为制作单位。

四、本文书一式二份，一份送达提请复议单位，一份留存附卷。

140. 不起诉复核案件审查报告

×××人民检察院
不起诉复核案件审查报告

被不起诉人：×××

案　　由：×××

提请复核单位：×××

收案时间：×××

承办部门：×××

案件编号：×××

（提请复核单位）于（提请复核日期）向我院提请复核的被不起诉人×××涉嫌×××一案，我院收到材料后，向（原复议单位）调取了全部案卷材料，经审查，承办人认为……（审查结论）。现报告如下：

一、被不起诉人基本情况

被不起诉人（姓名），（曾用名×××，与案情有关的别名×××，化名×××，绰号×××），（性别），（出生日期）出生，（证件种类）号码（证件号码），（民族），（文化程度），（职业）（工作单位+职务），户籍所在地，住（住所地详细地址）。曾受到过行政处罚、刑事处罚的时间、原因、种类、决定机关、释放时间等情况。因涉嫌（移送案由+移送其他案由）罪，经（批准/决定机关）批准/决定，于（执行日期）被（执行机关）执行（强制措施名称）……（一人有多个强制措施的，按强制措施序号以上述格式添加）

二、诉讼过程

本案由（侦查机关）侦查终结，以被不起诉人×××涉嫌×××，于××××年××月××日向×××移送审查起诉。（原复议单位）于（不起诉决定日期）以（不起诉决定书文号）不起诉决定书，对被不起诉人×××作出不起诉决定。（侦查机关）于××××年××月××日向（原复议单位）提出复议，（原复议单位）于（复议日期）以（复议决定书文号）复议决定书，作出维持不起诉决定的复议决定。（提请复核单位）于（提请复核日期）提请本院对该案进行复核。

三、作出不起诉决定的意见和理由

四、提请复议和作出复议决定的情况

（一）提请复议的理由

（二）复议意见及理由

五、侦查机关提请复核的意见和理由

六、审查认定的事实及证据

（一）本案证据情况及分析

1. 物证

2. 书证

3. 证人证言

4. 被害人陈述

5. 被不起诉人的供述与辩解

6. 鉴定意见

7. 勘验、检查、辨认、侦查实验等笔录

8. 视听资料、电子数据

（二）经审查认定的事实

七、需要说明的问题

八、承办人意见

承办人：×××

××××年××月××日

制作说明

一、本文书依据《中华人民共和国刑事诉讼法》第一百七十九条和《人民检察院刑事诉讼规则》第三百八十条规定制作。为上一级人民检察院复核与下级人民检察院同级的公安机关认为不起诉决定有错误时使用。

二、本文书为报告式文书，分为首部、被不起诉人基本情况、诉讼过程、作出不起诉决定的意见和理由、提请复议和作出复议决定的情况、侦查机关提请复核的意见和理由、审查认定的事实及证据、需要说明的问题、承办人意见及尾部共十个部分。

1. 经审查认定的事实要写明犯罪嫌疑人作案的时间、地点、动机、目的、实施过程、手段、犯罪情节、危害后果及作案后的表现，如有无坦白、自首、立功、退赃等事实和情节。

2. 需要说明的问题部分主要是报告其他部分无法涵盖而承办人认为需要说明或者报告的事项，包括：（1）案件管辖问题；（2）追诉漏罪、漏犯情况；（3）和解情况；（4）敏感案件预警或处置情况；（5）有碍侦查、起诉、审判的违法活动及解决情况；（6）被害人及附带民事诉讼原告人、被告人及其亲属以及人民群众对案件的处理有无涉法、涉诉上访问题及化解矛盾情况；（7）案件经过沟通、协调情况，领导批示情况；（8）认罪认罚情况；（9）承办人认为需要解决的其他问题等。

三、本文书以案为单位制作。

四、本文书一份附卷。

141. 不起诉复核理由说明书

×××人民检察院

不起诉复核理由说明书

（提请复核单位）于（提请复核日期）向我院提请复核的被不起诉人×××涉嫌×××一案，本院于（复核日期）以（复核决定书文号）复核决定书作出复核决定，决定：……。主要理由如下：

……

××××年××月××日

制作说明

一、本文书依据《中华人民共和国刑事诉讼法》第一百七十九条和《人民检察院刑事诉讼规则》第三百八十条、《最高人民检察院关于加强检察法律文书说理工作的意见》的规定制作。为上一级人民检察院复核与下级人民检察院同级的公安机关认为不起诉决定有错误时使用。

二、本文书由上级人民检察院制作，根据案件不同情况，应列明提请复核单位、提请复核日期、被不起诉人姓名、案由、复核日期、复核决定书文号、复核决定、复核决定理由、制作时间。

三、本文书以人为单位制作。

四、本文书一式两份，一份送公安机关，一份留存附卷。

142. 关于×××案的请示(通用版)

×××人民检察院

关于×××案的请示

×检××请〔20××〕××号

×××人民检察院:

我院审查起诉的犯罪嫌疑人×××涉嫌×××一案,经审查,……。现就有关情况报告如下:

一、基本情况

二、存在问题

三、本院意见

四、请示事项

妥否,请批复。

(院印)
××××年×月×日

制作说明

一、本文书依据《人民检察院案件请示办理工作规定（试行）》第二条、第六条、第七条、第八条、第九条的规定制作。为下级人民检察院在办理具体案件时，对涉及法律适用、办案程序、司法政策等方面确属重大疑难复杂的问题，需要向上级人民检察院请示时使用。

二、本文书为报告式文书，分为首部、基本情况、存在问题、本院意见、请示事项、尾部共六个部分。

1. 首部。应写明所请示的上级检察机关名称、犯罪嫌疑人或者被告人姓名、案由、审查后意见。

2. 基本情况。应根据案件的具体情况分别写明犯罪嫌疑人或单位的基本情况、被害人的基本情况、案件的诉讼过程、案件事实及证据情况等。

3. 存在问题。阐明案件中存在的法律适用问题、办案程序问题或者司法政策等方面的问题。

4. 本院意见。应写明下级人民检察院检察长的意见、下级人民检察院检察委员会讨论情况、争议焦点、倾向性意见及相应的法律依据。

5. 请示事项。请示的事项应具体、明确。

6. 尾部。应写明"妥否，请批复"及文书制作的日期，加盖院章。

三、本文书以案为单位制作。

四、本文书一式四份，三份报送上级人民检察院，一份留存附卷。

143. 请示案件审查报告

×××人民检察院
请示案件审查报告

（请示单位）于（下级院请示日期）向我院请示的（案件名称）一案，承办人对全案进行了审查，认为：……，现报告如下：

一、案件基本情况

二、诉讼过程

三、请示的事项

四、需要说明的问题

五、承办人意见

承办人：×××

××××年××月××日

制作说明

一、本文书依据《人民检察院案件请示办理工作规定（试行）》第二条、第十二条的规定制作。为上级院指定专人承办下级院请示案件时使用。

二、本文书为报告式文书，分为首部、案件基本情况、诉讼过程、请示的事项、需要说明的问题、承办人意见、尾部共七个部分。

1. 首部。应写明所请示的下级检察机关名称、提出请示日期、案名称、承办人审查后意见。

2. 案件基本情况。应当列明犯罪嫌疑人或者被告人、被害人及可能影响请示问题的其他诉讼参与人的基本情况,发、破案经过、案件事实及证据情况。

3. 诉讼过程。应当注意刑事诉讼各环节,包括立案、受案及案由改变,指定管辖、延长侦查羁押期限以及移送审查起诉、退回补充侦查等,可能影响请示问题的可简要说明理由。

4. 请示的事项。准确述明下级院请示事项的具体内容。

5. 需要说明的问题。主要是报告其他部分无法涵盖而承办人认为需要说明或者报告的事项,包括:(1)案件管辖问题;(2)追诉漏罪、漏犯情况;(3)刑事和解情况;(4)敏感案件预警或处置情况;(5)有碍侦查、起诉、审判的违法活动及解决情况;(6)被害人及附带民事诉讼原告人、被告人及其亲属以及人民群众对案件的处理有无涉法、涉诉上访问题及化解矛盾情况;(7)案件经过沟通、协调情况,领导批示情况;(8)承办人认为需要解决的其他问题等。

6. 承办人意见。重点围绕下级院请示事项具体内容进行分析论证,研究提出处理意见。

7. 尾部。列明案件承办人姓名及审结日期。

三、本文书以案为单位制作。

四、承办人研究提出处理意见后,经部门负责人审查后报分管副检察长审批。分管副检察长认为必要时,可以报检察长或者提请检察委员会审议决定。

144. 关于×××案的批复

×××人民检察院

关于×××案的批复

××检××批复〔20××〕×号

（请示单位名称）：

  你院请示的×××案，本院审查后认为×××。

  此复。

××××年×月×日

制作说明

  一、本文书依据《人民检察院案件请示办理工作规定（试行）》第二条、第十四条、第十五条、第十六条、第十七条制作。为下级检察院在办理具体案件时就法律适用、办案程序、司法政策等重大疑难复杂的问题请示上级检察院后，上级检察院作出书面回复时使用。

  二、本文书由作出具体回复意见的上级检察院制作，应列明需回复的单位名称、案件名称，对请示问题提出明确的答复意见，并阐明答复依据和理由。

  三、本文书以案为单位制作。

  四、本文书一式四份，一份送达下级人民检察院，一份抄送本院案件管理部门，一份抄送本院法律政策研究部门，一份留存附卷。

145. 刑事抗诉案件审查通知书（审监抗诉用）

××人民检察院

刑事抗诉案件审查通知书

（正　本）

××检××刑抗审通〔××××〕××号

××人民检察院：

你院以×××号提请抗诉报告书提请抗诉的×××案，经审查，本院认为，……（主要理由），决定不提出抗诉，现将审查结论通知你院。

××××年××月××日

（院印）

第二联　送达提请抗诉的人民检察院

××人民检察院

刑事抗诉案件审查通知书

（副　本）

××检××刑抗审通〔××××〕××号

××人民检察院：

你院以×××号提请抗诉报告书提请抗诉的×××案，经审查，本院认为，……（主要理由），决定不提出抗诉，现将审查结论通知你院。

××××年××月××日

（院印）

第一联　统一保存

制作说明

一、本文书依据《中华人民共和国刑事诉讼法》第二百三十二条、《人民检察院刑事诉讼规则》第五百八十九条的规定制作。为上级人民检察院认为下级人民检察院提请抗诉不当予以纠正时使用。

二、本文书需写明提请抗诉的人民检察院名称、具体案件名称、不支持抗诉的理由、制作日期，并加盖文书制作单位公章。

三、本文书以案为制作单位，由办理案件的人民检察院制作。

四、本文书共二联，第一联统一保存备查，第二联送达提请抗诉的人民检察院。

146. 调取证据材料通知书

×××人民检察院
调取证据材料通知书

检 调证〔 〕 号

×××（侦查机关名称）：

你局（或其他称谓）以_____号起诉意见书（提请批准逮捕意见书）移送起诉（审查批准逮捕）的犯罪嫌疑人×××（姓名）涉嫌×××（罪名）一案（你局办理的原审被告人×××涉嫌×××一案），为查明案件事实，根据《中华人民共和国刑事诉讼法》第一百七十五条第一款等有关规定，请提供下列证据材料：

一、需调取的证据及目的

请你局（或其他称谓）调取下列证据材料：

1. 为查明……，调取（核查、询问、讯问、梳理）……
2. 为核实……，调取（核查、询问、讯问、梳理）……

……

二、相关工作要求

调取证据过程中，注意以下问题：

1. ……

2. ……

……

联系人：

联系电话：

×××人民检察院

××××年×月×日

（院印）

制作说明

一、本文书依据《中华人民共和国刑事诉讼法》第一百七十五条第一款的规定制作,适用于办案全过程。

二、"需调取的证据及目的"部分,主要围绕认定事实、适用法律存在的问题,列明需要调取的各项证据材料。列举事项应当详细、具体、明确;同时,可根据实际情况,提出调取证据方法和途径的建议。

三、"相关工作要求"部分,结合具体办案情况,提出工作要求。

四、本文书一式两份,一份附检察内卷,一份送达侦查机关。

五、人民检察院办理的监察机关移送案件、人民检察院直接受理侦查案件,需要补充提供证据材料的,参照本文书修改法律依据和表述后,制作调取证据材料通知书。

(三)审判相关工作文书

147. 举证、质证提纲

×××人民检察院
举证、质证提纲

制作说明

一、本文书依据《人民检察院刑事诉讼规则》第三百九十二条的规定制作。为公诉人做好宣读、出示、播放证据的出庭准备而拟定计划、制定质证方案时使用。

二、本文书制作时，需在公诉人熟悉案情、掌握证据、全面预测被告人、辩护人可能提出的质证观点的情况下，围绕起诉书指控的犯罪事实和情节，针对证据的真实性、关联性、合法性，制作举证质证提纲，做好举证质证准备。

1. 制作时，应写明被告人的姓名、案由。

2. 制作时，需重点注意以下方面：（1）证据的取得是否符合法律规定；（2）证据是否符合法定形式；（3）证据是否为原件、原物，照片、录像、复制件、副本等与原件、原物是否相符；（4）发现证据时的客观环境；（5）证据形成的原因；（6）证人或者提供证据的人与本案有无利害关系；（7）证据与待证事实之间的关联关系；（8）证据之间的相互关系；（9）证据是否共同指向同一待证事实，有无无法排除的矛盾和无法解释的疑问，全案证据是否形成完整的证明体系，根据全案证据认定的事实是否足以排除合理怀疑，结论是否具有唯一性；（10）证据是否具有证据能力及其证明力的其他问题。

3. 制作举证提纲部分时，一般按照一罪名一举证、一事实一举证进行准备，做到条理清楚、层次分明。举证顺序应当以有利于证明公诉主张为目的，公诉人可以根据案件的不同种类、特点和证据状况，结合被告人的认罪态度，合理安排举证顺序，采用分组举证或者逐一举证的方式。一般先准备出示定罪证据，后出示量刑证据；先准备出示主要证据，后出示次要证据。

4. 制作质证提纲部分时，公诉人应当根据辩护方欲出示证据的内容以及对公诉方证据可能提出的质疑，围绕证据本身的真实性、关联性、合法性，针对证据能力有无以及证明力大小，采用一证一质的方式，全面、及时和有针对性地提出答辩意见，进行质证准备。

5. 对于被告人认罪认罚的案件，对控辩双方无异议的定罪、量刑证据，可以简化制作举证质证提纲，但对于其他有争议的问题需详细制作举证质证提纲。

三、本文书以案为制作单位，由办理案件的人民检察院制作。

四、本文书制作一份，当庭发表后附卷。

148. 出庭检察员意见书（再审案件用）

×××人民检察院
出庭检察员意见书

（提出抗诉机关_____ 抗诉书文号_____）
决定再审机关_____ 再审决定书文号_____
终审法院_____
原审被告人_____

审判长、审判员：

　　根据《中华人民共和国刑事诉讼法》第二百五十六条的规定，我（们）受×××人民检察院指派，代表本院，出席本法庭，依法履行职务。现对本案证据、案件情况和原审人民法院判决（裁定）发表如下意见，请法庭注意。

　　　　　　　　　　　　　　　　　　检察员：
　　　　　　　　　　　　　　　　××××年××月××日当庭发表

制作说明

一、本文书依据《中华人民共和国刑事诉讼法》第二百五十六条、《人民检察院刑事诉讼规则》第四百五十四条、第四百五十五条、第四百五十六条的规定制作。为人民检察院在办理再审刑事案件派员出庭发表意见时使用。

二、填制本文书时，引用《中华人民共和国刑事诉讼法》第二百五十六条，《人民检察院刑事诉讼规则》第四百五十四条、第四百五十五条、第四百五十六条的规定。

三、有权制作本文书的是派员出庭的人民检察院。

四、该出庭意见书需在庭审辩论环节当庭发表，在发表过程中说明对原判决、裁定认定的事实、证据、适用法律全面审查后的意见、理由、证据、法律依据。

五、本文书制作一份，当庭发表后附卷。

149. 答辩提纲

×××人民检察院

答辩提纲

制作说明

一、本文书依据《中华人民共和国刑事诉讼法》第一百九十八条和《人民检察院刑事诉讼规则》第三百九十二条、第三百九十八条的规定制作。为出庭的检察官针对被告人、辩护人的辩护意见进行答辩,进一步阐述公诉意见时适用。

二、答辩提纲要围绕犯罪构成、量刑等争议问题进行辩论。

三、本文书以案为单位制作。

四、本文书制作一份,当庭发表后附卷。

150. 出庭笔录

×××人民检察院

出庭笔录

开庭时间：　　　　年　　月　　日　　时　　分
闭（休）庭时间：　　年　　月　　日　　时　　分
地点：　　　　　　　　　案由：
检察员（公诉人）：　　　书记员：
审判长：　　　　　　　　审判员：
人民陪审员：　　　　　　书记员：
被告人：
辩护人：
其他诉讼参与人：

庭审活动记录：
问：

制作说明

一、本文书依据《人民检察院刑事诉讼规则》第四百二十七条的规定制作。为出庭的书记员协助公诉人记载法庭审判的整个过程时使用。

二、制作本文书时，需写明开庭、闭庭的时间、地点、出席法庭的审判长、审判员、人民陪审员、公诉人、书记员、辩护人、其他诉讼参与人，以及整个法庭审判的整个过程。制作完成后，应由出庭的公诉人和书记员共同核对签名确认。

三、本文书以案为单位制作。

四、本文书制作一份，当庭制作后附卷。

151. 恢复法庭审理意见书

×××人民检察院

恢复法庭审理意见书

××检××恢审〔××××〕××号

我院于××××年××月××日以×××号《延期审理建议书》建议延期审理的被告人×××案。根据《中华人民共和国刑事诉讼法》第二百零四条、第二百零五条和《人民检察院刑事诉讼规则》第四百二十一条的规定,建议你院恢复法庭审理。

此致
×××人民法院

年　月　日
（院印）

制作说明

一、本文书依据《中华人民共和国刑事诉讼法》第二百零四条、第二百零五条和《人民检察院刑事诉讼规则》第四百二十一条的规定制作。为经人民检察院建议、法庭宣布延期审理后,人民检察院提请人民法院恢复法庭审理时使用。

二、本文书需写明与此文书对应的《延期审理建议书》的延期时间、文号、案件具体名称（被告人姓名、案由）、送达的人民法院名称、制作时间。

三、本文书以案为单位,由办理案件的人民检察院制作。

四、本文书一式三份,一份存档备查,一份留存附卷,一份送达同级人民法院。

152. 列席人民法院审判委员会会议情况反馈表

×××人民检察院
列席人民法院审判委员会会议情况反馈表

××检××列馈〔20××〕××号

列席时间		审委会会次	
列席领导		列席助手及职务	
列席议题名称			
法院承办人意见			
法院合议庭意见			
列席发表意见			
列席会议情况			
备注			

制作说明

一、本文书依据《中华人民共和国人民检察院组织法》第二十六条、《人民检察院刑事诉讼规则》第五百七十一条、《最高人民法院、最高人民检察院关于人民检察院检察长列席人民法院审判委员会会议的实施意见》制作，为检察长或者检察长委托的副检察长列席同级人民法院审判委员会后向本院检察委员会反馈时使用。

二、本文书发送本院检察委员会办公室。

153. 刑事判决、裁定审查表（一审案件用）

×××人民检察院
刑事判决、裁定审查表
（一审用）

移送起诉机关：（侦查机关）

提起公诉机关及文号：本院（起诉书文号）

提起公诉时间：　　年　月　日

本审开庭审理时间：　　年　月　日至　　年　月　日

本审判决、裁定时间：　　年　月　日

本审判决书、裁定书文号：

收到本审判决书、裁定书时间：　　年　月　日

收到被害人及其法定代理人请求抗诉时间：　　年　月　日

被告人	起诉的事实是否被采纳	起诉的罪名是否被采纳	量刑建议是否被采纳	审判程序是否合法

（本页内容可以续制）

承办人意见	（说明：对裁判情况进行分析，表达意见。对起诉事实、罪名及量刑建议未得到法院采纳的，或审判程序存在违法情形的，在此进行详细说明并分析原因。对于被害方提出抗诉请求的，应一并审查，综合上述情况提出处理意见。）

制作说明

一、本文书依据《中华人民共和国刑事诉讼法》第二百零九条、第二百二十八条和《人民检察院刑事诉讼规则》第五百八十三条、第五百八十四条、第五百八十五条的规定制作。为人民检察院在收到人民法院第一审判决书或裁定书后的审查、填写和提出处理意见时使用。

二、本文书由承办人对第一审裁判结果提出处理意见，对起诉事实、罪名及量刑建议未被采纳要详细说明并分析原因，需要抗诉的案件应当报检察长决定，对于被害方提出抗诉请求的应一并审查。

三、本文书以案为制作单位，由办理案件的人民检察院制作。

四、本文书共计一份，可按需要复制。

154. 职务犯罪案件一审判决初步审查意见表

×××人民检察院
职务犯罪案件一审判决
初步审查意见表

起诉日期		收到判决日期	
判决结果			
被告人	起诉罪名	一审判决罪名	判处刑罚
初步审查意见			
备注			

制作说明

一、本文书依据《中华人民共和国刑事诉讼法》第二百零九条、第二百二十八条和《人民检察院刑事诉讼规则》第五百八十三条、第五百八十四条、第五百八十五条、《最高人民检察院关于加强对职务犯罪案件第一审判决法律监督的若干规定（试行）》的规定制作。为职务犯罪案件法院一审判决送达后，案件承办人对该判决是否存在错误进行初步审查时使用。

二、填制本文书时，需写明起诉日期、收到判决日期、判决结果（被告人、起诉罪名、一审判决罪名、判处刑罚）及初步审查意见（正确或存在错误，是否需要抗诉）。

三、本文书以案为单位，由案件承办人制作后报部门负责人审查后，连同裁判文书一并上报上级院。

四、本文书共一份，可按需要复印。

刑事检察工作文书格式样本

155. 职务犯罪案件一审裁判结果同步审查表

×××人民检察院
职务犯罪案件一审裁判结果同步审查表

下级院收到一审判决时间		本院收到一审判决时间	
判决结果			
被告人	起诉罪名	一审判决罪名	一审判处刑罚
下级院初步审查意见			
本院意见			
备注			

制作说明

一、本文书依据《中华人民共和国刑事诉讼法》第二百零九条、第二百二十八条和《人民检察院刑事诉讼规则》第五百八十三条、第五百八十四条、第五百八十五条、《最高人民检察院关于加强对职务犯罪案件第一审判决法律监督的若干规定（试行）》的规定制作。为需上下两级院同步审查的职务犯罪案件，法院一审裁判送达后，下级人民检察院对该裁判做出初步审查意见后，上级检察院同步审查时使用。

二、填制本文书时，需写明起诉日期、下级人民检察院收到一审判决日期、上级人民检察院收到一审判决日期、判决结果（被告人、起诉罪名、一审判决罪名、量刑建议、一审判处刑罚）及下级人民检察院初步审查意见（正确或存在错误，是否需要抗诉）和上级人民检察院意见。

三、本文书以案为单位，由同步监督的上级人民检察院制作。

四、本文书共一份，可按需要复印。

156. 对法院刑事判决、裁定审查表（二审案件用）

×××人民检察院
对法院刑事判决、裁定审查表
（第二审案件）

提起公诉机关及文书号：

一审判决机关及文号：

一审判决时间：　　年　月　日

本审开庭审理时间：　　年　月　日至　　年　月　日

本审判决、裁定时间：　　年　月　日

本审判决书、裁定书文号：

收到本审判决书、裁定书时间：　　年　月　日

上诉人、原审被告人	起诉罪名	一审判决情况		二审裁判情况		是否有误
		罪名	刑罚	罪名	刑罚	
（本页内容可以续制）						
二审检察员意见	除对判决、裁定的情况进行分析、表达意见外，对发现审判活动违法情形的，需要专门提出承办人意见					

制作说明

一、本文书依据《中华人民共和国刑事诉讼法》第二百五十四条、《人民检察院刑事诉讼规则》第五百八十三条的规定制作，为人民检察院依法对人民法院的判决、裁定是否正确实行法律监督时使用。

二、本文书一式一份，附卷。

157. 对法院刑事判决、裁定审查表（再审案件用）

×××人民检察院
对法院刑事判决、裁定审查表

（再审案件）

提出抗诉机关及文书号＿＿＿＿＿＿＿＿＿＿＿＿＿＿＿＿＿＿＿＿

终审判决机关及文号＿＿＿＿＿＿＿＿＿＿＿＿＿＿＿＿＿＿＿＿＿

终审判决时间＿＿＿＿＿年＿＿＿月＿＿＿日

本审开庭审理时间＿＿＿年＿＿月＿＿日至＿＿年＿＿月＿＿日

本审判决、裁定时间＿＿＿＿＿年＿＿＿月＿＿＿日

本审判决书、裁定书文号＿＿＿＿＿＿＿＿＿＿＿＿＿＿＿＿＿＿＿

收到本审判决书、裁定书时间＿＿＿＿＿＿年＿＿＿月＿＿＿日

申诉人、原审被告人	
终审判决情况	
申诉理由	
抗诉罪名	
抗诉意见	

再审裁判情况	是否维持原判	
	是否发回重审	
	改判	罪名	
		量刑	
	是否错误	
（本页内容可以续制）		
承办人意见	
对审判活动违法情况及有关申诉的处理意见	
备注	

制作说明

一、本文书依据《中华人民共和国刑事诉讼法》第二百零九条、第二百二十八条、第二百五十四条第三款、第二百五十六条，《人民检察院刑事诉讼规则》第五百七十条的规定制作。为人民检察院在人民法院开庭审理案件过程监督审判活动是否违法，以及人民法院作出的判决、裁定认定事实是否正确、适用法律是否准确时使用。

二、填制本文书时，需写明提出抗诉机关及文书号，终审判决机关及文号，终审判决时间年月日，本审开庭审理起止时间，本审判决、裁定时间，本审判决书、裁定书文号，收到本审判决书、裁定书时间，申诉人，原审被告人，终审判决情况，申诉理由，抗诉罪名，抗诉意见，再审裁判情况（是否维持原判、是否发回重审、改判罪名、改判后量刑、是否错误），承办人意见，对审判活动违法情况及有关申诉的处理意见，备注。参考依据《中华人民共和国刑事诉讼法》第二百零九条、第二百二十八条、第二百五十四条第三款、第二百五十六条，《人民检察院刑事诉讼规则》第五百七十条的规定。

三、本文书以案为单位，由收到判决的人民检察院制作。

四、本文书共计一联，制作后由分管检察长审批后附卷。

158. 关于×××死刑复核一案的审查报告

关于×××死刑复核一案的审查报告

首部（案件来源和审查过程）

案件来源应区分最高人民法院通报、省级人民检察院提请监督或重大情况报告等情况，写明收案时间，承办人审查案件的内容、方式和步骤，包括审阅哪些材料、有无核实证据、听取意见、征求意见等情况。

一、被告人、被害人的基本情况

1. 被告人的基本情况包括：姓名，性别，民族，出生年月日，出生地，文化程度，职业或者工作单位和职务，住所地，被刑事拘留、逮捕的日期。

2. 被害人的基本情况包括：姓名，性别，伤亡情况，被害时年龄等，被害人其他情况与犯罪事实有关联的，应写明。

〔说明：该部分内容可根据案件的具体情况选择详写或略写，如有核准死刑的案件应详写。〕

二、案件侦破及诉讼过程

案件侦破过程一般要写明发案、侦破、抓获被告人的过程。被告人有自首、立功情节或被告人及其辩护人提出自首或立功情节的应详细叙述抓捕过程。

〔说明：案件侦破过程这部分内容可根据案件的具体情况选择详写、略写或不写。但对于有核准死刑的案件，应阐明如何案发、如何开展侦查工作、采取了哪些侦查措施、如何确定犯罪嫌疑人、如何抓获犯罪嫌疑人等具体环节。〕

诉讼过程一般写明案件侦查、起诉、一审、二审判决的时间、认定罪名和判处的刑罚。如存在被告人上诉、被害人提请抗诉或检察机关提出抗诉的，也要写明。如存在补充侦查、延期审理、撤回起诉、请示报告、发回重审等情况的，也要一并写清时间、原因和处理意见。

〔说明：诉讼过程这部分内容可根据案件的具体情况选择详写、略写或不写〕

三、案件事实

写明被告人实施犯罪行为的动机、目的、时间、地点、经过、手段、情节、数额、危害结果及法定酌定从重从轻处罚情节。

〔说明：该部分内容要根据案件的具体情况，可以是承办人审查认定的事实，也可以转述一审、二审法院或复核认定的案件事实，还可以是承办人对事实的概括简写。对于起诉书、一审判决、二审裁判或复核认定的犯罪事实有不一致的地方应予说明。〕

四、一、二审法院裁判意见或最高人民法院复核意见

重点写明一、二审法院和最高人民法院定罪量刑的事实依据和法律依据，最高人民法院复核意见与第一、二审意见一致的，可简述；意见不一致的，要详细叙述理由。

〔说明：该部分内容可根据案件的具体情况选择详写、略写或不写〕

五、省级检察院审查意见

主要写明是否同意二审裁判及其理由，系检察长决定还是检察委员会的意见。

六、需要说明的情况

写明不宜在前几项中表述，但可能影响案件处理的已客观存在的具体情况。主要有：

1. 被告人或辩护律师的辩护意见和理由，一、二审法院和最高法院对辩护意见的采纳情况。

2. 附带民事赔偿情况，被害人及其亲属的态度，复核环节受委托律师的意见。

3. 省级检察院或最高法院内部存在分歧意见的，应予说明。

4. 承办人就案件事实、定罪量刑和诉讼程序等问题与省级人民检察院或最高人民法院沟通的情况，听取辩护律师意见情况。

5. 社会关注、媒体报道、上访、闹访等情况，当地党政等部门的意见，领导批示或提请政法委等有关机关或部门沟通协调情况。对可能存在的引发不稳定因素、激化社会矛盾等办案风险的情况。

6. 核实证据情况。

7. 同案被告人判刑情况。

8. 其他需要说明的情况。

七、承办人意见

写明案件在认定事实证据、适用法律和死刑政策、诉讼程序等方面存在争议的焦点问题，并针对焦点问题进行详细的分析，提出承办人对事实、证据、定罪、量刑、诉讼程序和风险评估等方面的审查意见，并根据案件具体情况提出处理意见。

承办人之间意见不一致，有两种以上意见时，应说明不同之处，并详细阐述理由。

〔说明：承办人意见是审查报告的核心部分，要求能找准案件的关键问题，指出问题的"症结"所在，提出解决问题的建议，体现承办人对相关问题的分析思考过程。对于认定案件事实和证据没有争议的，可以省略对全案证据的分析，但需在"需要说明的情况"部分进行说明；对于认定案件事实和证据存在争议的，或者案件中有核准死刑的，必须对全案证据进行综合分析，对能否定案、是否影响死刑适用作出判断；对于把握死刑政策存在争议的，必须全面分析法定、酌定从宽和从严情节，综合衡量影响量刑的各种因素，提出是否适用死刑的意见。对于存在违反诉讼程序规定的，需写明程序违法的事实，对是否影响公正审判进行分析论证。〕

承办人（签名）：×××、×××

20××年×月×日

制作说明

一、本文书依据《人民检察院刑事诉讼规则》第六百零二条、第六百零三条、第六百零六条、第六百零九条、第六百一十条、第六百一十一条的规定制作,为最高人民检察院复核死刑案件时使用。

二、本文书系复核死刑案件的人民检察院制作。

三、本文书为报告式文书,分为首部,被告人、被害人的基本情况,案件侦破及诉讼过程,案件事实,一、二审法院裁判意见或最高人民法院复核意见,省级检察院审查意见,需要说明的情况,承办人意见,尾部共计九个部分。

1. 首部。需写明案件来源和审查过程,包括写明收案时间,承办人审查案件的内容、方式和步骤,包括审阅哪些材料、有无核实证据、听取意见、征求意见等情况。

2. 被告人、被害人的基本情况。被告人的基本情况包括:姓名,性别,民族,出生年月日,出生地,文化程度,职业或者工作单位和职务,住所地,被刑事拘留、逮捕的日期。被害人的基本情况包括:姓名,性别,伤亡情况,被害时年龄等,被害人其他情况与犯罪事实有关联的,应写明。该部分内容可根据案件的具体情况选择详写或略写,如有核准死刑的案件应详写。

3. 案件侦破及诉讼过程。应阐明如何案发、如何开展侦查工作、采取了哪些侦查措施、如何确定犯罪嫌疑人、如何抓获犯罪嫌疑人等具体环节。被告人有自首、立功情节或被告人及其辩护人提出自首或立功情节的应详细叙述抓捕过程。

诉讼过程一般写明案件侦查、起诉、一审、二审判决的时间、认定罪名和判处的刑罚。如存在被告人上诉、被害人提请抗诉或检察机关提出抗诉的,也要写明。如存在补充侦查、延期审理、撤回起诉、请示报告、发回重审等情况的,也要一并写清时间、原因和处理意见。

4. 案件事实。该部分内容要根据案件的具体情况，可以是承办人审查认定的事实，也可以转述一审、二审法院或复核认定的案件事实，还可以是承办人对事实的概括简写。对于起诉书、一审判决、二审裁判或复核认定的犯罪事实有不一致的地方应予说明。

5. 一、二审法院裁判意见或最高人民法院复核意见。重点写明一、二审法院和最高人民法院定罪量刑的事实依据和法律依据，最高人民法院复核意见与第一、二审意见一致的，可简述；意见不一致的，要详细叙述理由。该部分内容可根据案件的具体情况选择详写、略写或不写。

6. 省级检察院审查意见。主要写明是否同意二审裁判及其理由，系检察长决定还是检察委员会的意见。

7. 需要说明的情况。写明不宜在前几项中表述，但可能影响案件处理的已客观存在的具体情况。

8. 承办人意见。写明案件在认定事实证据、适用法律和死刑政策、诉讼程序等方面存在争议的焦点问题，并针对焦点问题进行详细的分析，提出承办人对事实、证据、定罪、量刑、诉讼程序和风险评估等方面的审查意见，并根据案件具体情况提出处理意见。承办人之间意见不一致，有两种以上意见时，应说明不同之处，并详细阐述理由。

9. 尾部。写明承办人姓名，制作文书年月日。

四、文书制作一份，附卷备案审查。

159. 关于转送×××死刑复核一案材料（意见）的函

关于转送×××死刑复核一案材料（意见）的函

高检复核转〔20××〕×号

最高人民法院×××（审判庭的全称）：

×××高级人民法院以×××号刑事判决书（裁定书）判处死刑并报请你院核准的×××（被告人的姓名）×××（案由）一案，×××人民检察院（或申请监督人）认为：×××（概括列明提请或申请监督的主要意见和理由）。

我厅审查认为，×××（阐述死刑复核检察厅的主要意见和理由），根据《最高人民法院、最高人民检察院关于死刑复核法律监督工作的意见》第五条第一款之规定，现将以上意见（及相关材料）转你庭，供复核该案时参考，并请将复核结果函告我厅。

联系人：×××，电话：×××

最高人民检察院第二检察厅
20××年×月×日
（厅印）

制作说明

一、本文书依据《最高人民法院、最高人民检察院关于死刑复核法律监督工作的意见》第五条第一款之规定制作，为最高人民检察院收到提请或申请监督死刑复核案件时使用。

二、本文书系最高人民检察院第二检察厅制作。

三、需写明最高人民法院具体审判庭的名称、作出裁判文书的具体人民法院名称、裁判文书文号、被告人姓名、案由、申请监督的具体单位或个人申请监督的主要意见和理由、审查后的主要意见和理由。应将具体联系人姓名、联系方式列明，加盖最高人民检察院第二检察厅厅印、写明日期。

四、该文书为一联，可根据需要复制相应份数，并送达最高人民法院相应审判庭。

160. 死刑复核案件提请监督意见书（重大情况报告）

死刑复核案件
提请监督意见书（重大情况报告）

×检××〔20××〕×号

最高人民检察院：

×××人民法院以×××号刑事判决书（裁定书）对被告人×××（姓名）×××（案由）一案判决（裁定）……（写明生效的二审裁定对被告人的量刑情况）。我院认为，……（概括说明提请监督或报告重大情况的主要理由），特提请你院监督（或特向你院报告重大情况）：

正文部分包括以下主要内容：

一、被告人及被害人基本情况

1. 被告人基本情况：包括姓名，性别，出生年月日，民族，文化程度，职业，曾受到刑事处罚的情况和所采取的强制措施等。

2. 被害人基本情况：包括姓名，性别，年龄，伤亡情况等。

二、案件事实

主要写明省级人民检察院审查认定的犯罪事实。重大情况报告案件还应写明新发现的事实、证据情况。

三、法院裁判意见

应主要说明一、二审裁判情况。

四、需要说明的问题

1. 本案在证据认定、法律适用和死刑政策、诉讼程序等方面存在的争议问题。

2. 本案被告人、被害人及其近亲属上访情况；领导批示或有关机关或部门沟通协调情况；媒体报道情况。

3. 其他可能影响案件处理的问题。

五、提请监督的意见及理由（或发现的重大情况）

提请监督的意见及理由主要写明省级人民检察院对法院判决或裁定的审查意见。针对法院裁判认定事实确有错误、适用法律和死刑政策不当、程序违法或其他需要提请监督的情形等不同情况，详细阐述提请监督的理由。

发现的重大情况主要写明省级人民检察院在第二审裁判之后，发现被告人有新的可能影响死刑适用的重大情况，并提出对该重大情况的处理建议。

××××年×月×日

（院印）

附件：省级人民检察院承办人的姓名和联系方式

制作说明

一、本文书依据《最高人民法院、最高人民检察院关于死刑复核法律监督工作的意见》第五条规定制作，为各省高级人民检察院提请监督或报告重大情况时使用。

二、主要内容为提请最高人民检察院监督或向其报告重大情况。

三、该文书为报告式文书，由首部、被告人及被害人基本情况、案件事实、法院裁判意见、需要说明的问题、提请监督的意见及理由（或发现的重大情况）、尾部共计七个部分。

1. 首部。写明判决法院、裁判文书文号、姓名、案由，概括说明提请监督或报告重大情况的主要理由。

2. 被告人及被害人基本情况。被告人基本情况：包括姓名，性别，出生年月日，民族，文化程度，职业，曾受到刑事处罚的情况和所采取的强制措施等。被害人基本情况：包括姓名，性别，年龄，伤亡情况等。

3. 案件事实。主要写明省级人民检察院审查认定的犯罪事实。重大情况报告案件还应写明新发现的事实、证据情况。

4. 法院裁判意见。应主要说明一、二审裁判情况。

5. 需要说明的问题。本案在证据认定、法律适用和死刑政策、诉讼程序等方面存在的争议问题。本案被告人、被害人及其近亲属上访情况；领导批示或有关机关或部门沟通协调情况；媒体报道情况。其他可能影响案件处理的问题。

6. 提请监督的意见及理由（或发现的重大情况）。提请监督的意见及理由主要写明省级人民检察院对法院判决或裁定的审查意见。针对法院裁判认定事实确有错误、适用法律和死刑政策不当、程序违法或其他需要提请监督的情形等不同情况，详细阐述提请监督的理由。发现的重大情况主要写明省级人民检察院在第二审裁判之后，发现被告人有新的可能影响死刑适用的重大情况，并提出对该重大情况的处理建议。

7. 尾部。写明承办人姓名、单位及联系方式，文书制作的日期年月日。

四、该文书制作一份，按需要复制数量，报送最高人民检察院。

（四）其他工作文书

161. 侦查活动监督通知书

×××人民检察院

侦查活动监督通知书

××检××侦通〔20××〕×号

×××（侦查机关）：

经审查，发现你局在办理犯罪嫌疑人　　等人涉嫌　　罪（×××字〔20××〕×号提捕、提延、移诉书或写明提前介入、控告申诉情况）一案中存在以下侦查违法情形：

一、侦查人员×××/×××侦查活动存在……（违法行为具体表现、后果）的情形，违反……（触犯的法律、法规具体条款）的规定。

二、……

根据《中华人民共和国刑事诉讼法》第八条、第一百条/第一百七十一条的规定，特通知你局予以纠正。请于收到通知书十日内将纠正情况书面告知我院。

××××年×月×日

（院印）

制作说明

一、本文书依据《中华人民共和国刑事诉讼法》第八条、第一百条、第一百七十一条等有关法律规定制作。为人民检察院依法通知侦查机关纠正侦查活动违法时使用。

二、本文书的文号"××检××侦通〔20××〕×号"。各地可根据工作需要，决定是否按提出侦查监督意见的具体业务部门分别按顺序编号。实际填写时，"×××"一般为某检察院简称＋部门简称＋文书简称，〔〕中填文书年度；〔〕后填文书序号。如第一检察部提出侦查监督意见的，可填写"×检一部侦通〔20××〕×号"。

三、本文书采用叙述式，按以下层次叙写：

（一）写明发往单位，即发生侦查违法情况的单位，行文上顶格书写。

（二）写明侦查监督案件来源。书写为："经审查，发现你局在办理……一案中存在以下侦查违法情形："办理"后书写发生违法情况的具体案件嫌疑人姓名、案由、文号，没有文号的写明其他来源情况。

（三）检察机关发现的侦查违法情形和监督依据。写明某位侦查人员或某项侦查活动的侦查行为违法具体情形的同时，列明监督依据。即写明侦查员姓名、职务，侦查活动名称，违法行为具体表现、后果后，说明该行为所违反法律、法规的具体条款。按违法程度从重到轻的顺序排序。

（四）纠正意见。写明："根据《中华人民共和国刑事诉讼法》第八条、第一百条/第一百七十一条的规定，特通知你局予以纠正。请于收到通知书十日内将纠正情况书面告知我院。"承办人可以根据案件所处诉讼阶段选择适用刑诉法第一百条或第一百七十一条。

四、本文书一式二份，一份送达发生违法行为的单位，一份附卷。

162. 羁押必要性审查报告

×××人民检察院
羁押必要性审查报告

姓名		性别		年龄	
拘留时间		逮捕时间			
羁押地点		涉嫌罪名			
诉讼阶段及办案机关					
来源	依职权/依申请	发现/收到时间			
简要案情					
审查情况					
检察官意见					
备注					

制作说明

一、本文书根据《中华人民共和国刑事诉讼法》第九十五条、《人民检察院刑事诉讼规则》第五百七十三条至第五百八十条的规定制作。

二、人民检察院可以按照法定方式进行羁押必要性审查，根据犯罪嫌疑人、被告人涉嫌的犯罪事实、主观恶性、悔罪表现、身体状况、案件进展情况、可能判处的刑罚和有无再危害社会的危险等因素，综合评估有无必要继续羁押犯罪嫌疑人、被告人，提出继续羁押、释放或者变更强制措施的建议。

三、是否继续羁押犯罪嫌疑、被告人建议的审批权限，由省级人民检察院予以规定。

四、对犯罪嫌疑人、被告人被逮捕后，人民检察院对其羁押的必要性进行审查时制作的文书。

五、本文书以人为单位制作。

163. 羁押必要性审查结果通知书

×××人民检察院
羁押必要性审查结果通知书
（存根）

检羁审通〔　〕　号

申请人基本情况：
姓　　名
年　　龄
与被申请人关系
审查结果
批　准　人
承　办　人
填　发　人
填发时间

第一联　统一保存

×××人民检察院
羁押必要性审查结果通知书
（副本）

检羁审通〔　〕　号

　　　　　　　　　　看守所　进
你申请对羁押于　　　　　　　　　　
的犯罪嫌疑人（被告人）　　　　　：
行羁押必要性审查一案。经审查，本院认为
有（没有）继续羁押必要，理由是：　　　　
　　　　　　　　　　　　　　　（本院
已向　　　　　，建议未被采纳）。
特此通知。

年　月　日
（院印）

第二联　附卷

×××人民检察院
羁押必要性审查结果通知书

检羁审通〔　〕　号

　　　　　　　　　　看守所　进
你申请对羁押于　　　　　　　　　　
的犯罪嫌疑人（被告人）　　　　　：
行羁押必要性审查一案。经审查，本院认为
有（没有）继续羁押必要，理由是：　　　　
　　　　　　　　　　　　　　　（本院
已向　　　　　，建议未被采纳）。
特此通知。

年　月　日
（院印）

第三联　送达申请人

制作说明

一、本文书根据《中华人民共和国刑事诉讼法》第九十五条的规定制作。

二、本文书一式三份，第一联统一保存备查，第二联附卷，第三联送达申请人。

三、本文书应加盖人民检察院印章。

四、本文书以人为单位制作。

164. 延长侦查羁押期限审查表

×××人民检察院

延长侦查羁押期限审查表

受理日期	×××	侦查机关	×××
批准（决定）逮捕机关		提延类型	×××
犯罪嫌疑人	犯罪嫌疑人×××，涉案案由×××，于××××年××月××日被执行逮捕，此次提请延期开始日期××××年××月××日，截止日期××××年××月××日。		
简要案情	×××		
提请延押理由	×××		
备注			

制作说明

一、本文书根据《中华人民共和国刑事诉讼法》第一百五十六条、第一百五十七条、第一百五十八条、第一百五十九条和《人民检察院刑事诉讼规则》第三百零五条至第三百一十四条的规定制作。为人民检察院审查延长侦查羁押期限案件时使用。

二、本文书由承办部门填写。

165. 提请批准延长侦查羁押期限意见书

×××人民检察院

提请批准延长侦查羁押期限意见书

（副本）

检请延〔　〕号

_____人民检察院：

_____人民检察院 ___ 年 ___ 月 ___ 日以 ___ 号逮捕决定书决定逮捕并于 ___ 年 ___ 月 ___ 日予以执行的涉嫌 ___ 犯罪的犯罪嫌疑人 ___，因 ___，期限届满不能侦查终结，经本院审查认为该犯罪嫌疑人 ___（说明继续羁押必要性的理由和依据） ___，仍有继续羁押的必要，特提请批准对该犯罪嫌疑人延长侦查羁押期限 ___ 个月，自 ___ 年 ___ 月 ___ 日至 ___ 年 ___ 月 ___ 日。根据《中华人民共和国刑事诉讼法》第 ___ 条的规定，特提请批准对该犯罪嫌疑人延长侦查羁押期限 ___ 个月，自 ___ 年 ___ 月 ___ 日至 ___ 年 ___ 月 ___ 日。

年　月　日

（院印）

第一联　附卷

×××人民检察院

提请批准延长侦查羁押期限意见书

检请延〔　〕号

_____人民检察院：

_____人民检察院 ___ 年 ___ 月 ___ 日以 ___ 号逮捕决定书决定逮捕并于 ___ 年 ___ 月 ___ 日予以执行的涉嫌 ___ 犯罪的犯罪嫌疑人 ___，因 ___，期限届满不能侦查终结，经本院审查认为该犯罪嫌疑人 ___（说明继续羁押必要性的理由和依据） ___，仍有继续羁押的必要，根据《中华人民共和国刑事诉讼法》第 ___ 条的规定，特提请批准对该犯罪嫌疑人延长侦查羁押期限 ___ 个月，自 ___ 年 ___ 月 ___ 日至 ___ 年 ___ 月 ___ 日。

年　月　日

（院印）

第二联　报送有权批准的人民检察院

制作说明

一、本文书依据《中华人民共和国刑事诉讼法》第一百五十六条、第一百五十八条、第一百五十九条的规定制作。为人民检察院在报请上级人民检察院批准延长侦查羁押期限时使用。

二、本文书共二联，第一联附卷，第二联报送有权批准的人民检察院。

166. 报请批准延长侦查羁押期限报告书

×××人民检察院
报请批准延长侦查羁押期限报告书

×××（上级检察院）

本院于××××年××月××日接到×××对涉嫌×××的犯罪嫌疑人×××提请批准延长侦查羁押期限的相关材料，经审查，现报告如下。

一、犯罪嫌疑人基本情况

犯罪嫌疑人×××（曾用名×××，绰号×××），（性别）×，××××年××月××日出生，身份证号码×××，（民族）×××，（接受教育程度）×××，户籍所在地×××，住×××。工作单位×××。于××××年××月××日被×××单位执行逮捕，现羁押于×××。

二、案件主要事实

×××

三、延长侦查羁押期限的理由和依据

1. 捕后侦查羁押期间所做的侦查工作

2. 下一步侦查计划

3. 侦查羁押必要性分析

四、审查意见

经本院审查认为，该犯罪嫌疑人（不）符合《中华人民共和国刑事诉讼法》第一百五十六条/第一百五十七条/第一百五十八条/第一百五十九条的规定，有（无）延长侦查羁押期限的必要，特报请你院审查决定。

年　月　日

（院印）

制作说明

一、本文书依据《中华人民共和国刑事诉讼法》第一百五十六条、第一百五十七条、第一百五十八条、第一百五十九条的规定制作。为人民检察院报请上一级人民检察院批准延长侦查羁押期限时使用。

二、本文书一式二份,第一份附卷,第二份报送有权批准的人民检察院。

167. 重新计算侦查羁押期限案件审查报告

×××人民检察院
重新计算侦查羁押期限案件审查报告

一、受案和审查过程

本院于××××年××月××日接到×××部门移送的对犯罪嫌疑人×××重新计算侦查羁押期限相关材料,承办人(讯问犯罪嫌疑人、听取了辩护人意见),审查了案卷及相关材料,现已审查完毕。

二、犯罪嫌疑人基本情况

犯罪嫌疑人×××,(曾用名×××,绰号×××),(性别)×,××××年××月××日出生,身份证号码×××,(民族)×××,文化程度×××,户籍所在地×××,住×××。工作单位×××。于××××年××月××日被×××单位执行逮捕,现羁押于×××看守所。

三、移送重新计算侦查羁押期限理由

×××

四、审查意见

×××

承办人:×××
××××年××月××日

制作说明

一、本文书依据《中华人民共和国刑事诉讼法》第一百六十条、《人民检察院刑事诉讼规则》第三百一十五条、第三百一十六条的规定制作。为人民检察院在侦查期间，发现已被逮捕的犯罪嫌疑人另有重要罪行，审查是否需要自发现之日起重新计算侦查羁押期限时使用。

二、本文书适用于由人民检察院立案侦查的案件。

168. 重新计算侦查羁押期限决定书

**×××人民检察院
重新计算侦查羁押期限决定书**
（副　本）

×检×××重计〔××××〕×××号

×××人民检察院×××年××月×
×日以××号文书决定逮捕涉嫌×××的
犯罪嫌疑人×××，侦查中发现其另有×
××，根据《中华人民共和国刑事诉讼法》
第一百六十条的规定，决定自××××年
×月××日起重新计算侦查羁押期限。

××××年×月×日
（院印）

第一联　案件承办部门附卷

**×××人民检察院
重新计算侦查羁押期限决定书**
（正　本）

×检×××重计〔××××〕×××号

×××人民检察院×××年××月×
×日以××号文书决定逮捕涉嫌×××的
犯罪嫌疑人×××，侦查中发现其另有×
××，根据《中华人民共和国刑事诉讼法》
第一百六十条的规定，决定自××××年
×月××日起重新计算侦查羁押期限。

××××年×月×日
（院印）

犯罪嫌疑人：
宣　告　人：　　年　　月　　日

第二联　向犯罪嫌疑人宣告后侦查部门附卷

**×××人民检察院
重新计算侦查羁押期限通知书**

×检×××重计〔××××〕×××号

××看守所：

×××人民检察院×××年××月×
×日以××号文书决定逮捕涉嫌×××的
犯罪嫌疑人×××，侦查中发现其另有×
××，根据《中华人民共和国刑事诉讼法》
第一百六十条的规定，决定自××××年
×月××日起重新计算侦查羁押期限。特此
通知。

××××年×月×日
（院印）

第三联　送达看守所

制作说明

一、本文书依据《中华人民共和国刑事诉讼法》第一百六十条和《人民检察院刑事诉讼规则》第三百一十五条、第三百一十六条的规定制作。为人民检察院在侦查期间，发现已被逮捕的犯罪嫌疑人另有重要罪行，决定自发现之日起重新计算侦查羁押期限，并告知犯罪嫌疑人和通知看守所时使用。

二、本文书共三联，第一联由案件承办部门附卷，第二联向犯罪嫌疑人宣告后侦查部门附卷，第三联送达看守所。

三、本文书加盖人民检察院印章。

169. 不予重新计算侦查羁押期限通知书

×××人民检察院
不予重新计算侦查羁押期限通知书

××检××不予重计〔××××〕××号

×××本院办案部门：

你局于××××年××月××日移送的对犯罪嫌疑人×××重新计算侦查羁押期限的文书及相关材料收悉。经审查认为，决定对犯罪嫌疑人×××不予重新计算侦查羁押期限。

特此通知。

××××年××月××日
（部门印）

制作说明

一、本文书依据《中华人民共和国刑事诉讼法》第一百六十条、《人民检察院刑事诉讼规则》第三百一十五条、第三百一十六条的规定制作。为负责捕诉的部门对本院负责侦查的部门移送的重新计算侦查羁押期限案件，不予重新计算侦查羁押期限时使用。

二、本文书一式二份，第一份捕诉部门留存，第二份移送本院侦查部门。

170. 提请批准特别延期审理案件审查报告

×××人民检察院

提请批准特别延期审理案件审查报告

×××人民检察院：

我院于××××年××月××日收到×××（单位）提请批准特别延期审理的×××案的文书及相关材料。现已审查完毕，报告如下：

一、犯罪嫌疑人基本情况

犯罪嫌疑人×××（写明犯罪嫌疑人的姓名、性别、出生年月日、身份证号码、民族、文化程度、政治面貌、职业或者工作单位及职务、住址、曾受到刑事、行政处罚的情况、采取强制措施后被羁押的地点、家庭情况等）。

二、采取强制措施情况

（写明延长侦查羁押期限的次数、时间、批准机关，以及重新计算侦查羁押期限的情况）

三、案件事实及证据

（一）审查逮捕的事实及证据

（二）审查逮捕后的侦查事实及证据

（概括性叙述犯罪事实，并针对犯罪事实简要列明相关证据材料）。

四、需要说明的问题

（一）延长侦查羁押期限的原因和法律依据

（二）继续延长侦查羁押必要性分析

五、本院意见

本院认为：×××（简要写明对犯罪嫌疑人涉嫌的犯罪事实、证据、罪名，法定最高刑，继续延长侦查羁押期限的必要性的分析，提出是否同意延长侦查羁押期限的意见及法律依据）。根据《中华人民共和国刑事诉讼法》第一百五十七条的规定，建议将此案报请全国人民代表大会常务委员会审查。

×××× 年 × 月 × 日

（院印）

制作说明

一、本文书依据《中华人民共和国刑事诉讼法》第一百五十七条和《人民检察院刑事诉讼规则》第三百一十四条的规定制作。为层报请最高人民检察院报请全国人民代表大会常务委员会批准延期审理时使用。

二、本文书在侦查羁押期限届满前连同卷宗报送上级人民检察院。

三、本文书加盖人民检察院印章。

171. 提请批准特别延期审理案件报告书

最高人民检察院
提请批准特别延期审理案件报告书
（正　本）

高检××请延〔××××〕×××号

×××人民检察院于___年___月___日以_____号逮捕决定书批准逮捕的犯罪嫌疑人_____，因侦查羁押期限届满，不宜交付审判，根据《中华人民共和国刑事诉讼法》第___条的规定，特提请批准对犯罪嫌疑人_____延长侦查羁押期限___，自___年___月___日至___年___月___日。

年　月　日

（院印）

第二联　送送全国人民代表大会常务委员会

最高人民检察院
提请批准特别延期审理案件报告书
（副　本）

高检××请延〔××××〕×××号

×××人民检察院于___年___月___日以_____号逮捕决定书批准逮捕的犯罪嫌疑人_____，因侦查羁押期限届满，不宜交付审判，根据《中华人民共和国刑事诉讼法》第___条的规定，特提请批准对犯罪嫌疑人_____延长侦查羁押期限___，自___年___月___日至___年___月___日。

年　月　日

（院印）

第一联　附卷

制作说明

一、本文书依据《中华人民共和国刑事诉讼法》第一百五十七条和《人民检察院刑事诉讼规则》第三百一十四条的规定制作。为最高人民检察院报请全国人民代表大会常务委员会批准延期审理时使用。

二、本文书共两联,第一联附卷,第二联送达全国人民代表大会常务委员会。

三、本文书加盖最高人民检察院印章。

172. 准予撤回决定书（延押用）

×××人民检察院

准予撤回决定书

××检××延准撤〔××××〕××号

×××（侦查机关或侦查部门）：

你单位（部门）于××××年××月××日提出撤回延长犯罪嫌疑人×××的侦查羁押期限意见，本院（部门）经审查认为，同意你单位（部门）的撤回意见。

××××年××月××日
（院印或部门印）

制作说明

一、本文书参考《中华人民共和国刑事诉讼法》有关报请延长侦查羁押期限、撤销案件的规定制作。为同意侦查机关或侦查部门提出撤回延长犯罪嫌疑人侦查羁押期限意见时使用。

二、本文书发送提出撤回延长犯罪嫌疑人侦查羁押期限意见的侦查机关或侦查部门。

三、本文书需加盖院印或者部门印。

173. 立案建议书（针对应立案但尚未立案的自侦案件）

×××人民检察院
立案建议书

××检立建〔××××〕××号

负责侦查的部门：

　　×××有×××犯罪事实，需要追究刑事责任，根据《中华人民共和国刑事诉讼法》第一百零九条，需要立案侦查。依据《人民检察院刑事诉讼规则》第五百六十六条之规定，建议你部门立案侦查。

××××年××月××日
（部门印）

制作说明

　　一、本文书依据《中华人民共和国刑事诉讼法》第一百零九条、《人民检察院刑事诉讼规则》第五百六十六条的规定制作。为人民检察院负责捕诉的部门发现本院负责侦查的部门对应当立案侦查的案件不立案侦查，建议立案时使用。

　　二、本文书应当详细写明犯罪嫌疑人具体犯罪事实和证据情况。

　　三、本文书以案为制作单位，由办理案件的捕诉部门制作。

　　四、本文书一式两份，一份附卷，一份送达负责侦查的部门。

174. 立案侦查建议书（自侦立案监督用）

×××人民检察院
立案侦查建议书

××检××建立建〔××××〕××号

×××（本院负责侦查的部门）：

　　……［发现时间和发现途径，控告人姓名（或控告单位名称），违法人员的姓名、单位、职务（如果是单位违法，要写明违法单位的名称），涉嫌犯罪的违法事实（要写明违法时间、地点、手段、目的和后果）等］。

　　我（部、厅）认为，上述行为……（写明移送的理由和法律依据。包括：违法行为涉嫌触犯的法律、法规和规范性文件的条款，违法行为的性质）。

　　根据×××（法律依据）的规定，特将本案移送你部门依法审查，请将是否立案结果函告我（部、厅）。

××××年××月××日
（部门印）

制作说明

　　一、本文书依据《人民检察院刑事诉讼规则》第五百六十六条的规定制作。负责捕诉的部门发现本院负责侦查的部门对应当立案侦查的案件不立案侦查，建议负责侦查的部门立案侦查时使用。

　　二、本文书加盖部门章。

175. 建议移送涉嫌犯罪案件函

×××人民检察院

建议移送涉嫌犯罪案件函

××检××建移〔××××〕××号

×××（发往单位）：

　　……〔发现的违法情况。包括：发现时间和发现途径，违法人员的姓名、单位、职务（如果是单位违法，要写明违法单位的名称），涉嫌犯罪的违法事实（要写明违法时间、地点、手段、目的和后果）等〕。

　　我院认为，上述行为……（写明移送的理由和法律依据。包括：违法行为涉嫌触犯的法律、法规和规范性文件的条款，违法行为的性质）。

　　根据……（"两法衔接"有关司法文件，如中办发〔2011〕8号、国办发〔2012〕51号）的要求，特建议你单位将本案移送×××公安局（×××人民检察院）依法审查，并将有关材料抄送我院。

××××年××月××日

（院印）

制作说明

　　一、本文书依据《人民检察院刑事诉讼规则》第五百五十七条、"两法衔接"有关文件的规定制作。为检察机关发现行政执法机关不移送涉嫌犯罪案件，建议其移送时使用。

　　二、本文书送达应当移送涉嫌犯罪案件的行政执法机关。

　　三、本文书加盖院印。

176. 撤销案件建议书（自侦撤案监督用）

×××人民检察院
撤销案件建议书

××检××撤建〔20××〕××号

本院负责侦查的部门：

  我×（负责捕诉的部门）于××××年××月××日收到综合业务部门移送的立案监督的相关材料（在工作中发现），经审查：

  ×××（写明撤销案件的理由和法律依据。）

  根据《人民检察院刑事诉讼规则》第五百六十六条规定，建议撤销案件，现将相关材料移送你部门依法审查，并将处理结果函告我部门。

××××年××月××日

（部门印）

制作说明

  一、本文书依据《人民检察院刑事诉讼规则》第五百六十六条的规定制作，为人民检察院负责捕诉的部门发现本院负责侦查的部门对不应当立案侦查的案件立案侦查，建议侦查部门撤销案件时使用。

  二、本文书一式二份，一份附卷，一份送达本院侦查部门。

177. 移送函（立案监督用）

×××人民检察院

移送函

××检××移字〔××××〕××号

×××公安局：

  我院于××××年××月××日收到×××不服你局对×××立案（不立案）的投诉材料，经审查，根据《最高人民检察院、公安部关于刑事立案监督有关问题的规定（试行）》有关规定，现移送你局依法处理，请将处理情况及时函告我院。

××××年×月×日
（院印）

附件：（相关投诉材料）

制作说明

  一、本文书根据《最高人民检察院、公安部关于刑事立案监督有关问题的规定（试行）》第五条第四款、第六条的规定制作。人民检察院收到不服公安机关立案（不立案）的投诉材料，对公安机关已经立案或者公安机关尚未作出不予立案决定，移送公安机关处理时使用。

  二、本文书同相关投诉材料一并移交有管辖权的公安机关。

  三、本文书加盖人民检察院印章。

178. 商请案件审查报告（立案监督商请用）

×××人民检察院
商请案件审查报告

本院于××××年××月××日收×××检察院报送的×××案的立案监督商请处理材料。承办人×××审阅了相关材料，现已审查完毕。

一、犯罪嫌疑人基本情况

涉案人×××，（曾用名×××，绰号×××），（性别）×，××××年××月××日出生，身份证号码×××，（民族）×××，文化程度×××，户籍所在地×××，住×××。工作单位×××。于××××年××月××日被×××单位采取×××（强制措施）。

二、公安机关说明的（不）立案理由

×××

三、下级检察院报送商请的理由

×××

四、经审查认定的案件事实及证据

×××

五、处理意见

×××

承办人：×××

××××年××月××日

制作说明

　　本文书根据《人民检察院刑事诉讼规则》第五百六十四条的规定制作。为上一级人民检察院收到下一级人民检察院报送的《提请协商报告书》后，审查是否需协商同级公安机关处理时使用。

179. 提请协商报告书（监督应当立案用）

×××人民检察院
提请协商报告书

××检××立提商字〔××××〕××号

×××人民检察院：

我院于××××年××月××日向××公安局发出×××号《通知立案书》，该局收到《通知立案书》后超过十五日未立案，本院于××××年××月××日发出《纠正违法通知书》，该局仍未予以立案，现报请你院协商×××公安局予以处理。

一、犯罪嫌疑人基本情况

涉案人×××，（曾用名×××，绰号×××），（性别）×，××××年××月××日出生，身份证号码×××，（民族）×××，文化程度×××，户籍所在地×××，住×××。工作单位×××。

二、公安机关说明的不立案理由

×××

三、经审查认定的案件事实及证据

×××

四、需要说明的问题

×××

五、处理意见

本院认为，犯罪嫌疑人×××已涉嫌×××罪，公安机关说明的不立案理由不成立，应当依法立案。依据《人民检察院刑事诉讼规则》第五百六十四条的规定，特报请你院协商×××公安局处理。

××××年×月×日

（院印）

附件：1.《公安机关不立案理由说明书》
　　　2.《纠正违法通知书》

制作说明

一、本文书根据《人民检察院刑事诉讼规则》第五百六十四条的规定制作。为公安机关在收到通知立案书后超过十五日未要求复议、提请复核也不立案，收到纠正违法通知书后仍不纠正，报上一级人民检察院协商同级公安机关处理时使用。

二、本文书需附《公安机关不立案理由说明书》和《纠正违法通知书》一并送达上一级人民检察院。

三、本文书加盖人民检察院印章。

180. 提请协商报告书（监督应当撤案用）

×××人民检察院

提请协商报告书

××检××立提商字〔××××〕××号

×××人民检察院：

本院于××××年××月××日向××公安局发出××号《撤销案件通知书》，该局收到《撤销案件通知书》后未提出复议复核，也未撤销案件，我院于××××年××月××日发出《纠正违法通知书》，该局仍未撤销案件，现报请你院协商×××公安局予以处理。

一、犯罪嫌疑人基本情况

涉案人×××，（曾用名×××，绰号×××），（性别）×，×××年××月××日出生，身份证号码×××，（民族）×××，文化程度×××，户籍所在地×××，住×××。工作单位×××。于××××年××月××日被×××单位采取×××（强制措施），现羁押于×××。

二、公安机关说明的立案理由

×××

三、经审查认定的案件事实及证据

×××

四、需要说明的问题

×××

五、处理意见

本院认为，犯罪嫌疑人×××的行为不符合立案条件，×××公安局说明的立案理由不成立，应当依法撤销案件。依据《人民检察院刑事诉讼规则》第五百六十四条的规定，特报请你院协商×××公安局处理。

××××年×月×日

（院印）

附件：1.《公安机关立案理由说明书》
      2.《纠正违法通知书》

制作说明

一、本文书根据《人民检察院刑事诉讼规则》第五百六十四条的规定制作，为公安机关在收到《撤销案件通知书》后超过十五日未要求复议、提请复核也不撤销案件，收到《纠正违法通知书》后仍不纠正，报上一级人民检察院协商同级公安机关处理时使用。

二、本文书需附《公安机关立案理由说明书》和《纠正违法通知书》一并送达上一级人民检察院。

三、本文书加盖人民检察院印章。

181. 商请函（监督应当立案而不立案用）

×××人民检察院
商请函

×× 检 ×× 商〔××××〕××号

×××（同级公安机关）：

×××检察院于××××年××月××日向××公安局发出×××号《立案通知书》，通知该局对涉嫌×××的犯罪嫌疑人×××进行立案，该局收到《立案通知书》后十五日内未予立案，×××检察院于××××年××月××日向该局发出《纠正违法通知书》，该局仍未立案。

×××检察院遂报请本院处理，经审查，本院认为，犯罪嫌疑人×××的行为符合立案条件，×××公安局说明的不立案理由不成立，×××检察院向×××公安局发出的《立案通知书》及《纠正违法通知书》事实清楚，适用法律正确。现请你局督促×××公安局及时予以纠正。

××××年×月×日
（院印）

附件：1.《公安机关不立案理由说明书》
　　　2.《纠正违法通知书》

制作说明

一、本文书根据《人民检察院刑事诉讼规则》第五百六十四条的规定制作。为上一级人民检察院收到下一级人民检察院报送的《提请协商报告书》后，经审查认为公安机关不立案理由不成立，协商同级公安机关立案时使用。

二、本文书需附《公安机关不立案理由说明书》和《纠正违法通知书》一并送达上一级人民检察院。

三、本文书加盖人民检察院印章。

182. 商请函（监督不应当立案而立案用）

×××人民检察院

商请函

××检××商〔××××〕××号

×××（同级公安机关）：

　　×××检察院于××××年××月××日向×××公安局发出×××号《撤销案件通知书》，通知该局撤销对涉嫌×××的犯罪嫌疑人×××的立案决定书，该局收到《撤销案件通知书》后未提出复议复核，也未撤销案件，×××检察院于××××年××月××日向该局发出《纠正违法通知书》，该局仍未撤销案件。

　　×××检察院报请本院处理，经审查，本院认为，×××的行为不符合立案条件，×××公安局说明的立案理由不成立，×××检察院向×××公安局发出的《撤销案件通知书》及《纠正违法通知书》事实清楚，适用法律正确。现请你局督促×××公安局及时予以纠正。

××××年×月×日

（院印）

附件：1.《公安机关立案理由说明书》
　　　2.《纠正违法通知书》

制作说明

一、本文书根据《人民检察院刑事诉讼规则》第五百六十四条的规定制作。为上一级人民检察院收到下一级人民检察院报送的《提请协商报告书》后,经审查认为公安机关立案理由不成立,协商同级公安机关撤销案件时使用。

二、本文书需附《公安机关立案理由说明书》和《纠正违法通知书》一并送达同级公安机关。

三、本文书应在制作《商请案件审查报告》后使用。

四、本文书加盖人民检察院印章。

183. 立案监督案件催办函

×××人民检察院

立案监督案件催办函

（副　本）

×××检××催函［×××××］×××号

×××公安局：

根据《人民检察院刑事诉讼规则》第五百六十四条、《最高人民检察院、公安部关于刑事立案监督有关问题的规定（试行）》第十一条的规定，请将×××案的侦查进展情况函告我院，并及时侦查终结。

××××年×月×日

（院印）

第一联　附卷

×××人民检察院

立案监督案件催办函

（正　本）

×××检××催函［×××××］×××号

×××公安局：

根据《人民检察院刑事诉讼规则》第五百六十四条、《最高人民检察院、公安部关于刑事立案监督有关问题的规定（试行）》第十一条的规定，请将×××案的侦查进展情况函告我院，并及时侦查终结。

××××年×月×日

（院印）

第二联　送达公安机关

制作说明

一、本文书依据《人民检察院刑事诉讼规则》第五百六十四条、《最高人民检察院、公安部关于刑事立案监督有关问题的规定（试行）》第十一条的规定制作。为人民检察院监督立案，侦查机关立案后三个月内仍未侦查终结的，要求公安机关及时向人民检察院反馈侦查工作进展情况时使用。

二、本文书共两联，第一联附卷，第二联送达公安机关。

三、本文书加盖人民检察院印章。

184. 复议案件审查报告（立案监督复议用）

×××人民检察院
复议案件审查报告

本部（厅）于××××年××月××日收到（控申部门）移送的控告人×××对×××涉嫌×××不立案不服的申请复议材料，于××××年××月××日向本院×××（负责侦查的部门名称）发出了《要求说明不立案理由通知书》，该部（厅）于××××年××月××日回复了《不立案理由说明书》，说明了该案的不立案理由。承办人×××经审查完毕，现报告如下：

一、涉案人的基本情况

涉案人×××，（曾用名×××，绰号×××），（性别）×，××××年××月××日出生，身份证号码×××，（民族）×××，（接受教育程度）×××，户籍所在地×××，住×××。工作单位×××。

二、控告内容

×××

三、负责侦查的部门不立案理由

（写明负责侦查的部门不立案的原因和法律依据。）

四、控告人要求复议的理由

×××

五、审查意见

根据调查收集的证据材料，写明认定的案件事实以及对不立案理由的审查意见。

承办人：×××

××××年××月××日

制作说明

　　本文书依据《人民检察院刑事诉讼规则》第五百六十六条的规定制作。为对本院负责侦查的部门回复的《不立案理由说明书》进行审查时使用。

185. 关于犯罪嫌疑人×××涉嫌×××案通知撤销案件复议的审查报告(撤案监督复议用)

×××人民检察院

关于犯罪嫌疑人×××涉嫌×××案通知撤销案件复议的审查报告

本院于××××年××月××日向×××公安局发出撤销×××案的通知书,该局于××××年××月××日提出复议。承办人×××对相关材料审查完毕,现报告如下:

一、涉案人基本情况

涉案人×××,(曾用名×××,绰号×××),(性别)×,×××× 年××月××日出生,身份证号码×××,(民族)×××,(接受教育程度)×××,户籍所在地×××,住×××。工作单位×××。于××××年××月××日被×××单位采取×××(强制措施)。

二、案件来源及发案、立案情况

×××

三、通知撤销案件的理由

(写明撤案公安机关立案理由不能成立的原因和应当撤销案件的法律依据。)

四、公安机关要求复议的理由和依据

×××

五、经审查认定的案件事实及证据

×××

六、需要说明的问题

×××

七、处理意见

承办人意见：经审查，认为我院发出的撤销案件通知书是正确的。因此，建议维持我院作出的撤销案件通知书。

（承办人意见：经审查，认为我院作出的撤销案件的决定有错误，应予变更。因此，建议撤销作出的原撤销案件通知书。）

承办人：×××

××××年××月××日

制作说明

本文书依据《人民检察院刑事诉讼规则》第五百六十五条第一款的规定制作。为人民检察院对侦查机关认为撤销案件通知有错误的复议申请进行审查时使用。

186. 通知撤销案件复核审查报告（立案监督复核用）

×××人民检察院
通知撤销案件复核审查报告

本院于××××年××月××日收到×××公安局对×××检察院通知撤销×××案提请复核的相关材料。承办人×××对相关材料审查完毕，现报告如下：

一、涉案人基本情况

涉案人×××，（曾用名×××，绰号×××），（性别）×，××××年××月××日出生，身份证号码×××，（民族）×××，（接受教育程度）×××，户籍所在地×××，住×××。工作单位×××。于××××年××月××日被×××单位采取×××（强制措施）。

二、案件来源及发案、立案情况

×××

三、下级人民检察院通知撤销案件的理由以及复议决定维持的理由

×××

四、公安机关提请复核的理由

×××

五、经审查认定的案件事实及证据

×××

六、需要说明的问题

×××

七、处理意见

承办人意见：经审查，认为×××检察院作出的撤销案件通知书以及维持该通知的复议决定书正确。因此建议维持该院的复议决定。

（承办人意见：经审查，认为×××人民检察院作出的撤销案件通知书错误,建议撤销该院作出的复议决定。)

承办人:×××

××××年××月××日

制作说明

  本文书依据《人民检察院刑事诉讼规则》第五百六十五条第二款的规定制作。为上级人民检察院对侦查机关认为撤销案件通知有错误的复核申请进行审查时使用。

187. 核准追诉案件审查报告

×××人民检察院
核准追诉案件审查报告

我院于××××年××月××日收到×××单位报请核准追诉涉嫌×××的犯罪嫌疑人×××的相关材料，承办人×××讯问了犯罪嫌疑人，审阅了相关卷宗材料，现已审查完毕。

一、犯罪嫌疑人基本情况

犯罪嫌疑人×××，（曾用名×××，绰号×××），（性别）×，××××年××月××日出生，身份证号码×××，（民族）×××，文化程度×××，户籍所在地×××，住×××。工作单位×××。于××××年××月××日被×××单位采取×××（强制措施），现羁押于×××。

二、案件诉讼经过

（写明发案、侦查、查获犯罪嫌疑人以及报请核准追诉的有关情况。）

三、案件事实和证据

（一）侦查机关认定的案件事实

×××

（二）审查认定的案件事实和证据

（围绕犯罪事实和犯罪嫌疑人是否构成犯罪、是否超出追诉时效期限和是否有追诉必要，写明犯罪的时间、地点、经过、手段、动机、危害后果以及犯罪嫌疑人实施犯罪后至被查获前的活动、是否重新犯罪等。如各级检察院认定事实不一致，应当分别写明。各级检察院认定事实一致的，可写明：×××院、×××院和本院经审查认定的案件事实一致：……。各级检察机关认定的案件事实与侦查机关一致的，可写明：×××院、×××院和本院经审查认定的案件事实与侦查机关一致。）

认定上述事实的证据材料如下：

……（针对上述案件事实简要列明相关证据材料）。

四、侦查机关（及下级人民检察院）追诉意见及理由

（写明报请核准追诉的侦查机关、下级人民检察院的意见、理由。）

五、需要说明的问题

（一）本案是否超出追诉时效期限。

（二）被害方、案发地群众、基层组织的意见和反映。

（三）其他需要说明的情况（如有关部门对案件组织协调情况，案件的背景情况等）。

六、审查意见

承办人认为：×××（简要写明对犯罪嫌疑人涉嫌的犯罪事实、证据、罪名，法定最高刑是否为无期徒刑或者死刑，是否超出追诉时效期限，是否有追诉必要等的认定情况，提出是否需要核准追诉的意见及法律依据）。

承办人×××
××××年××月××日

制作说明

本文书依据《中华人民共和国刑法》第八十七条第四项（或者1979年《中华人民共和国刑法》第七十六条第四项的规定）和《人民检察院刑事诉讼规则》第三百二十条、第三百二十四条、第三百二十五条的规定制作。为各级人民检察院对报请核准追诉的案件进行审查时使用。

188. 报请核准追诉案件的报告

×××人民检察院
报请核准追诉案件的报告

××检××报核字〔××××〕××号

×××人民检察院：

本院于××××年××月××日收到×××单位报请核准追诉涉嫌××的犯罪嫌疑人×××的相关材料，现已审查完毕，报告如下：

一、犯罪嫌疑人基本情况

犯罪嫌疑人×××，（曾用名×××，绰号×××），（性别）×，×××年××月××日出生，身份证号码×××，（民族）×××，文化程度×××，户籍所在地×××，住×××。工作单位×××。于××××年××月××日被×××单位采取×××（强制措施），现羁押于×××。

二、案件诉讼经过

（写明发案、侦查、查获犯罪嫌疑人以及报请核准追诉的有关情况。）

三、案件事实和证据

（一）侦查机关认定的案件事实

×××

（二）审查认定的案件事实和证据

（围绕犯罪事实和犯罪嫌疑人是否构成犯罪、是否超出追诉时效期限和是否有追诉必要，写明犯罪的时间、地点、经过、手段、动机、危害后果以及犯罪嫌疑人实施犯罪后至被查获前的活动、是否重新犯罪等。如各级检察院认定事实不一致，应当分别写明。各级检察院认定事实一致的，可写明：×××院、×××院和本院经审查认定的案件事实一致：……。各级检察机关认定的案件事实与侦查机关一致的，可写明：×××院、×××院和本院经审查认定的案件事实与侦查机关一致。）

认定上述事实的证据材料如下：

……（针对上述案件事实简要列明相关证据材料）。

四、侦查机关（和下级人民检察院）追诉意见及理由

（写明报请核准追诉的侦查机关、下级人民检察院的意见、理由。）

五、需要说明的问题

（一）本案是否超出追诉时效期限。

（二）被害方、案发地群众、基层组织的意见和反映。

（三）其他需要说明的情况（如有关部门对案件组织协调情况，案件的背景情况等）。

（四）本院检察委员会审议的情况。

（五）关于本案追诉必要性的分析（结合案件情况对本案是否属于"必须追诉"进行分析）。

六、审查意见

本院认为：×××（简要写明对犯罪嫌疑人涉嫌的犯罪事实、证据、罪名，法定最高刑是否为无期徒刑或者死刑，是否超出追诉时效期限，是否有追诉必要等的认定情况，提出是否同意核准追诉的意见及法律依据）。

根据《中华人民共和国刑法》第八十七条第四项的规定（对发生在1997年10月1日之前的犯罪报请核准追诉的，根据1979年《中华人民共和国刑法》第七十六条第四项的规定），特将此案报请你院审查。

×××年×月×日

（院印）

制作说明

一、本文书根据《中华人民共和国刑法》第八十七条第四项的规定（对发生在1997年10月1日之前的犯罪报请核准追诉的，根据1979年《中华人民共和国刑法》第七十六条第四项的规定）和《人民检察院刑事诉讼规则》第三百二十条、第三百二十三条、第三百二十四条的规定制作。省级及以下人民检察院层报最高人民检察院核准追诉案件时使用。

二、本文书除一份正本送达最高人民检察院外，还应当将副本抄送省级人民检察院，本级人民检察院存档。

189. 介入侦查/调查情况表

×××人民检察院
介入侦查/调查情况表

案件名称		受理时间			
嫌疑人基本情况	姓名		性别		年龄	
	工作单位		职务		级别	
	住址					
侦查/调查单位			发案地点		×××	
介入部门			介入时间			
介入人员	×××		介入方式			
批准人						
案件主要情况						
介入工作情况						
侦查/调查机关采纳建议情况						

制作说明

一、本文书依据《人民检察院刑事诉讼规则》第二百五十六条的规定制作。为人民检察院派员介入公安机关侦查的重大、疑难、复杂案件或介入监察机关办理的职务犯罪案件时使用。

二、本文书以案为制作单位，由介入案件侦查的人民检察院制作。

三、文书制作一份，附卷备案审查。

一、刑事检察工作文书

190. 督促回复函（侦查活动监督用）

×××人民检察院

督促回复函

（正　本）

×××检×××督复〔×××××〕×××号

×××公安局：

我院于××××年××月××日以×××号纠正违法通知书要求你局纠正侦查的犯罪嫌疑人×××案中的违法行为，你局至今未予回复。根据《人民检察院刑事诉讼规则》第五百五十三条之规定，请你局在接到本函后七日内将纠正违法的情况函告我院。

××××年×月×日

（院印）

第二联　送达侦查机关

×××人民检察院

督促回复函

（副　本）

×××检×××督复〔×××××〕×××号

×××公安局：

我院于××××年××月××日以×××号纠正违法通知书要求你局纠正侦查的犯罪嫌疑人×××案中的违法行为，你局至今未予回复（视情况写明法律依据），请你局在接到本函后七日内将纠正违法的情况函告我院。根据《人民检察院刑事诉讼规则》第五百五十三条之规定（视情况写明法律依据），请你局在接到本函后七日内将纠正违法的情况函告我院。

××××年×月×日

（院印）

第一联　附卷

制作说明

一、本文书依据《人民检察院刑事诉讼规则》第五百五十三条的规定制作。为被监督单位在纠正违法通知书规定的期限内没有回复纠正情况时使用。

二、本文书共二联,第一联附卷,第二联送达侦查机关。

191. 纠正违法事项的审查报告（本院复查）

×××人民检察院
纠正违法事项的审查报告

本院于××××年××月××日向×××公安局在侦查犯罪嫌疑人×××案中的违法情形提出纠正意见，该局于××××年××月××日向本院提出复查意见。承办人进行了审查，核实了有关材料，现已审查完毕。

一、违法行为及认定理由

（写明侦查机关侦查活动违法的事实和认定的法律依据）

二、侦查机关要求复查的理由

×××

三、处理意见

×××

承办人：×××

××××年××月××日

制作说明

本文书依据《人民检察院刑事诉讼规则》第五百五十四条的规定制作。为被监督单位对人民检察院纠正违法意见不服的，人民检察院复查时使用。

192. 纠正违法事项复查报告（向上级院报告）

×××人民检察院
纠正违法事项复查报告

××检××纠违复〔××××〕××号

×××人民检察院：

本院于××××年××月××日向×××公安局在侦查犯罪嫌疑人×××案中的违法情形提出纠正意见，该局于××××年××月××日向本院提出复查意见。现将复查情况报告如下：

一、违法行为及认定理由

（写明侦查机关侦查活动违法的事实和认定的法律依据）

二、侦查机关要求复查的理由

×××

三、复查结论

×××

××××年×月×日

（院印）

制作说明

一、本文书依据《人民检察院刑事诉讼规则》第五百五十四条的规定制作。为被监督单位对人民检察院纠正违法意见申请复查时，人民检察院复查后认为纠正意见正确，向上一级人民检察院报告时使用。

二、本文书应当向上一级人民检察院报送。

三、本文书加盖院章。

193. 纠正违法事项的审查报告（上级院复查）

×××人民检察院

纠正违法事项的审查报告

我院于××××年××月××日收到×××检察院报送纠正违法复查报告及有关材料，承办人×××进行了审查，核实了有关材料，现已审查完毕。

一、违法行为及认定理由

（写明侦查机关侦查活动违法的事实和认定的法律依据。）

二、侦查机关要求复查的理由

×××

三、下级院复查情况

×××

四、处理意见

×××

承办人：×××
××××年××月××日

制作说明

本文书依据《人民检察院刑事诉讼规则》第五百五十四条的规定制作。为被监督单位提出对人民检察院纠正违法意见不服的复查时，上级人民检察院对下级人民检察院报送的《纠正违法事项复查报告》进行审查时使用。

194. 提供指定居所监视居住案件材料通知书

×××人民检察院
提供指定居所监视居住案件材料通知书

××检××提指居通字〔××××〕××号

×××公安局：

　　你局于××××年××月××日批准×××公安局对涉嫌×××的犯罪嫌疑人×××指定居所监视居住。为维护犯罪嫌疑人的合法权益，根据《中华人民共和国刑事诉讼法》第七十五条之规定，请你局于××××年××月××日之前向我院提供指定居所监视居住决定书和相关案件材料。

××××年×月×日
（院印）

制作说明

　　一、本文书依据《中华人民共和国刑事诉讼法》第七十五条、《人民检察院刑事诉讼规则》第一百一十九条的规定制作。为人民检察院要求公安机关提供指定居所监视居住决定书和相关案卷材料时使用。

　　二、本文书送达对象为批准指定居所监视居住的公安机关。

　　三、本文书加盖院章。

195. 适用监视居住建议书

×××人民检察院
适用监视居住建议书

×检××监居建〔××××〕××号

×××（侦查机关）：

本院于××××年××月××日收到你局以×××号文书提请批准逮捕×××案的文书及案卷材料，经审查认为，犯罪嫌疑人×××符合《中华人民共和国刑事诉讼法》第七十四条第一款的规定，无需逮捕，现建议你局对犯罪嫌疑人×××采取监视居住强制措施。

××××年××月××日

（院印）

制作说明

一、本文书依据《中华人民共和国刑事诉讼法》第七十四条、《人民检察院刑事诉讼规则》第一百零七条的规定制作。为人民检察院建议侦查机关采取监视居住强制措施时使用。

二、本文书发送提请逮捕的侦查机关。

三、本文书加盖人民检察院印章。

196. 没收违法所得申请的审查报告

×××人民检察院

没收违法所得申请的审查报告

犯罪嫌疑人：×××

案件性质：×××

收案时间：×××

侦查机关：×××

侦查机关承办人：×××

案件编号：×××号

（侦查机关）以（没收违法所得意见书文号）没收违法所得意见书移送我院审查没收违法所得的犯罪嫌疑人×××涉嫌×××一案，我院于×××收到案件材料后，审阅了全部案件材料，核实了案件事实与证据，现本案已审查完毕，报告如下：

一、犯罪嫌疑人的基本情况

犯罪嫌疑人（犯罪嫌疑人姓名），（曾用名×××，与案情有关的别名×××，化名×××，绰号×××），（性别），（出生日期）出生，（证件种类）号码（证件号码），（民族），（文化程度），（职业）（工作单位+职务），户籍所在地，住（住所地详细地址）。前科情况。

因该犯罪嫌疑人逃匿，（侦查机关）于（通缉日期）对其通缉，现仍不能到案。

该犯罪嫌疑人已于（死亡日期）死亡。

二、移送机关认定的犯罪事实与意见

三、审查后认定的事实、违法所得情况及证据

（一）审查认定的证据

（二）审查认定的事实

1. 犯罪事实

2. 违法所得及其他涉案财物的种类、数量、所在地及查封、扣押、冻结情况

四、需要说明的情况

五、承办人意见

对证据进行综合分析，并论述犯罪嫌疑人符合刑事诉讼法第二百九十八条规定的情形。

综上，犯罪嫌疑人×××的行为触犯《中华人民共和国刑法》第×××条之规定，涉嫌×××罪，……（阐明是否应当提出没收违法所得的理由）。依据刑法规定应当/不应当追缴其违法所得及其他涉案财产，根据刑事诉讼法第二百九十八条规定，应依法（不）提出没收违法所得的申请。

承办人：×××，×××

××××年×月×日

制作说明

一、本文书依据《中华人民共和国刑事诉讼法》第二百九十八条、《人民检察院刑事诉讼规则》第五百二十三条的规定制作。为设区的市人民检察院办案部门对犯罪嫌疑人、被告人逃匿、死亡案件提出没收违法所得意见时使用。

二、本文书为报告式文书，分为首部，犯罪嫌疑人的基本情况，移送机关认定的犯罪事实与意见，审查后认定的事实、违法所得情况及证据，需要说明的情况，承办人意见，尾部共计七个部分。

1. 首部。需写明犯罪嫌疑人姓名、案件性质、收案时间、侦查机关、侦查机关承办人、案件编号等情况。

2. 犯罪嫌疑人的基本情况。犯罪嫌疑人的基本情况包括：姓名，性别，民族，出生年月日，证件号码，出生地，文化程度，职业或者工作单位和职务，住所地，前科情况，侦查机关及被通缉日期（或死亡日期）。

3. 移送机关认定的犯罪事实与意见。应阐明移送机关对没收犯罪嫌疑人违法所得的事实及是否符合应予以没收违法所得的处理意见。

4. 审查后认定的事实、违法所得情况及证据。应阐明审查认定的证据、审查认定的事实（包括犯罪事实、违法所得及其他涉案财物的种类、数量、所在地及查封、扣押、冻结情况）。

5. 需要说明的情况。写明不宜在前几项中表述，但可能影响案件处理的已客观存在的具体情况。

6. 承办人意见。应阐明承办人对事实、证据、诉讼程序和风险评估等方面的审查意见，并根据案件具体情况提出处理意见。承办人之间意见不一致，有两种以上意见时，应说明不同之处，并详细阐述理由。

7. 尾部。写明承办人姓名，制作文书年、月、日。

三、本文书以案为制作单位，由办理案件的人民检察院制作。

四、文书制作一份，附卷备案审查。

197. 没收违法所得监督案件的审查报告

×××人民检察院
没收违法所得监督案件的审查报告

本院在工作中发现×××侦查机关没有对×××案启动没收违法所得程序，并于××××年××月××日向该局发出《要求说明不启动违法所得没收程序理由通知书》，该局于××××年××月××日向本院回复了《不启动理由说明书》，说明了该案不予启动的理由。承办人现已审查完毕，报告如下：

一、犯罪嫌疑人的基本情况

犯罪嫌疑人（犯罪嫌疑人姓名），（曾用名×××，与案情有关的别名×××，化名×××，绰号×××），（性别），（出生日期）出生，（证件种类）号码（证件号码），（民族），（文化程度），（职业）（工作单位＋职务），户籍所在地，住（住所地详细地址）。前科情况。

因该犯罪嫌疑人逃匿，×××侦查机关于××××年××月××日对其通缉，现仍不能到案。

（该犯罪嫌疑人已于××××年××月××日死亡。）

二、经审查认定的违法所得情况及证据

（一）经审查认定的违法所得情况

（二）本案证据情况

三、侦查机关不启动的情况

四、需要说明的问题

五、处理意见

对证据综合分析，并论述犯罪嫌疑人涉嫌刑事诉讼法第二百八十条规定的罪名；并系在逃（经通缉一年未到案）或已死亡；违法所得应当依法追缴。

综上，承办人认为，犯罪嫌疑人×××的行为触犯《中华人民共和国刑法》第×××条之规定，涉嫌×××罪，依照刑法规定应当追缴其违法所得及其他涉案财产，根据《人民检察院刑事诉讼规则》第五百二十四条的规定，×××侦查机关说明的不启动违法所得没收程序理由不成立，应当通知该局启动违法所得没收程序。（或该局说明的不启动违法所得没收程序理由成立）。

承办人：×××

××××年×月×日

制作说明

一、本文书依据《中华人民共和国刑事诉讼法》第二百九十八条、《人民检察院刑事诉讼规则》第五百二十四条的规定制作。为人民检察院发现公安机关不启动违法所得没收程序理由不成立时使用。

二、本文书为报告式文书，分为首部、犯罪嫌疑人的基本情况、经审查认定的违法所得情况及证据、侦查机关不启动的情况、需要说明的问题、处理意见、尾部七个部分。

1. 首部。需写明发现监督线索情况（侦查机关名称、发现时间）、开展监督情况（制发《要求说明不启动违法所得没收程序理由通知书》时间及收到《不启动理由说明书》时间）等情况。

2. 犯罪嫌疑人的基本情况。犯罪嫌疑人的基本情况包括：姓名，性别，民族，出生年月日，证件号码，出生地，文化程度，职业或者工作单位和职务，住所地，前科情况，侦查机关及被通缉日期（或死亡日期）。

3. 经审查认定的违法所得情况及证据。应阐明经审查认定的违法所得情况、认定违法所得的证据情况。

4. 侦查机关不启动的情况。应阐明侦查机关认定违法所得的证据及不启动违法所得没收程序的原因。

5. 需要说明的问题。写明不宜在前几项中表述，但可能影响案件处理的已客观存在的具体情况。

6. 处理意见。应阐明对证据综合分析、论述犯罪嫌疑人涉嫌刑事诉讼法第二百八十条规定的罪名、系在逃（经通缉一年未到案）或已死亡、违法所得应当依法追缴等情况。

7. 尾部。写明承办人姓名，制作文书年、月、日。

三、本文书以案为制作单位，由办理案件的人民检察院制作。

四、文书制作一份，附卷备案审查。

198. 没收违法所得申请发回重审案件审查报告

×××人民检察院

没收违法所得申请发回重审案件审查报告

犯罪嫌疑人：×××
案件性质：×××
收案时间：×××
侦查机关：×××
侦查机关承办人：×××
案件编号：×号

本案系（发回重审法院）以（发回重审裁定书文号）裁定书裁定发回重审的犯罪嫌疑人×××涉嫌×××没收违法所得一案，（同级人民法院）于××××年××月××日通知我院阅卷，承办人审查了卷宗材料，复核了相关证据，现已审查完毕，汇报如下：

一、犯罪嫌疑人的基本情况

犯罪嫌疑人（犯罪嫌疑人姓名），（曾用名×××，与案情有关的别名×××、化名×××、绰号×××），（性别），（出生日期）出生，（证件种类）号码（证件号码），（民族），（文化程度），（职业）（工作单位＋职务），户籍所在地，住（住所地详细地址）。前科情况。

因该犯罪嫌疑人逃匿，（侦查机关）于（通缉日期）对其通缉，现仍不能到案。

该犯罪嫌疑人已于（死亡日期）死亡。

二、移送机关认定的犯罪事实与意见

三、审查后认定的事实、违法所得情况及证据

（一）审查认定的证据

（二）审查认定的事实

1. 犯罪事实

2. 违法所得及其他涉案财物的种类、数量、所在地及查封、扣押、冻结情况

四、需要说明的情况

五、承办人意见

对证据综合分析，论证犯罪嫌疑人具备刑事诉讼法第二百九十八条规定的可以没收违法所得的条件。

综上，犯罪嫌疑人×××的行为触犯《中华人民共和国刑法》第×××条之规定，涉嫌×××罪，……（阐明是否应当提出没收违法所得的理由）。依据刑法规定应当/不应当追缴其违法所得及其他涉案财产，根据刑事诉讼法第二百九十八条规定，应依法（不）提出没收违法所得的申请。

承办人：×××、×××

××××年×月×日

制作说明

一、本文书依据《中华人民共和国刑事诉讼法》第二百九十八条、第三百条,《人民检察院刑事诉讼规则》第五百三十一条的规定制作。为人民检察院办理发回重审的没收违法所得案件时使用。

二、本文书为报告式文书,分为首部,犯罪嫌疑人的基本情况,移送机关认定的犯罪事实与意见,审查后认定的事实、违法所得情况及证据,需要说明的情况,承办人意见,尾部共计七个部分。

1. 首部。需写明犯罪嫌疑人姓名、案件性质、收案时间、侦查机关、侦查机关承办人、案件编号等情况。

2. 犯罪嫌疑人的基本情况。犯罪嫌疑人的基本情况包括:姓名,性别,民族,出生年月日,证件号码,出生地,文化程度,职业或者工作单位和职务,住所地,前科情况,侦查机关及被通缉日期(或死亡日期)。

3. 移送机关认定的犯罪事实与意见。应阐明移送机关对没收犯罪嫌疑人违法所得的事实及是否符合应予以没收违法所得的处理意见。

4. 审查后认定的事实、违法所得情况及证据。应阐明审查认定的证据、审查认定的事实(包括犯罪事实、违法所得及其他涉案财物的种类、数量、所在地及查封、扣押、冻结情况)。

5. 需要说明的情况。写明不宜在前几项中表述,但可能影响案件处理的已客观存在的具体情况。

6. 承办人意见。应阐明承办人对事实、证据、诉讼程序和风险评估等方面的审查意见,并根据案件具体情况提出处理意见。承办人之间意见不一致,有两种以上意见时,应说明不同之处,并详细阐述理由。

7. 尾部。写明承办人姓名,制作文书年、月、日。

三、本文书以案为制作单位,由办理案件的人民检察院制作。

四、文书制作一份,附卷备案审查。

199. 报送（移送）没收违法所得申请案件意见书

×××人民检察院
报送（移送）没收违法所得申请案件意见书

×检 没违报（移）诉〔　　〕　　号

×××人民检察院：

本院在审查（侦查机关）移送审查起诉的犯罪嫌疑人（案件名称）一案时，因犯罪嫌疑人×××死亡/逃匿，经本院审查：

一、犯罪嫌疑人基本情况

犯罪嫌疑人（姓名），（曾用名×××，与案情有关的别名×××，化名×××，绰号×××），（性别），（出生日期）出生，（证件种类）号码（证件号码），（民族），（文化程度），（职业）（工作单位＋职务），户籍所在地，住（住所地详细地址）。因涉嫌（移送案由＋移送其他案由）罪，经（批准/决定机关）批准/决定，于（执行日期）被（执行机关）执行（强制措施名称）……（一人有多个强制措施的，按强制措施序号以上述格式添加）。

二、本院审查认定的犯罪事实及证据

（一）犯罪事实

……

（二）违法所得情况

……

（三）犯罪嫌疑人/被告人逃匿死亡情况

……

三、改变管辖的理由

根据《中华人民共和国刑事诉讼法》第二百九十八条、第二百九十九条之规定,现将案件报送(或者移送)你院,请予审查。

年 月 日
(院印)

制作说明

一、本文书依据《中华人民共和国刑事诉讼法》第二百九十八条、第二百九十九条、《人民检察院刑事诉讼规则》第五百一十九条、第五百二十七条的规定制作。为人民检察院办理公安机关、监察机关移送案件或者直接受理侦查的案件中发现符合应当没收犯罪嫌疑人(被告人)违法所得时使用。

二、本文书为意见类文书,其内容分为首部、犯罪嫌疑人基本情况、本院审查认定的犯罪事实及证据、改变管辖的理由、尾部五个部分。

1. 首部。应写明报送或移送的人民检察院、案件名称及犯罪嫌疑人死亡或逃匿情况。

2. 犯罪嫌疑人基本情况。犯罪嫌疑人基本情况包括:犯罪嫌疑人姓名,性别,出生日期,身份证号码,民族,文化程度,职业,户籍所在地,住所地,涉嫌罪名及被采取强制措施情况。

3. 本院审查认定的犯罪事实及证据。本院审查认定的犯罪事实及证据需写明涉嫌的犯罪事实、违法所得情况、犯罪嫌疑人(被告人)逃匿死亡情况。

4. 改变管辖的理由。需写明案件报送或移送有关检察院管辖的理由和依据。

5. 尾部。即制作本文书的年、月、日,并在日期上加盖人民检察院院印。

三、本文书以案为制作单位,由报送或移送案件的人民检察院制作。

四、本文书一式两份,一份附卷,一份送达受移送人民检察院。

200. 交办没收违法所得案件通知书

×××人民检察院

交办没收违法所得案件通知书

检　没违交诉〔　〕　号

×××人民检察院：

　　本院在办理（侦查机关）移送审查起诉的×××一案中，因犯罪嫌疑人/被告人×××死亡（逃匿被通缉一年以上仍不能到案），依照刑法规定应当追缴其违法所得及其他涉案财产。根据《中华人民共和国刑事诉讼法》第二百九十八条、第二百九十九条之规定，现将案件交由你院审查办理。

××××年×月×日
（院印）

制作说明

　　一、本文书依据《中华人民共和国刑事诉讼法》第二百九十八条、第二百九十九条、《人民检察院刑事诉讼规则》第五百一十二条、第五百一十三条的规定制作。为上级人民检察院向下级人民检察院交办追缴犯罪嫌疑人或被告人违法所得及其他涉案财产案件时使用。

　　二、本文书系叙述性文书，需写明受交办的具体人民检察院、案件名称、犯罪嫌疑人（被告人）姓名、制发日期，并加盖交办人民检察院印章。

　　三、本文书以案为制作单位，由交办案件的人民检察院制作。

　　四、本文书一式两份，一份附卷，一份送达受交办人民检察院。

201. 出庭意见书（没收违法所得/强制医疗）

×××人民检察院

出庭意见书

审判长、审判员：

根据《人民检察院刑事诉讼规则》第五百二十九条（第五百四十四条）的规定，我（们）受×××人民检察院指派，代表本院，出席本法庭，依法履行职务。现对本案发表如下意见，请法庭注意。

检察员：×××

××××年××月××日当庭发表

制作说明

一、本文书依据《人民检察院刑事诉讼规则》第五百二十九条、第五百四十四条的规定制作。为人民检察院检察员出席人民法院开庭审理没收违法所得和强制医疗案件发表出庭意见时使用。

二、本文书需写明检察机关具体名称、对没收违法所得或强制医疗案件的具体意见等内容。

三、本文书以案为制作单位，由办理案件的人民检察院制作。

四、本文书共计一联，可按需要复制。

202. 对法院没收违法所得裁定审查表（一审）

×××人民检察院
对法院没收违法所得裁定审查表
（一审）

没收违法所得申请文号：

没收违法所得申请日期：

法院开庭审理日期：

法院裁定日期：

法院裁定文号：

收到裁定日期：

犯罪嫌疑人/被告人姓名	申请事项	裁定结果	有无错误
承办人意见：			

制作说明

一、本文书依据《中华人民共和国刑事诉讼法》第三百条、《人民检察院刑事诉讼规则》第五百一十八条的规定制作。为人民检察院在违法所得没收程序中对审判活动监督时使用。

二、本文书一式一份，附卷。

203. 对法院没收违法所得裁定审查表（二审）

×××人民检察院
对法院没收违法所得裁定审查表
（二审）

原提出没收违法所得申请机关：

原没收违法所得裁定文号：

本审开庭审理日期：

法院裁定日期：

法院裁定文号：

收到裁定日期：

犯罪嫌疑人/被告人姓名	申请事项	一审裁定结果	二审裁定结果	有无错误
承办人意见：				

制作说明

一、本文书依据《中华人民共和国刑事诉讼法》第三百条、《人民检察院刑事诉讼规则》第五百三十一条的规定制作。为人民检察院审查人民法院没收财产程序案件二审判决结果时使用。

二、本文书以案为制作单位,由办理案件的人民检察院制作。

三、文书制作一份,附卷备案审查。

204. 强制医疗案件审查报告

×××人民检察院
强制医疗案件审查报告

涉案精神病人：×××

法定代理人：×××

案件性质：×××

案件来源：×××

收案时间：××××年××月××日

案件编号：×××

　　本案由×××以涉案精神病人×××符合强制医疗条件，于××××年××月××日向本院提出强制医疗意见。本院受理后，依法审查了全部案件材料。承办人认为……（审查结论）。现报告如下：

　　一、涉案精神病人的基本情况

　　×××（姓名），×（性别），××××年××月××日出生，身份证号码×××，×××（民族），×××文化程度，×××（职业），住×××。采取临时保护性措施的情况及处所。

　　涉案精神病人的法定代理人的基本情况×××（姓名）、住址、联系方式。

　　二、实施危害公共安全或严重危害公民人身安全的暴力行为事实

　　（一）基本事实

　　（二）证据情况

　　三、涉案精神病人是否应负刑事责任的依据

　　有关鉴定意见及其他证据材料

四、承办人意见

（一）有无继续危害社会的可能

（二）是否提出强制医疗申请的理由和法律依据

妥否，请批示。

承办人：×××

年　月　日

制作说明

一、本文书依据《中华人民共和国刑事诉讼法》第三百零三条、《人民检察院刑事诉讼规则》第五百三十七条、第五百三十八条、第五百三十九条的规定制作。为人民检察院在审查公安机关移送的强制医疗案件时使用。

二、本文书为报告式文书，分为首部、涉案精神病人的基本情况、实施危害公共安全或严重危害公民人身安全的暴力行为事实、涉案精神病人是否应负刑事责任的依据、承办人意见、尾部六个部分。

1. 首部。需写明涉案精神病人姓名、法定代理人姓名、案件性质、案件来源、收案时间、案件编号、移送机关、移送审查时间、承办人结论概述等内容。

2. 涉案精神病人的基本情况。涉案精神病人的基本情况包括：姓名，性别，民族，出生年月日，证件号码，出生地，文化程度，职业或者工作单位和职务，住所地，采取临时保护性措施的情况及处所，涉案精神病人的法定代理人的姓名、住址、联系方式。

3. 实施危害公共安全或严重危害公民人身安全的暴力行为事实。应阐明涉案精神病人实施危害公共安全或严重危害公民人身安全的暴力行为的基本事实、证据情况。

4. 涉案精神病人是否应负刑事责任的依据。应详细阐明涉案精神病人是否应负刑事责任的依据，如有关鉴定意见及其他证据材料等。

5. 承办人意见。应阐明涉案精神病人有无继续危害社会的可能、是否需要提请强制医疗申请的理由和法律依据。

6. 尾部。写明承办人姓名，制作文书年、月、日。

三、本文书以案为制作单位，由办理案件的人民检察院制作。

四、文书制作一份，附卷备案审查。

205. 强制医疗监督案件审查报告

×××人民检察院
强制医疗监督案件审查报告

本院于（要求说明不启动理由日期）向（侦查机关）发出《要求说明不启动强制医疗程序理由通知书》，（侦查机关）于（侦查机关回复日期）向本院回复了《不启动理由说明书》，说明了该案不予启动的理由。承办人经审查完毕，现报告如下：

一、涉案精神病人的基本情况

涉案精神病人（涉案精神病人姓名），（性别），（出生日期），（证件种类）号码（证件号码），（民族），（受教育程度），（职业），（工作单位+职务），住（住所地详细地址）。采取临时保护性措施的情况及处所。

涉案精神病人的法定代理人（法定代理人姓名），基本情况及联系方式。

二、经审查认定的危害公共安全或严重危害公民人身安全的暴力行为事实及证据

（一）基本事实

（二）证据情况

三、涉案精神病人是否应负刑事责任的依据

有关鉴定意见及其他证据材料

四、侦查机关不启动的情况及理由

五、需要说明的问题

六、处理意见

综上，承办人认为，根据《人民检察院刑事诉讼规则》第五百四十条的规定，公安机关说明不启动强制医疗程序理由不成立，应当通知公安机

关启动强制医疗程序（或公安机关说明不启动强制医疗程序理由成立）。

承办人：×××
××××年×月×日

制作说明

一、本文书依据《中华人民共和国刑事诉讼法》第三百零三条、《人民检察院刑事诉讼规则》第五百四十条的规定制作。为人民检察院发现公安机关不启动强制医疗程序的理由不成立时使用。

二、本文书为报告式文书，分为首部、涉案精神病人的基本情况、经审查认定的危害公共安全或严重危害公民人身安全的暴力行为事实及证据、涉案精神病人是否应负刑事责任的依据、侦查机关不启动的情况及理由、需要说明的问题、处理意见、尾部八个部分。

1. 首部。需写明要求说明不启动理由日期、承担案件侦查的机关、侦查机关回复不启动理由的日期等。

2. 涉案精神病人的基本情况。涉案精神病人的基本情况包括：姓名，性别，民族，出生年月日，证件号码，文化程度，出生地，职业或者工作单位和职务，采取临时保护性措施的情况及处所，涉案精神病人的法定代理人姓名，基本情况及联系方式。

3. 经审查认定的危害公共安全或严重危害公民人身安全的暴力行为事实及证据。应详细阐明涉案精神病人经审查认定的危害公共安全或严重危害公民人身安全的暴力行为事实及证据情况。

4. 涉案精神病人是否应负刑事责任的依据。应阐明涉案精神病人是否应负刑事责任的依据、有关鉴定意见及其他证据材料。

5. 侦查机关不启动的情况及理由。应阐明侦查机关不启动对涉案精神病人启动强制医疗程序的原因及理由。

6. 需要说明的问题。写明不宜在前几项中表述，但可能影响案件处理的已客观存在的具体情况。

7. 处理意见。应阐明对证据综合分析、论述涉案精神病人是否符合强制医疗条件及是否应当通知公安机关启动强制医疗程序或认为公安机关说明不启动强制医疗程序理由成立。

8. 尾部。写明承办人姓名，制作文书年、月、日。

三、本文书以案为制作单位，由办理案件的人民检察院制作。

四、文书制作一份，附卷备案审查。

刑事检察工作文书格式样本

206. 刑事申诉审查结果通知书

×××人民检察院

刑事申诉审查结果通知书

××检刑申审通〔××××〕××号

　　申诉人……（写明姓名、性别、年龄、民族、文化程度、工作单位及职务、住址）

　　申诉人×××不服×××人民检察院（人民法院）以×××罪对×××作出的×××（不批捕、不起诉等决定或者刑事判决、裁定），提出申诉。经×××人民检察院复查，维持（或者纠正不批捕、不起诉等决定，或者不予抗诉等），（如经几级人民检察院复查应写明复查经过及结论）。申诉人仍不服，以……（写明申诉理由）为由，向本院提出申诉。

　　经审查，……。

　　本院审查认为，×××人民检察院（人民法院）的×××（不批捕、不起诉等决定和/或者刑事判决、裁定），事实清楚、证据确实充分，处理适当。（针对申诉理由分别予以说明），申诉人×××的申诉理由不能成立，不符合立案复查条件。

××××年××月××日
（部门印）

制作说明

一、本文书依据《中华人民共和国刑事诉讼法》第一百八十条、第一百八十一条、第二百五十二条,《人民检察院刑事诉讼规则》第三百七十七条、第三百八十一条第一款、第三百八十二条、第三百八十五条、第四百七十二条、第四百七十八条、第五百九十三条,《人民检察院复查刑事申诉案件规定》第六条第(一)、(二)、(五)项的规定[①]制作。为人民检察院在人民法院开庭审理案件过程中发现审判活动违法,以及人民法院作出的判决、裁定认定事实不正确、适用法律错误时使用。

二、本文书系叙述性文书,其内容可以分为首部、申诉人基本情况、申诉理由和依据、复查认定的事实及复查结论和依据、尾部共五个部分组成。

1. 首部。包括制作文书的人民检察院名称;文书名称,即"刑事申诉审查结果通知书";文号,即"××检刑申审通〔××××〕××号",叉号地方依次填写制作文书的人民检察院简称、年度、文书编号。

2. 申诉人基本情况,包括姓名、性别、年龄、民族、文化程度、工作单位及职务、住址。

3. 申诉理由和依据。概括性叙述申诉人提出的申诉理由,同时表述申诉人提出的具体要求及法律规定。

4. 复查认定的事实及复查结论和依据。复查认定的事实和结论可简要写明,但应详细说明法律依据。

5. 尾部。即制作本文书的年、月、日,并在年、月、日上加盖审查部门章。

三、制作该文书的系收到申诉申请的人民检察院。

四、本文书一式二份,一份送达申诉人,一份附卷。

[①] 现为《人民检察院办理刑事申诉案件规定》第八条第一款第(一)、(二)、(五)项。

207. 宣布笔录

×××人民检察院

宣布笔录

宣 布 人：_____ 记 录 人：_____

宣布时间：_____

宣布地点：_____

申 诉 人：_____ 案　　由：_____

参加人员：_____

宣布内容及申诉人陈述记录如下：

_____

_____

制作说明

　　一、本文书依据《人民检察院复查刑事申诉案件规定》第四十四条第三款①规定制作，为人民检察院作出复查决定后，公开宣布决定内容时使用。

　　二、本文书系作出复查决定的人民检察院制作。

　　三、内容为宣布复查决定、理由、法律依据。并听取申诉人陈述，将其陈述内容记录在案。

　　四、宣布决定时，需由两名检察工作人员进行。宣布结束后向申诉人宣读笔录内容，并由申诉人签字按手印、检察工作人员签字。

---

① 《人民检察院办理刑事申诉案件规定》删去此规定。

208. 委托送达通知

×××人民检察院

委托送达通知

×××人民检察院第×检察部：

　　×××因不服×××刑事申诉一案，本院已复查完毕，现将法律文书送达你院，同时委托你院向当事人宣布，并将法律文书送达当事人及有关部门，做好息诉工作。宣布笔录和送达回证请及时回送我院。

　　　　　　　　　　　　×××人民检察院第×检察厅（部）
　　　　　　　　　　　　××××年××月××日
　　　　　　　　　　　　　　　（部门印）

附件：1. 法律文书×份
　　　2. 案卷×册

制作说明

一、本文书依据《人民检察院复查刑事申诉案件规定》第四十四条第二款①规定制作，为上级人民检察院第×检察厅（部）作出复查决定后，委托下级人民检察院第×检察部向申诉人公开宣布决定内容时使用。

二、本文书系作出复查决定的人民检察院制作。

三、内容为被委托人民检察院名称、宣布复查决定原因、案由、决定内容、委托宣布的要求、复查决定的法律依据。并听取申诉人陈述，将其陈述内容记录在案。

四、宣布结束后向申诉人宣读笔录内容，并由申诉人签字按手印、检察工作人员签字。被委托单位及时将宣布笔录送达回证回送委托人民检察院。

---

① 《人民检察院办理刑事申诉案件规定》删去此规定。

209. 商请指定管辖函（侦查机关、部门商请）

最高人民检察院

商请指定管辖函

（侦查机关、部门商请指定管辖案件商请函模板）

×× 检商指〔××××〕×× 号

最高人民法院：

犯罪嫌疑人×××涉嫌×××案，公安部（其他侦查机关或部门）商请我院指定管辖。本案经公安部（其他侦查机关或部门）逐级指定×××省（自治区、直辖市）×××公安局（其他侦查机关或部门）立案侦查，且已侦查终结（即将侦查终结）。鉴于本案犯罪地和犯罪嫌疑人居住地均不在×××省（自治区、直辖市），为保证诉讼顺利进行，我院拟指定×××省（自治区、直辖市）×××人民检察院审查起诉［尚未确定管辖院的，表述为：我院拟指定×××省（自治区、直辖市）检察机关审查起诉］。根据《中华人民共和国刑事诉讼法》第二十七条之规定，现商请你院指定×××省（自治区、直辖市）×××市人民法院审理［尚未确定管辖院的，表述为：现商请你院指定×××省（自治区、直辖市）相关法院审理］。

联系人：×××，联系电话：×××

××××年×月×日

（院印）

附件：1. 公安机关逐级指定管辖文书
2. ×××省×××公安局立案决定书
3. 起诉意见书

（附件可视情调整）

制作说明

一、本文书依据《中华人民共和国刑事诉讼法》第二十七条、《人民检察院刑事诉讼规则》第二十二条的规定制作。为最高人民检察院对于因侦查机关、部门商请改变管辖的案件，最高人民检察院因此商请最高人民法院指定对应人民法院管辖时使用。

二、本文书需写明犯罪嫌疑人姓名、案由、具体侦查机关或部门、犯罪地和犯罪嫌疑人居住地不在被指定管辖的人民检察院省市内、拟指定管辖的具体人民检察院、需商请指定的对应的人民法院。可参考《中华人民共和国刑事诉讼法》第二十七条或《人民检察院刑事诉讼规则》第二十二条。

三、本文书以案为制作单位，且由最高人民检察院制作。

四、本文书共计一联，可按需要复制。

210. 关于××案指定管辖的通知(侦查机关、部门商请)

最高人民检察院
关于×××涉嫌×××案指定管辖的通知

(侦查机关、部门商请指定管辖案件通知模板)

×检××指辖批〔××××〕××号

×××省(自治区、直辖市)人民检察院:

×××(侦查机关)商请本院指定管辖×××涉嫌×××案。经研究并商最高人民法院同意,现通知如下:

根据《中华人民共和国刑事诉讼法》第二十七条的规定,×××指定该案由你省(自治区、直辖市)×××检察院审查起诉[尚未确定管辖院的,表述为:指定该案由你省(自治区、直辖市)检察机关审查起诉]。

特此通知。

××××年×月×日

(院印)

附件:最高人民法院复函
抄送:×××(侦查机关)

制作说明

一、本文书依据《中华人民共和国刑事诉讼法》第二十七条、《人民检察院刑事诉讼规则》第二十二条的规定制作。为最高人民检察院根据侦查机关（部门）商请案件管辖权时，根据商请情况指定对应的某省市人民检察院管辖，并通知该省市人民检察院时使用。

二、本文书需写明指定管辖的人民检察院、侦查机关、犯罪嫌疑人姓名和案由、具体时间、抄送侦查机关。

三、本文书以案为制作单位，由最高人民检察院制作。

四、本文书共计一联，可按需要复制。

211. 商请指定管辖函（省级院报请）

最高人民检察院
商请指定管辖函

（省级院报请指定管辖案件商请函模板）

××检商指〔××××〕××号

最高人民法院：

　　犯罪嫌疑人×××涉嫌×××案，×××省（自治区、直辖市）人民检察院报请我院指定管辖。本案经公安部（其他侦查机关或部门）逐级指定×××省（自治区、直辖市）×××公安局（其他侦查机关或部门）立案侦查［如系公安机关依据合理理由自行立案侦查，表述为：本案经×××省（自治区、直辖市）×××公安局立案侦查］，且已侦查终结（即将侦查终结）。鉴于本案犯罪地和犯罪嫌疑人居住地均不在×××省（自治区、直辖市），为保证诉讼顺利进行，我院拟指定×××省（自治区、直辖市）×××人民检察院审查起诉［尚未确定管辖院的，表述为：我院拟指定×××省（自治区、直辖市）检察机关审查起诉］。根据《中华人民共和国刑事诉讼法》第二十七条之规定，现商请你院指定×××省（自治区、直辖市）×××市人民法院审理［尚未确定管辖院的，表述为：现商请你院指定×××省（自治区、直辖市）相关法院审理］。

　　联系人：×××，联系电话：×××

××××年×月×日
（院印）

附件：1. 公安机关逐级指定管辖文书
2. ×××省×××公安局立案决定书
3. 起诉意见书
（附件可视情调整）

制作说明

一、本文书依据《中华人民共和国刑事诉讼法》第二十七条、《人民检察院刑事诉讼规则》第二十二条、第三百二十八条第五款的规定制作。为最高人民检察院对需要改变管辖的案件、需要集中管辖的特定类型的案件、其他需要指定管辖的案件指定下级人民检察院管辖，并商请最高人民法院将案件指定相对应的人民法院进行审理时使用。

二、本文书由最高人民检察院制作，根据案件不同情况，应列明犯罪嫌疑人姓名、案由、报请单位名称、具体侦查机关、诉讼进程、指定管辖人民检察院、商请的人民法院名称、指定对应人民法院名称、联系人姓名、电话、制作日期。

三、本文书以案为制作单位。

四、本文书共计一联，可按需要复制数量。

212. 关于××案指定管辖的批复（省级院报请）

最高人民检察院
关于×××涉嫌×××案指定管辖的批复
（省级院报请指定管辖案件批复模板）

×检××指辖批〔××××〕××号

×××省（自治区、直辖市）人民检察院：

你院报请本院指定管辖×××涉嫌×××案的请示收悉，经研究并商最高人民法院同意，现批复如下：

根据《中华人民共和国刑事诉讼法》第二十七条的规定，指定该案由你省（自治区、直辖市）×××检察院审查起诉［尚未确定管辖院的，表述为：指定该案由你省（自治区、直辖市）检察机关审查起诉］。

此复

××××年×月×日

（院印）

附件：最高人民法院复函

制作说明

一、本文书依据《中华人民共和国刑事诉讼法》第二十七条、《人民检察院刑事诉讼规则》第二十二条的规定制作。为最高人民检察院针对省级人民检察院因需要改变管辖的案件、需要集中管辖的特定类型的案件、其他需要指定管辖的案件报请最高人民检察院指定管辖，最高人民检察院同意省级人民检察院报请而指定管辖时使用。

二、本文书需写明案件具体名称（犯罪嫌疑人姓名、案由），指定的具体人民检察院、制作日期。参考《中华人民共和国刑事诉讼法》第二十七条或《人民检察院刑事诉讼规则》第二十二条。

三、本文书以案为单位，由最高人民检察院制作。

四、本文书共计一联，可按需要复印。

213. 商请指定管辖函（监委）

×××人民检察院

商请指定管辖函

（监委）

×× 检 ×× 商指〔20××〕××号

×××人民法院：

  ×××涉嫌×××一案，×××监察委员会商请我院指定管辖。该案经×××监察委员会指定，由×××监察委员会立案调查，现拟调查终结。为保证诉讼顺利进行，我院拟指定×××人民检察院审查起诉。鉴于该案犯罪地和犯罪嫌疑人居住地均不在×××省（市、区），根据《中华人民共和国刑事诉讼法》第二十七条的规定，特商请你院将该案指定×××人民法院审理。

××××年××月××日

（院印）

附件：×××监察委员会关于商请对×××案指定管辖的函

制作说明

  一、本文书依据《中华人民共和国刑事诉讼法》第二十七条、《人民检察院刑事诉讼规则》第三百二十九条的规定制作。为人民检察院商请同级人民法院指定管辖监察委员会调查的案件时使用。

  二、本文书一式二份，第一份人民检察院附卷，第二份送达人民法院。

214. 关于×××案指定管辖的通知（监委）

×××人民检察院

关于×××案指定管辖的通知

××检××指辖通〔××××〕××号

×××人民检察院：

×××监察委员会商请我院指定管辖×××涉嫌×××案。经研究并商×××法院同意，现通知如下：

根据《中华人民共和国刑事诉讼法》第二十七条的规定，指定该案由×××检察院审查起诉。

特此通知

××××年××月××日
（院印）

附件：×××法院复函

抄送：×××监察委员会

制作说明

一、本文书依据《中华人民共和国刑事诉讼法》第二十七条、《人民检察院刑事诉讼规则》第二十二条、第三百二十九条的规定制作。监察委员会对其办理的需要在异地起诉、审判的职务犯罪案件，商请同级检察机关指定管辖的，检察机关经商同级人民法院同意，指定下级人民检察院管辖时使用。

二、填制本文书时需写明发往单位、商请机关、犯罪嫌疑人姓名、案由、商请人民法院名称、指定的人民检察院名称，填写日期后加盖单位印章，抄送商请单位。

三、本文书由作出指定管辖决定的上级人民检察院制作。

四、本文书共计一联，可按需要复制。

215. 商请指定管辖函（自侦）

×××人民检察院
商请指定管辖函
（自侦）

××检××商指〔20××〕××号

×××人民法院：

　　×××涉嫌×××一案，×××人民检察院报请我院指定管辖。该案经×××人民检察院指定，由×××人民检察院立案侦查，现拟侦查终结。为保证诉讼顺利进行，我院拟指定×××人民检察院审查起诉。鉴于该案犯罪地和犯罪嫌疑人居住地均不在×××省（市、区），根据《中华人民共和国刑事诉讼法》第二十七条的规定，特商请你院将该案指定×××人民法院审理。

××××年××月××日

（院印）

附件：×××人民检察院关于报请对×××案指定管辖的函

制作说明

　　一、本文书依据《中华人民共和国刑事诉讼法》第二十七条的规定制作。为人民检察院商请人民法院指定管辖下级人民检察院侦查的案件时使用。

　　二、本文书一式二份，第一份附卷，第二份送达人民法院。

216. 商请指定管辖函（通用）

×××人民检察院
商请指定管辖函

××检商指〔××××〕××号

×××人民法院：

×××检察院办理的犯罪嫌疑人×××案，（说明指定管辖理由）。经审查，我院拟指定×××人民检察院审查起诉。根据《中华人民共和国刑事诉讼法》第二十七条之规定，现商请你院指定×××法院审理。

××××年×月×日

（院印）

制作说明

一、本文书依据《人民检察院刑事诉讼规则》第二十二条的规定制作。为人民检察院向同级人民法院商请审查起诉案件指定管辖时使用。

二、本文书需写明应列明具体案件名称（犯罪嫌疑人姓名、案由）、拟指定的人民检察院和商请指定的对应人民法院名称、制作日期。

三、本文书以案为制作单位，由办理案件的人民检察院制作。

四、本文书一式两份，一份送达同级人民法院，一份保存备查。

217. 报请指定管辖的请示

×××人民检察院

报请指定管辖的请示

××检××报指〔××××〕×号

×××人民检察院：

　　×××人民检察院于××××年××月××日报请本院指定管辖的×××案，经审查，需报请你院审查并指定管辖，现报告如下：

　　一、犯罪嫌疑人基本情况

　　犯罪嫌疑人（姓名），（曾用名×××，别名×××，化名×××，绰号×××），（性别），（出生日期）出生，（证件种类）号码（证件号码），（民族），（文化程度），（职业）（工作单位+职务），户籍所在地，住（住所地详细地址）。曾受到过行政处罚、刑事处罚的时间、原因、种类、决定机关、释放时间等情况。因涉嫌（移送案由+移送其他案由）罪，经（批准/决定机关）批准/决定，于（执行日期）被（执行机关）执行（强制措施名称）。

　　二、案件诉讼过程

　　三、简要案情

　　四、请示指定管辖的理由

　　要求写明请求指定的具体检察院

××××年×月×日
（院印）

附件：1. 有关指定侦查管辖函复印件

2. 立案决定书

3. 侦查终结报告/起诉意见书

制作说明

一、本文书依据《中华人民共和国刑事诉讼法》第二十七条、《人民检察院刑事诉讼规则》第二十二条的规定制作。为向上级人民检察院报请指定管辖时使用。

二、本文书一式二份，第一份由报请的人民检察院附卷，第二份送达上级人民检察院。

218. 关于×××案指定管辖的批复（指定管辖流程专用）

×××人民检察院
关于×××案指定管辖的批复

×检××指辖批〔××××〕××号

×××人民检察院：

你院于××××年××月××日报请本院指定管辖×××案的请示收悉。经商请×××人民法院，现批复如下：

×××

此复。

××××年×月×日
（院印）

制作说明

一、本文书依据《中华人民共和国刑事诉讼法》第二十七条、《人民检察院刑事诉讼规则》第二十二条的规定制作。为上级人民检察院指定管辖时使用。

二、本文书一式二份，第一份由作出批复的人民检察院附卷，第二份送达报请指定管辖的人民检察院。

219. 关于×××案指定管辖的批复（报请）

×××人民检察院

关于×××案指定管辖的批复

××检××指辖批〔××××〕××号

×××人民检察院：

你院报请我院指定管辖的×××涉嫌×××案。经研究并商×××法院同意，现批复如下：

根据《中华人民共和国刑事诉讼法》第二十七条的规定，指定该案由×××检察院审查起诉。

此复。

××××年××月××日
（院印）

附件：×××法院复函

制作说明

一、本文书依据《中华人民共和国刑事诉讼法》第二十七条的规定制作。为下级人民检察院报请上级人民检察院指定管辖时使用。

二、本文书一式二份，第一份附卷，第二份送达报请指定管辖的人民检察院。

220. 站车交接案件信息受理登记表（车交）

站车交接案件信息受理登记表（车交）

填报单位：

姓名		性别		年龄		籍贯	
日期				车次			
案件移交单位							
案件接收单位				所属铁路局			
案情摘要							
备注							

制作说明

一、本文书依据《中华人民共和国刑事诉讼法》第一百条、第一百一十三条、《最高人民法院关于适用〈中华人民共和国刑事诉讼法〉的解释》第十七条①、《最高人民法院、最高人民检察院、公安部关于旅客列车上发生的刑事案件管辖问题的通知》和《最高人民法院关于铁路运输法院案件管辖范围的若干规定》、《最高人民检察院铁路运输检察厅、铁道部公安局关于铁路公安机关、检察机关在办理站车交接案件中加强协调配合的通知》的规定制作。

二、使用本文书时，对于在列车上的犯罪，由负责该列车乘务的乘警队所属铁路公安机关立案侦查，需要移交的应当在列车乘警收集完证据后移交最初停靠站铁路公安机关。

三、本文书由移交案件的铁路公安机关同级的铁路检察院在受理站车交接的车交信息时填录。

四、本文书以案为单位制作。

---

① 现为第十九条。

221. 站车交接案件信息受理登记表（站接）

站车交接案件信息受理登记表（站接）

填报单位：

姓名		性别		年龄		籍贯	
日期				车次			
案件移交单位							
案件接收单位				所属铁路局			
案情摘要							
处理结果							
备注							

制作说明

一、本文书依据《中华人民共和国刑事诉讼法》第一百条、第一百一十三条、《最高人民法院关于适用〈中华人民共和国刑事诉讼法〉的解释》第十七条①、《最高人民法院、最高人民检察院、公安部关于旅客列车上发生的刑事案件管辖问题的通知》和《最高人民法院关于铁路运输法院案件管辖范围的若干规定》、《最高人民检察院铁路运输检察厅、铁道部公安局关于铁路公安机关、检察机关在办理站车交接案件中加强协调配合的通知》的规定制作。

二、使用本文书时，对于在列车上的犯罪，由负责该列车乘务的乘警队所属铁路公安机关立案侦查，需要移交的应当在列车乘警收集完证据后移交最初停靠站铁路公安机关。最初停靠站的铁路公安机关应当接收。

三、本文书由接收案件的铁路公安机关同级的铁路检察院在受理站车交接的站接信息时填录。

四、本文书以案为单位制作。

---

① 现为第十九条。

222. 站车交接案件信息移送登记表（车交）

站车交接案件信息移送登记表（车交）

填报单位：

姓名		性别		年龄		籍贯	
日期				车次			
案件移交单位							
案件接收单位				所属铁路局			
案情摘要							
备注							

制作说明

一、本文书依据《中华人民共和国刑事诉讼法》第一百条、第一百一十三条、《最高人民法院关于适用〈中华人民共和国刑事诉讼法〉的解释》第十七条①、《最高人民法院、最高人民检察院、公安部关于旅客列车上发生的刑事案件管辖问题的通知》和《最高人民法院关于铁路运输法院案件管辖范围的若干规定》、《最高人民检察院铁路运输检察厅、铁道部公安局关于铁路公安机关、检察机关在办理站车交接案件中加强协调配合的通知》的规定制作。

二、使用本文书时，对于在列车上的犯罪，由负责该列车乘务的乘警队所属铁路公安机关立案侦查，需要移交的应当在列车乘警收集完证据后移交最初停靠站铁路公安机关。

三、本文书由移交案件的铁路公安机关同级的铁路检察院在受理站车交接的车交信息时填录。

四、本文书以案为单位制作。

---

① 现为第十九条。

223. 站车交接案件信息移送登记表（站接）

站车交接案件信息移送登记表（站接）

填报单位：

姓名		性别		年龄		籍贯	
日期				车次			
案件移交单位							
案件接收单位				所属铁路局			
案情摘要							
处理结果							
备注							

制作说明

一、本文书依据《中华人民共和国刑事诉讼法》第一百条、第一百一十三条、《最高人民法院关于适用〈中华人民共和国刑事诉讼法〉的解释》第十七条①、《最高人民法院、最高人民检察院、公安部关于旅客列车上发生的刑事案件管辖问题的通知》和《最高人民法院关于铁路运输法院案件管辖范围的若干规定》、《最高人民检察院铁路运输检察厅、铁道部公安局关于铁路公安机关、检察机关在办理站车交接案件中加强协调配合的通知》的规定制作。

二、使用本文书时，对于在列车上的犯罪，由负责该列车乘务的乘警队所属铁路公安机关立案侦查，需要移交的应当在列车乘警收集完证据后移交最初停靠站铁路公安机关。最初停靠站的铁路公安机关应当接收。

三、本文书由接收案件的铁路公安机关同级的铁路检察院在受理站车交接的站接信息时填录。

四、本文书以案为单位制作。

---

① 现为第十九条。

224. 监督线索审查表（站车交接受理）

铁检机关受理站车交接案件
监督线索审查表（站车交接受理）

案件来源		受案日期	
办案单位			
站车交接案件监督线索基本情况			
办案部门审查意见			
站车交接案件监督线索移送方向			
告知申诉人、控告人情况			

制作说明

一、本文书依据《中华人民共和国刑事诉讼法》第一百条、第一百一十三条和《人民检察院刑事诉讼规则》第五百五十七条、第五百五十八条、第五百五十九条、第五百六十条、第五百六十一条、《最高人民检察院铁路运输检察厅、铁道部公安局关于铁路公安机关、检察机关在办理站车交接案件中加强协调配合的通知》的规定制作。

二、使用本文书时，被害人及其法定代理人、近亲属或者行政执法机关，认为公安机关对其控告或者移送的案件应当立案侦查而不立案侦查，或者当事人认为公安机关不应当立案而立案，向人民检察院提出的，人民检察院应当受理并进行审查。经审查，认为需要公安机关说明不立案或者立案理由的，应当及时将案件移送负责捕诉的部门办理；认为公安机关立案或者不立案决定正确的，应当制作相关法律文书，答复控告人、申诉人。

三、本文书由接收案件的铁路公安机关同级的铁路检察院在审查控告、申诉案件线索时填录。

四、本文书以案为单位制作。

225. 提请批准直接受理书

×××人民检察院

提请批准直接受理书

（副本）

××检×××请受［××××］××号

×××人民检察院：

本院在办理×××案中，发现×××涉嫌×××，需要直接受理侦查，现提请批准。

××××年×月×日

（院印）

附件：案件情况报告

第一联　附卷

×××人民检察院

提请批准直接受理书

××检×××请受［××××］××号

×××人民检察院：

本院在办理×××案中，发现×××涉嫌×××，需要直接受理侦查，现提请批准。

××××年×月×日

（院印）

附件：案件情况报告

第二联　逐级上报省级以上人民检察院

制作说明

一、本文书依据《中华人民共和国刑事诉讼法》第十九条第二款、第一百零九条和《人民检察院刑事诉讼规则》第十三条、第十五条的规定制作。为发现对于公安机关管辖的国家机关工作人员利用职权实施重大犯罪案件，需要由人民检察院直接受理的时候，层报省级以上人民检察院决定时使用。

二、本文书报送机关为省级以上人民检察院。文书后应附案件情况报告以及其他有关材料。

三、本文书以案为单位制作。

四、本文书共二联，第一联附卷，第二联逐级上报省级以上人民检察院。

五、本文书加盖人民检察院印章。

226. 指令纠正决定书

×××人民检察院

指令纠正决定书

××检指纠〔20××〕×号

×××人民检察院：

  你院办理的_____一案，经我院审查，_____确有错误，现指令你院依法进行纠正。

××××年×月×日
（院印）

制作说明

  一、本文书依据《人民检察院刑事诉讼规则》第十条的规定制作。为上级人民检察院对下级人民检察院在监督过程中，发现下级人民检察院办理的案件有错误时使用。

  二、本文书需写明被指令纠正的人民检察院名称、具体案件名称、存在的具体错误、制作日期，并加盖文书制作单位公章。

  三、本文书以案为制作单位，由办理案件的人民检察院制作。

  四、本文书一式二份，一份送达下级人民检察院，一份保存备查。

227. 撤销纠正违法意见通知书

×××人民检察院

撤销纠正违法意见通知书

（副　本）

×××检××撤纠通〔××××〕×××号

×××人民检察院：

你院于××××年××月××日向×××公安局发出的×××号纠正违法通知书，经审查，本院认为×××。根据《人民检察院刑事诉讼规则》第五百五十四条之规定，通知你院予以撤销。

××××年×月×日

（院印）

第一联　附卷

×××人民检察院

撤销纠正违法意见通知书

（正　本）

×××检××撤纠通〔××××〕×××号

×××人民检察院：

你院于××××年××月××日向×××公安局发出的×××号纠正违法通知书，经审查，本院认为×××。根据《人民检察院刑事诉讼规则》第五百五十四条之规定，通知你院予以撤销。

××××年×月×日

（院印）

第二联　送交下级人民检察院

制作说明

一、本文书依据《人民检察院刑事诉讼规则》第五百五十四条的规定制作。为下级人民检察院纠正意见错误时，上级人民检察院通知下级人民检察院撤销纠正违法意见时使用。

二、本文书共二联，第一联附卷，第二联送交下级人民检察院。

228. 线索移送函

×××人民检察院

线索移送函

××检线移〔20××〕××号

×××：

  本院（部门）在办理　　　　　　一案过程中，发现……。现将有关线索移送你单位（部门），请依法处理。

年　月　日

（院印或部门印）

制作说明

一、本文书依据《中华人民共和国刑事诉讼法》第三条、第七条、第十九条、第一百一十一条第三款、《人民检察院刑事诉讼规则》第十三条、第十七条、第十八条制作。为承办人在办理案件过程中,发现不属于本院(本部门)管辖的违法违纪线索,需移送有管辖权的机关或部门时,或者人民检察院办理直接受理侦查的案件,发现犯罪嫌疑人同时涉嫌监察机关管辖的职务犯罪线索的,经与监察机关沟通后,认为由监察机关和人民检察院分别管辖更为适宜的,将监察机关管辖的相应职务犯罪线索移送监察机关时使用。

二、本文书由发现或收到案件线索的检察院(部门)制作,应列明被移送单位(部门)的单位名称、案件名称及简要线索概况,并加盖公章。

三、移送本文书时,应将有关材料、证据作为附件一并移送。

四、本文书一式三份,一份送达被移送单位(部门),一份存档备查,一份留存附卷。

229. 移送线索通知书（由检察院移送至外单位）

第一联 存根

×××人民检察院
移送线索通知书
（存根）

×××检××移通〔××××〕××号

案由
涉案人基本情况（姓名、性别、年龄、身份证号、工作单位及职务，住址，是否人大代表、政协委员）
送达单位
移送原因
批准人
承办人
填发人
填发时间

第二联 送送有关机关或者部门

×××人民检察院
移送线索通知书

×××检××移通〔××××〕××号

　　现将_____涉嫌_____线索移送你_____，如发现涉嫌司法工作人员相关职务犯罪，请及时与_____联系。

人民检察院/部门
　年　月　日
（院印或部门印）

第三联 有关机关或者部门接收线索后退回附卷

×××人民检察院
移送线索通知书
（回执）

　　你院/部门_____年_____月_____日以_____检_____移通〔20　〕_____号移送的_____线索，我_____涉嫌_____年_____月_____日收悉。

人民检察院/部门
　年　月　日
（院印或部门印）

制作说明

一、本文书依据《中华人民共和国刑事诉讼法》第十九条、《中华人民共和国监察法》第十一条第二项的规定制作。为人民检察院在办理刑事案件过程中发现应由其他机关侦查、调查的犯罪，以及其他机关在侦查、调查案件过程中发现应由检察机关侦查的犯罪时使用。

二、填制本文书时，第一联需写明办案单位、文号、案由、涉案人基本情况（姓名、性别、年龄、身份证号、工作单位及职务、住址、是否人大代表、政协委员）、送达单位、移送原因、批准人、承办人、填发人、填发时间。第二联需写明具体单位、移送的案件线索具体涉案人姓名、性质。第三联需由受理案件线索单位填写，写明送达单位姓名、移送线索日期、收到线索日期、文号、填写日期，并加盖单位公章。

三、有权制作本文书的是办理具体案件的人民检察院。

四、本文书共计三联，第一联统一保存备查，第二联送达有关机关或者部门，第三联由有关机关或者部门接收线索后退回移送线索的人民检察院。

230. 移送案件线索通知书（检察院内部使用）

××人民检察院
移送案件线索通知书
（存 根）

××检××移〔××××〕×××号

案　　由
当　事　人＿＿＿＿＿＿＿出生年月＿＿＿＿＿＿
性　　别
单位及职务
住　　址
控告（举报、报案、自首）人
送达单位
移送原因
批　准　人
承　办　人
填　发　人
填发时间

第一联　统一保存

××人民检察院
移送案件线索通知书

××检××移〔××××〕×××号

＿＿＿＿：
　　＿＿年＿＿月＿＿日举报（报案、控告、自首）人＿＿＿＿＿＿一案，我院于＿＿年＿＿月＿＿日移送于你单位。

××××年×月×日
（院印）

第二联　送接收单位

××人民检察院
移送案件线索通知书

××检××移〔××××〕×××号

＿＿＿＿：
　　＿＿年＿＿月＿＿日你院移送的举报（报案、控告、自首）人＿＿＿＿＿＿一案，我院已于＿＿年＿＿月＿＿日收到。

××××年×月×日
（院印）

第三联　附卷

制作说明

一、本文书依据《中华人民共和国刑事诉讼法》第二十条、第二十一条、第二十二条、第二十三条、第二十四条、第二十五条、第二十六条、第二十七条、第二十八条的规定制作。为人民检察院在办理刑事案件过程中发现应由其他检察院办理的案件线索时使用。

二、填制本文书时,第一联需写明案由、当事人、性别、出生年月、单位及职务、住址、控告(举报、报案、自首)人、送达单位、移送时间、移送原因、批准人、承办人、填发人、填发时间。第二联写明接收线索单位、控告(举报、报案、自首)的日期、移送单位的移送日期。第三联由接收案件线索单位填写,具体写明控告、举报、报案、自首的情况并加盖单位公章。可参考《中华人民共和国刑事诉讼法》第二十条、第二十一条、第二十二条、第二十三条、第二十四条、第二十五条、第二十六条、第二十七条、第二十八条的规定。

三、有权制作本文书的是办理具体案件的人民检察院。

四、本文书共计三联,第一联统一保存备查,第二联送接收单位,第三联由移送案件线索的人民检察院附卷。

231. 回访监督卡

×××人民检察院

回访监督卡

被回访人（单位）		地址	
当事人及案由		与当事人的关系	
回访时间		联系电话	
被回访人（单位）对办案单位、办案人员执法执纪意见			
回访人意见			
备注			

制作说明

一、本文书依据《人民检察院执法办案内部监督暂行规定》和《最高人民检察院关于加强执法办案活动内部监督防止说情等干扰的若干规定》制作。

二、使用本文书，是记录检务督查部门征求社会各界、发案单位、案件当事人，对办案单位和办案人员公正执法、文明办案、执行办案纪律、规定意见的情况。适用于检务督查部门对办案人员依法办案、执行办案纪律情况的监督。由检务督查部门或组织有关人员，通过社会各界、案件当事人、发案单位等渠道，了解办案人员执行办案纪律的情况。对复杂、重大或有影响的案件必须派人回访。被回访人、回访单位应签字，一式两份由检务督察部门留存一份，一份附卷备查。

三、本文书以案为单位制作。

232. 廉洁自律卡

×××人民检察院

廉洁自律卡

办案部门		办案人员	
案件当事人		案　　由	
受案时间		结案时间	
执法办案执行纪律情况			
处理说情、送礼、吃请情况			
部门负责人审　签			

制作说明

一、本文书依据《人民检察院执法办案内部监督暂行规定》和《最高人民检察院关于加强执法办案活动内部监督防止说情等干扰的若干规定》的规定制作。

二、使用本文书，是记录办案人员办案中公正执法、依法办案、文明办案、廉洁办案和执行办案纪律、规定的情况。适用于办案人员自我监督。由案件主办人自己填写执行办案纪律和处理说情、送礼、吃请等情况。每一案件办结后，送本部门负责人审签后，一式两份，一份交检务督察部门备查，一份附卷备查。

三、本文书以案为单位制作。

233. 执法办案风险处置表

×××人民检察院

执法办案风险处置表

办案部门			
案件名称		承办人	
执法办案风险			
处置意见			
备注			

制作说明

一、本文书根据《关于加强检察机关执法办案风险评估预警工作的意见》制作。目的在于要在执法办案的同时，实事求是地做好风险评估预警工作，及时预警、依法处置、化解矛盾，确保执法办案"三个效果"的有机统一。

二、本文书在人民检察院各业务部门执法办案时使用。在处置风险案件后填写。

三、本文书以案为单位制作。

234. 执法办案风险评估预警表

×××人民检察院
执法办案风险评估预警表

办案部门		评估等级	
案件名称		承办人	
基本案情			
评估意见			
备注			

制作说明

一、本文书根据《关于加强检察机关执法办案风险评估预警工作的意见》制作。目的在于要在执法办案的同时，实事求是地做好风险评估预警工作，及时预警、依法处置、化解矛盾，确保执法办案"三个效果"的有机统一。

二、本文书在人民检察院各业务部门执法办案时使用。对案件进行风险评估时填写。

三、本文书以案为单位制作。

235. 办案用警申请表

×××人民检察院

办案用警申请表

年　月　日

用警部门		申请人	
出警时间		执行地点	
用警事由			
用警部门负责人意见			
审批人意见			
备注			

制作说明

一、本文书依据《人民检察院刑事诉讼规则》第五条第二款、第一百八十六条第二款、第二百零四条，以及《人民检察院司法警察执行职务规则》的规定制作。

二、该文书使用范围不仅限于办理案件中使用，也可用于维持现场秩序等，如检察官办案组中配备、辨认、鉴定、侦查实验、搜查、送达文书、维持现场秩序或者追缴犯罪有关财物等。

三、申请人由检察官或检察官办案组签名。

四、本文书以案为单位制作，可多次申请，也可以按时段申请。

236. 指定/变更案件承办人申请表

×××人民检察院
指定/变更案件承办人申请表

申请人		原承办人	
申请时间		变更后承办人	
变更原因			
所在部门意见			
案件管理部门意见			
处理结果反馈			

制作说明

一、本文书依据《中华人民共和国刑事诉讼法》第二十九条、第三十条和《人民检察院刑事诉讼规则》第五条第一款、第二十四条的规定制作。

二、在使用该文书中，对于共同犯罪或多罪名犯罪案件，可区分主犯、主要罪行，在主管部门检察官或检察官办案组间进行变更。

三、该文书应当一式两份，办案部门和案件管理部门各留一份。

237. 同步录音录像受理登记表

×××人民检察院
同步录音录像受理登记表

×检技录受〔20××〕×××号

办案部门		案件编号	
被讯（询）问人		案由	
讯（询）问地点			
联系人		联系电话	
录制开始时间		受理人	
备注			

制作说明

一、本文书根据《中华人民共和国刑事诉讼法》第一百二十三条的规定制作。

二、办案部门在讯问犯罪嫌疑人的时候，可以对讯问过程进行录音或者录像；对于可能判处无期徒刑、死刑的案件或者其他重大犯罪案件，应当对讯问过程进行录音或者录像。录音或者录像应当全程进行，保持完整性。

三、本文书系受理办案部门同步录音录像申请时使用。

四、本文书以案为单位制作。

238. 同步录音录像工作说明

×××人民检察院
同步录音录像工作说明

×检技录〔20××〕×-×-×号

办案部门		案件编号	
讯（询）问人		案　由	
被讯（询）问人		第几次讯（询）问	
讯（询）问地点			

录制是否完整，中断时间及原因：	录制人员签名：

讯（询）问开始时间：　年　月　日　时　分	讯（询）问人员签名：
讯（询）问结束时间：　年　月　日　时　分	

翻译人员签名：	其他在场人员签名：	被讯（询）问人签名：

正本数量及编号： 　　保管人员签收： 　　　　××年×月×日	副本数量及编号： 　　办案人员签收： 　　　　××年×月×日

备注	

制作说明

一、本文书根据《中华人民共和国刑事诉讼法》第一百二十三条的规定制作。

二、办案单位在讯问犯罪嫌疑人的时候，可以对讯问过程进行录音或者录像；对于可能判处无期徒刑、死刑的案件或者其他重大犯罪案件，应当对讯问过程进行录音或者录像。录音或者录像应当全程进行，保持完整性。

三、本文书应与每次同步录音录像存储光盘一起存档或者附卷。

四、本文书加盖人民检察院印章。

五、本文书以讯问次数为单位制作。

239. 同步录音录像技术处理（复制）受理登记表

×××人民检察院
同步录音录像技术处理（复制）受理登记表

×检技录受〔20××〕××号

办案部门		案件编号	
委托人		委托日期	
委托要求			
受理人		受理时间	
备注			

制作说明

一、本文书根据《人民检察院刑事诉讼规则》第七十七条的规定制作。

二、在法庭审理过程中,被告人或者辩护人对讯问活动合法性提出异议,公诉人可以提请法庭当庭播放相关时段的讯问录音、录像,对有关异议或者事实进行质证。因涉及国家秘密、商业秘密、个人隐私或者其他犯罪线索等内容,人民检察院可以对讯问录音、录像的相关内容进行技术处理,然后再向法庭出示。

三、本文书系受理办案部门申请技术处理讯问录音、录像的相关内容时使用。

四、本文书以次为单位制作。

240. 同步录音录像技术处理（复制）说明

×××人民检察院

同步录音录像技术处理（复制）说明

×检技录处〔20××〕××号

办案部门		案件编号	
委托人		委托日期	
委托内容			
技术处理情况（写明原盘和新盘录制资料编号）		承办人签名： 年　月　日	
移交时间		办案人员签收	

制作说明

一、本文书根据《人民检察院刑事诉讼规则》第七十七条的规定制作。

二、在法庭审理过程中,被告人或者辩护人对讯问活动合法性提出异议,公诉人可以提请法庭当庭播放相关时段的讯问录音、录像,对有关异议或者事实进行质证。因涉及国家秘密、商业秘密、个人隐私或者其他犯罪线索等内容,人民检察院对讯问录音、录像的相关内容进行技术处理的,公诉人应当向法庭作出说明。

三、本文书应与经技术处理后同步录音录像光盘一起移交给办案部门。

四、本文书加盖人民检察院印章。

五、本文书以案为单位制作。

241. 同步录音录像资料档案调用受理登记表

×××人民检察院
同步录音录像资料档案调用受理登记表

×检技录调受〔20××〕×××号

办案部门		案件编号	
委托人		委托日期	
委托要求			
受理人		受理时间	
备注			

制作说明

一、本文书根据人民检察院诉讼档案管理的规定制作。

二、本文书系受理办案部门申请调用讯问录音、录像的相关内容时使用。

三、本文书以次为单位制作。

242. 同步录音录像资料档案调用说明

×××人民检察院
同步录音录像资料档案调用说明

×检技录调〔20××〕××号

办案部门		案件编号	
委托人		委托日期	
委托内容			
调用时间		调用人签字	
归还时间		接收人签字	

制作说明

一、本文书根据诉讼档案管理的规定制作。

二、本文书应在办案部门调取同步录音录像时使用，并与被调取同步录音录像光盘一起存档备查。

三、本文书加盖人民检察院印章。

四、本文书以次为单位制作。

243. 同步录音录像资料档案调用单

×××人民检察院
同步录音录像资料档案调用单

×检×委录调〔20××〕×××号

_____：

　　本部门承办的_____一案，需调用同步录音录像资料正本，现委托你部门按下列要求进行：_____

_____

_____。

委托人_____

　　　　　　　　　　　　　　　　　　　　年　月　日
　　　　　　　　　　　　　　　　　　　　（部门印）

制作说明

一、本文书根据《人民检察院刑事诉讼规则》第一百九十条、第一百九十四条、《人民检察院讯问职务犯罪嫌疑人实行全程同步录音录像的规定》第十六条、《人民检察院讯问职务犯罪嫌疑人实行全程同步录音录像技术工作流程（试行）》第十五条规定制作。用于办案部门需要对检察技术部门保存的相应原件当庭启封质证时使用。

二、本文书发送本院检察技术部门。

三、本文书加盖部门章。

244. 同步录音录像委托技术处理（复制）单

×××人民检察院

同步录音录像委托技术处理（复制）单

×检×委录处〔20××〕××号

_____：

　　本部门承办的_____一案，需对同步录音录像资料副本进行技术处理（复制），现委托你部门按下列要求进行：_____

_____。

委托人_____

年　月　日

（部门印）

制作说明

一、本文书根据《人民检察院刑事诉讼规则》第一百九十条、第一百九十四条、《人民检察院讯问职务犯罪嫌疑人实行全程同步录音录像的规定》第十一条、《人民检察院讯问职务犯罪嫌疑人实行全程同步录音录像技术工作流程（试行）》第十一条、第十二条规定制作。用于办案部门需要委托检察技术部门对同步录音、录像进行技术处理或制作复制件时使用。

二、本文书发送本院检察技术部门。

三、本文书加盖部门章。

245. 关于调取同步录音录像的函

×××人民检察院

关于调取同步录音录像的函

××检××函〔20××〕××号

×××监察委员会：

　　犯罪嫌疑人×××涉嫌_____一案，由你委于××××年××月××日向本院移送审查起诉。经审查，本院认为需要调取与指控犯罪和取证合法性有关的讯问（询问）同步录音录像。

　　需调取讯问（询问）录音录像：_____

××××年×月×日

（院印）

制作说明

　　一、本文书依据《人民检察院刑事诉讼规则》第三百三十六条、第三百四十条、《中华人民共和国监察法》第三十三条、第四十一条的规定制作。为检察机关向监察机关调取讯问（询问）同步录音录像时使用。

　　二、本文书制作时，应写明具体监察委员会名称、犯罪嫌疑人姓名、案由、移送审查起诉日期、需调取的讯问录音录像的具体情况。

　　三、本文书以案为制作单位，由办理案件的人民检察院制作。

　　四、本文书共计一联，可按需要复制。

二、刑事执行检察工作文书

246. 公开终结性法律文书审批表

×××人民检察院
公开终结性法律文书审批表

案件名称	
法律文书名称	
受理/承办部门		受理人/承办人	
申请公开理由	
审批意见	
备注	

制作说明

一、本文书依据《人民检察院案件信息公开工作规定（试行）》第十八条①、第二十一条②的规定制作。为公开终结性文书审批时使用。

二、案件承办人应当在案件办结后或者在收到人民法院生效判决、裁定后十日以内，对需要公开的法律文书做出保密审查和技术处理，报部门负责人审核、分管副检察长或者检察长批准后，提交案件管理部门复核、发布。

---

① 现为《人民检察院案件信息公开工作规定》第十八条。
② 《人民检察院案件信息公开工作规定》删去此规定。

247. 报送备案报告

×××人民检察院

报送备案报告

××检××报备〔××××〕××号

×××人民检察院：

  我院办理的×××一案，因对其作出×××处理，按备案工作的有关规定，现将该案报送你院备案审查。

××××年××月××日

制作说明

  一、本文书为下级人民检察院向上级人民检察院报送备案审查案件时使用。

  二、本文书主要内容包括案件基本情况、诉讼过程、处理情况及理由等。

248. 关于×××案的答复

×××人民检察院

关于×××案的答复

××检复〔××××〕××号

×××人民检察院：

你院办理的×××控告（举报申诉）案，已收悉。

经研究，本院认为：×××（对请示的答复意见及法律依据）。

××××年×月×日
（院印）

制作说明

一、本文书为上级人民检察院对下级人民检察院请示案件的答复。

二、本文书主要内容包括案件基本情况、诉讼过程、研究意见或分歧意见及理由、请示的内容等。

249. 监督意见反馈审查表

×××人民检察院
监督意见反馈审查表

案由			
发出法律文书时间		发出法律文书类型	
发文字号		收到反馈时间	
法律文书主要内容			
被监督单位反馈意见			
审查意见			
备注			

制作说明

一、本文书为对被监督单位反馈意见进行审查时使用。

二、本文书主要内容包括案由，发出法律文书时间、类型、主要内容，被监督单位反馈意见，审查意见。

三、审查人应当就反馈意见提出倾向性明确的处理意见。

250. 检察官告知函

×××人民检察院

检察官告知函

×检告函〔20××〕×号

（被告知单位）：

　　我院在……期间，发现（案由或载体）存在（具体安全隐患、执法不规范）情形，依据（相关法律依据）之规定，请依法及时（采取措施）。如有异议，请在五日内复函告知发函人。

检察官：…
年　月　日
（盖部门印鉴）

附件：1. 认定违法的法律依据
　　　2. 责任承担的法律依据

制作说明

一、本文书为发现被告知单位存在违法问题时告知相关事项时使用。

二、本文书主要内容包括案由或载体、具体安全隐患或执法不规范情形、相关法律依据、需采取的措施等。

三、告知函应当明确要求被告知单位及时整改并答复。

251. 检察长审核监督反馈报告（检察官复核）

×××人民检察院

检察长审核监督反馈报告

［检察长姓名］［检察长/副检察长］：

　　已收到对［案件名称］（［部门受案号］）的《检察长审核监督通知书》（文书文号），现将复核处理情况报告如下：

　　［复核内容］

检察官：［姓名手写体］
××××年××月××日

制作说明

　　一、本文书依据《人民检察院刑事诉讼规则》第七条规定制作。

　　二、检察长不同意检察官处理意见的，可以要求检察官复核。检察官复核后，应当及时向检察长报告复核处理情况。

252. 检察长审核监督反馈报告（检察长决定）

×××人民检察院

检察长审核监督反馈报告

［检察长姓名］［检察长/副检察长］：

　　已收到对［案件名称］（［部门受案号］）的《检察长审核监督通知书》（文书文号），现将决定执行情况报告如下：

　　［决定执行情况］

检察官：［姓名手写体］
××××年××月××日

制作说明

　　一、本文书依据《人民检察院刑事诉讼规则》第七条规定制作。

　　二、检察长不同意检察官处理意见的，可以直接作出决定。检察官执行后，应当及时向检察长报告决定执行情况。

253. 检察长审核监督反馈报告（提请检委会）

×××人民检察院

检察长审核监督反馈报告

［检察长姓名］［检察长/副检察长］：

已收到对［案件名称］（［部门受案号］）的《检察长审核监督通知书》（文书文号），现将提请检察委员会讨论决定执行报告如下：

［提请检委会讨论执行情况］

检察官：［姓名手写体］
××××年××月××日

制作说明

一、本文书依据《人民检察院刑事诉讼规则》第七条规定制作。

二、检察长不同意检察官处理意见的，可以提请检察委员会讨论决定。检察官执行后，应当及时向检察长报告提请检察委员会讨论决定执行情况。

254. 检察长审核监督通知书（检察官复核）

×××人民检察院
检察长审核监督通知书

××检审核通〔××××〕××号

检察官名称（办案单元负责人名称）：

你办理的［案件名称］（［部门受案号］）存在［存在问题］。根据《人民检察院刑事诉讼规则》第七条规定，要求你立即进行复核，复核情况以书面形式反馈。

复核内容：

［复核内容］

检察长/副检察长：［姓名手写体］
××××年××月××日

制作说明

一、本文书依据《人民检察院刑事诉讼规则》第七条的规定制作。

二、检察长不同意检察官处理意见的，可以要求检察官复核。

255. 检察长审核监督通知书（检察长决定）

×××人民检察院
检察长审核监督通知书

×ד检审核通〔××××〕××号

检察官名称（办案单元负责人名称）：

你办理的［案件名称］（［部门受案号］）存在［存在问题］。根据《人民检察院刑事诉讼规则》第七条规定，作出如下决定，请立即执行，执行情况以书面形式反馈。

决定：

［决定内容］

检察长/副检察长：［姓名手写体］
××××年××月××日

制作说明

一、本文书依据《人民检察院刑事诉讼规则》第七条的规定制作。

二、检察长不同意检察官处理意见的，可以直接作出决定。

256. 检察长审核监督通知书（提请检委会）

×××人民检察院
检察长审核监督通知书

××检审核通〔××××〕××号

检察官名称（办案单元负责人名称）：

你办理的［案件名称］（［部门受案号］）存在［存在问题］。根据《人民检察院刑事诉讼规则》第七条规定，要求你对以下事项提请检察委员会讨论决定，执行情况以书面形式反馈。

提请检委会讨论决定事项：

［提请检委会讨论决定事项内容］

检察长/副检察长：［姓名手写体］
××××年××月××日

制作说明

一、本文书依据《人民检察院刑事诉讼规则》第七条的规定制作。

二、检察长不同意检察官处理意见的，可以提请检察委员会讨论决定。

257. 审查意见书

×××人民检察院

审查意见书

×检审意〔××××〕 号

一、案件基本情况

犯罪嫌疑人/被告人/罪犯等基本情况。

二、审查情况

经审查查明：

1. （对查明的事实情况进行叙述）；

2. 上述事实有下列证据证明：　　　　。

三、相关问题说明

（本部分可根据需要对案件事实情况以及定性、处理作出进一步分析或说明，如无需要说明的情况写"无"）

四、审查处理意见

（提出审查处理意见）

检察官：
××××年××月××日

制作说明

一、本文书是刑事执行检察部门对案件进行审查时使用。

二、本文书包括案件基本情况、审查情况、相关问题说明和审查处理意见等内容。

三、审查处理意见应当说明法律依据、事实和理由。

258. 受理案件登记表

×××人民检察院

受理案件登记表

××检执检受〔××××〕×号

刑事被执行人基本情况	姓名		性别	
	出生日期		联系方式	
	户籍地			
	居住地			
	刑事执行情况	（描述被刑事执行人所处的刑事执行情况，如在看守所羁押的，可写入所时间，羁押阶段，涉嫌罪名等；被判刑服刑的，可写服刑场所，罪名，刑罚等）		
刑事执行单位基本情况	名称		级别	
	地址			
案件来源	（自行发现，受理控告举报和申诉，移送等）			
案件基本情况				
审查意见				
备 注				

制作说明

一、本文书为人民检察院刑事执行检察部门受理案件登记时使用。

二、本文书主要包括刑事被执行人基本情况、刑事执行单位基本情况、案件来源、案件基本情况和审查意见。

259. 调查笔录

×××人民检察院

调查笔录

开始时间：_____ 结束时间：_____

地　　点：_____

调 查 人：_____ 记 录 人：_____

被调查人：_____ 性别：_____ 民族：_____

出生年月：_____ 文化程度：_____

身份证号码：_____ 政治面貌：_____

工作单位、职务：_____

联系方式：_____

现在住址：_____

告知：（出示工作证件）我们是×××人民检察院的检察人员，现依法对你进行调查。按照有关规定，你应当如实回答，不得作虚假陈述，否则要承担相应的法律责任。但是对于与本案无关的问题，你有权拒绝回答。

问：以上告知，你清楚了吗？

答：

……（调查问话内容）

问：本次调查中，有无非法羁押、刑讯逼供、威胁、引诱、欺骗或者以其他非法方法获取陈述的情形？

答：

问：你还有何补充？

答：

问：你以上所讲是否属实？
答：

［被调查人写："以上笔录我看过（向我宣读过），和我说的相符。"］

（被调查人签名、捺印）
年　月　日

制作说明

一、本文书是刑事执行检察部门调查案件时使用。

二、调查笔录要详细记录案件调查的详细经过。

三、调查完成后笔录应当让被调查人看过或者向被调查人宣读，并要求被调查人签字按印。

260. 听取意见记录

×××人民检察院

听取意见记录

时　　间：

地　　点：

案　　由：

参加人员：

听取方式：（当面听取、电话听取）

听取事项：

意见记录：

听取人：
记录人：
年　月　日

制作说明

一、本文书是刑事执行检察部门听取意见时使用。

二、听取意见记录包括时间、地点、案由、参加人员、听取方式、听取事项、意见记录等内容。

三、听取意见分为当面听取、电话听取等方式，记录要详细记载被听取人的有关意见和建议。

261. 线索移交函

×××人民检察院

线索移交函

×检线移〔　〕　号

_____：

　　本院（部门）在办理　　　　　　一案过程中，发现……。现将有关线索移交你单位（部门），请依法处理。

（院或部门印）
年　月　日

制作说明

　　一、本文书依据《人民检察院刑事诉讼规则》第十四条、第十五条、第十六条、第十九条、第一百六十七条的规定制作。为人民检察院经过审查，认为犯罪线索不属于本院立案侦查，或者由其他检察院立案侦查、调查核实更为适宜，决定将犯罪线索移送其他检察院处理时使用。

　　二、人民检察院在刑事执行检察工作中发现违法线索或者犯罪线索，经过审查，认为不属于本院（部门）管辖，或者由其他检察院（部门）管辖、调查核实更为适宜，决定将违法线索或者犯罪线索移送其他检察院（部门）处理时使用。

262. 询问笔录（第一次）

×××人民检察院

询问笔录

（第一次）

询问时间：_____年____月____日____时____分至___时____分

询问地点：_____

询问人：_____ 记录人：_____

案由：_____

被询问人姓名：_____ 曾用名：_____ 性别：_____

年龄：_____ 民族：_____ 籍贯：_____ 受教育状况：_____

住址：_____

工作单位：_____

职务或职业：_____

联系方式：_____

告知：（出示工作证件）我们是×××人民检察院的检察人员，现依法对你进行询问。法律规定，凡是知道案件情况的人，都有作证的义务；你应当如实提供有关证言和其他证据，但是对于与本案无关的问题，你有拒绝回答的权利；故意提供虚假证言或者其他证据，故意隐匿、毁灭证据都要负相应的法律责任。（向被询问人宣读并送达权利和义务告知书。）

问：你清楚了吗？

答：

问：说说你的基本情况。

答：（姓名、曾用名、性别、出生年月日、身份证件种类及号码、民族、籍贯、文化程度、有无党派、是否人大代表或者政协委员、工作单位、职务级别或者职业、住址、有无犯罪记录等。）

问：

答：（证词的主要内容。）

问：本次询问中，有无非法羁押、刑讯逼供、威胁、引诱、欺骗或者以其他非法方法获取证言或者其他证据的情形？

答：

问：你还有何补充？

答：

问：你以上所讲是否属实？

答：属实。

［被询问人写：以上笔录我看过（向我宣读过），和我说的相符。］

被询问人：×××（签名、指印）
××××年×月××日

询问人签字：

制作说明

一、本文书依据《中华人民共和国刑事诉讼法》第一百二十四条至第一百二十七条和《人民检察院刑事诉讼规则》第一百九十一条至第一百九十五条的规定制作。为人民检察院因办案需要第一次向证人或被害人了解案件有关情况时使用。

二、首次询问应当记明被询问人的基本情况以及与犯罪嫌疑人的关系，告知被询问人依法享有的权利和承担的义务。

三、制作询问笔录时，要客观、全面、真实、准确。

263. 询问笔录（第二次及以后）

×××人民检察院

询问笔录

（第×次）

询问时间：_____年____月____日____时____分至___时____分
询问地点：_____
询问人：_____ 记录人：_____
案由：_____
犯罪嫌疑人（被告人）姓名：_____ 曾用名：_____ 性别：_____
年龄：_____ 民族：_____ 籍贯：_____ 受教育状况：_____
住址：_____
工作单位：_____
职务或职业：_____
联系方式：_____

  告知：（出示工作证件）我们是×××人民检察院的检察人员，现依法对你继续进行询问。法律规定，凡是知道案件情况的人，都有作证的义务；你应当如实提供有关证言和其他证据，但是对于与本案无关的问题，你有拒绝回答的权利；故意提供虚假证言或者其他证据，故意隐匿、毁灭证据都要负相应的法律责任。（向被询问人宣读并送达权利和义务告知书。）

  问：你清楚了吗？

  答：

  问：

  答：证词的主要内容

问：本次询问中，有无非法羁押、刑讯逼供、威胁、引诱、欺骗或者以其他非法方法获取证言或者其他证据的情形？

答：

问：你还有何补充？

答：

问：你以上所讲是否属实？

答：

[被询问人写：以上笔录我看过（向我宣读过），和我说的相符。]

        被询问人：×××（签名、指印）
        ××××年×月×日

询问人签字：

制作说明

  一、本文书依据《中华人民共和国刑事诉讼法》第一百二十四条至第一百二十七条和《人民检察院刑事诉讼规则》第一百九十一条至第一百九十五条的规定制作。为人民检察院因办案需要第二次及以后向证人或被害人了解案件有关情况时使用。

  二、制作询问笔录时，要客观、全面、真实、准确。

264. 讯问笔录（第一次）

×××人民检察院

讯问笔录

（第一次）

询问时间：_____年____月____日____时____分至___时_____分

讯问地点：_____

讯问人：_____记录人：_____

案由：_____

犯罪嫌疑人（被告人）姓名：____曾用名：____性别：_____

年龄：_____民族：____籍贯：_____受教育状况：_____

住址：_____

工作单位：_____

职务或职业：_____

联系方式：_____

（出示工作证件）我们是×××人民检察院的检察人员，现依法对你进行讯问。根据法律的规定，对于我们的提问，你应当如实回答，不得作虚假陈述。但是对于与本案无关的问题，你有拒绝回答的权利。

问：以上告知，你清楚了吗？

答：

问：介绍一下你的基本情况。

答：[犯罪嫌疑人（被告人）的基本情况，包括姓名、曾用名、性别、出生年月日、身份证件种类及号码、民族、籍贯、文化程度、有无党派、是否人大代表或者政协委员、工作单位、职务级别或者职业、住址、有无前科等。]

问：介绍一下你的家庭情况。

答：(配偶、子女、父母、兄弟姐妹及其他重要家庭成员的年龄、工作单位、住址等。)

问：介绍一下你的个人简历。

答：(从中学毕业至今的学习、工作经历。)

问：你是否有犯罪行为？

答：[犯罪嫌疑人(被告人)的有罪供述或者无罪辩解。]

(供述的主要内容。)

问：本次讯问中，有无非法羁押、刑讯逼供、威胁、引诱、欺骗或者以其他非法方法获取口供的情形？

答：

问：你还有何补充？

答：

问：你以上所讲是否属实？

答：

犯罪嫌疑人(被告人)：×××(签名、指印)

年　月　日

讯问人签字：

制作说明

一、本文书依据《中华人民共和国刑事诉讼法》第一百一十八条至第一百二十三条和《人民检察院刑事诉讼规则》第一百八十二条至第一百九十条的规定制作。为人民检察院第一次讯问犯罪嫌疑人时使用。

二、首次讯问应当记明被讯问人的基本情况，告知被讯问人依法享有的权利和承担的义务。

三、制作讯问笔录时，要客观、全面、真实、准确。

265. 讯问笔录（第二次及以后）

×××人民检察院
讯问笔录
（第×次）

询问时间：_____年____月____日____时____分至___时____分

讯问地点：_____

讯问人：_____   记录人：_____

案由：_____

犯罪嫌疑人（被告人）姓名：_____ 曾用名：_____ 性别：_____

年龄：_____ 民族：_____ 籍贯：_____ 受教育状况：_____

住址：_____

工作单位：_____

职务或职业：_____

联系方式：_____

　　（出示工作证件）我们是×××人民检察院的检察人员，现依法对你继续进行讯问。根据法律的规定，对于我们的提问，你应当如实回答，不得作虚假陈述。但是对于与本案无关的问题，你有拒绝回答的权利。

　　问：以上告知，你清楚了吗？

　　答：

　　问：本次讯问中，有无非法羁押、刑讯逼供、威胁、引诱、欺骗或者以其他非法方法获取口供的情形？

　　答：

　　问：你还有何补充？

　　答：

问：你以上所讲是否属实？

答：

犯罪嫌疑人（被告人）：×××（签名、指印）

年　月　日

讯问人签字：

制作说明

一、本文书依据《中华人民共和国刑事诉讼法》第一百一十八条至第一百二十三条和《人民检察院刑事诉讼规则》第一百八十二条至第一百九十条的规定制作。为人民检察院第二次及以后讯问犯罪嫌疑人时使用。

二、制作讯问笔录时，要客观、全面、真实、准确。

266. 延长办案期限审批表

×××人民检察院
延长办案期限审批表

×检执检延〔20××〕第×号

监督案件事由		受案时间				
刑事被执行人姓名		性别		年龄		民族	
刑事执行机关	
延长办案的期限与理由	
审查意见	
备注	

制作说明

一、本文书依据《人民检察院办理减刑、假释案件规定》第十条的规定制作。为人民检察院办理执行机关向人民法院提出书面意见的减刑、假释案件，经过审查，发现执行机关的减刑、假释建议不当或者提请减刑、假释违反法定程序的，依法向审理减刑、假释案件的人民法院提出书面意见需要延长办案期限时使用。

二、法律、法规、司法解释、规范性文件规定人民检察院在办理刑事执行监督案件时可以延长相关期限的，人民检察院办理相关案件需要延长办案期限时使用。

267. 移送案件线索函

×××人民检察院
移送案件线索函
（存 根）

×××检×××移〔××××〕×××号

案　　　由 _____
当　事　人 _____
性　　　别 _____
出生年月及职务 _____
单位住址 _____
住　　　址 _____
送达单位 _____
移送时间 _____
移送原因 _____
批　准　人 _____
承　办　人 _____
填　发　人 _____
填发时间 _____

第一联　统一保存

×××人民检察院
移送案件线索函

×××检×××移〔××××〕×××号

我院在办理×××一案中，认为（性别、年龄、身份证号码）可能涉嫌××罪名，涉嫌的职务犯罪线索/公安机关及监察机关管辖的刑事案件，现将该案件线索移送你单位处理。

特此函告。

附件：相关材料

　　　　　　　　　　　　　年　月　日

第二联　送达收单位

×××人民检察院
移送案件线索函

×××检×××移〔××××〕×××号

我院在办理×××一案中，认为（性别、年龄、身份证号码）可能涉嫌××罪名，涉嫌的职务犯罪线索/公安机关及监察机关管辖的刑事案件，现将该案件线索移送你单位处理。

特此函告。

附件：相关材料

　　　　　　　　　　　　　年　月　日

第三联　附卷

制作说明

一、本文书依据《人民检察院刑事诉讼规则》第十七条、第十八条的规定制作。为人民检察院办理直接受理侦查的案件，经过审查，认为案件线索涉及监察机关、公安机关管辖，或者由监察机关、公安机关管辖更为适宜，决定将案件线索移送监察机关、公安机关处理时使用。

二、本文书共三联，第一联统一保存备查，第二联送达接收单位，第三联附卷。

268. 移交证据清单

×××人民检察院

移交证据清单

编号：

第 　页，共　 页

编号	责任者	证据名称	日期	页数	备注

侦查机关：　　　　　　　　　　接收单位：

移 交 人：　　　　　　　　　　接 收 人：

　 年 月 日　　　　　　　　　　 年 月 日

本清单一式三份，一份附卷，一份交证据材料移交单位，一份交申请调取人。

制作说明

一、本文书依据《人民检察院刑事诉讼规则》第五十条的规定制作。

二、填写清单时每一个证据填记一行。填写完毕后,在空余表格处画截止线,以示结束。

三、本文书一式三份,一份附卷,一份交证据材料移交单位,一份交申请调取人。三份清单使用同一编号。

269. 被监管人死亡检察报告

×××人民检察院
被监管人死亡检察报告

××××年×月×日，×××监管场所（执行机关）向×××检察院报告称：被监管人×××于××××年×月×日×时×分死亡。我院刑事执行检察部门立即制作接报记录，并向本院分管副检察长报告，指派检察人员×××（职务）和×××（职务）于××××年×月×日×时×分赶赴现场，依法开展相关工作。现已审（调）查终结，报告如下：

一、死亡被监管人的基本情况

（姓名、性别、年龄、民族、学历、政治面貌、身份证号、户籍地、居住地、罪名、所处诉讼环节、羁押/服刑及变更情况、监管场所等）

二、监管（执行）机关的调查情况

对于正常死亡的监督案件，简要概括监管机关（或者执行机关）的调查结论。（对于非正常死亡事件，该部分填写监管或者执行机关的工作情况和向检察机关报告的情况）

三、经审（调）查认定的事实及证据

（一）开展的审（调）查工作

1. 收集关于被监管人死亡情况的证据材料

（1）监督监管场所对现场进行保护并协调本院技术部门对死亡现场进行拍照、录像，制作现场勘查笔录。

（2）调取并固定被监管人×××死亡前十五日以内原始监控录像，封存遗物。

（3）查验尸表，对尸体进行拍照或录像，制作尸表查验笔录；

（4）调取死亡证明，必要情况下对其做法医鉴定；

（5）被监管人×××的入监（所）档案材料。

2. 收集关于相关监管人员的监管及抢救情况的证据材料

（1）收集固定值班民警值班记录、巡视记录；

（2）询问管教民警，了解其羁押期间的情况及管理情况；

（3）依据值班记录情况，询问当天值班民警、带班领导，调查核实其值班带班情况、抢救处置情况；

（4）询问监管场所医生，核实当天发现和处置情况；

（5）调取监管场所管教民警谈话教育材料。

3. 调取与死亡事件有关的其他材料

（1）调取并审查监管场所的调查材料和调查结论；

（2）调取监管场所基本情况，相关监管规定、岗位职责表、执法手册等材料；

（3）依据调查询问的相关情况，进行进一步的询问、调取、勘验、检查等工作。

（二）经审查和调查认定的被监管人死亡的过程、相关监管人员的履职情况等事实。

简要列明认定上述事实的证据。

四、其他需要说明的问题

（一）被监管人死亡监督中发现的其他苗头性、倾向性问题和违法

性问题;

（二）敏感案件或舆情预警、预案、处置情况；

（三）有无涉检信访问题及预案、化解情况；

（四）案件沟通、协调，请示报告、领导批示等情况；

（五）案件办理中发现的职务犯罪或其他犯罪线索情况；

（六）承办人认为需要报告的其他问题。

五、案件分析及处理意见

对案件事实、证据、法律适用进行综合分析，提出被监管人×××正常死亡或非正常死亡的分析和处理意见。认为被监管人非正常死亡，相关监管人员存在渎职侵权犯罪，建议依法需要追究刑事责任；/相关监管人员不构成职务犯罪，但需要追究纪律责任，建议监管机关或相关单位提出给予纪律处分或者组织处理的检察建议；/对涉嫌犯罪的其他被监管人，建议依法移送有关主管机关处理；必要时，启动立案监督程序；/发现监管活动中存在的苗头性、倾向性问题，建议提出检察建议；发现监管活动中存在违法情形，建议提出口头或书面纠正意见。

以上报告当否，请批示。

承办人：
年　月　日

制作说明

一、本文书依据《最高人民检察院关于监管场所被监管人死亡检察程序的规定（试行）》第二十二条的规定制作。为审查和调查工作结束后，检察人员撰写报告时使用。

二、本文书主要内容包括死亡被监管人的基本情况、监管（执行）机关的调查情况、经审（调）查认定的事实及证据、其他需要说明的问题、案件分析及处理意见等内容。

270. 被监管人死亡检察情况通知书

×××人民检察院

被监管人死亡检察情况通知书

（存根）

检通〔 〕号

监管场所：
死亡被监管人基本情况（姓名、性别、年龄、身份证号码、工作单位、住址、是否人大代表、政协委员）：
死亡被监管人近亲属：
批　准　人：
承　办　人：
办案单位：
填　发　人：
填发时间：

第一联　统一保存

×××人民检察院

被监管人死亡检察情况通知书

（副本）

检通〔 〕号

　　本院于××××年××月××日××时××分接到×××报告称：犯罪嫌疑人（罪犯）×××于××××年××月××日××时××分死亡。经本院调查，_____。特此通知。

×××年×月×日
（院印）

第二联　附卷

×××人民检察院

被监管人死亡检察情况通知书

检通〔 〕号

　　本院于××××年××月××日××时××分接到×××报告称：犯罪嫌疑人（罪犯）×××于××××年××月××日××时××分死亡。经本院调查，_____。特此通知。

×××年×月×日
（院印）

第三联　送达监管场所

制作说明

一、本文书依据《最高人民检察院关于监管场所被监管人死亡检察程序的规定（试行）》第十五条的规定制作。为将被监管人死亡调查结果通知监管机关时使用。

二、本文书共三联，第一联统一保存备查，第二联附卷，第三联送达监管场所。

271. 被监管人死亡情况登记表

被监管人死亡情况登记表

发生场所					发生时间			
被监管人	姓名	性别	年龄	民族	罪名	死亡原因	备注	
简要情况								
检察情况								
上级院意见								
省级院意见								
填表单位			填报人填报时间					
备注								

填表时间： 年 月 日

制作说明

一、本文书依据《最高人民检察院关于监管场所被监管人死亡检察程序的规定（试行）》第八条、第九条、第十条的规定制作。

二、监管场所发生被监管人死亡事件的，担负派出、派驻或者巡回检察任务的人民检察院应当立即口头报告上一级人民检察院，并在报告后的24小时内填报被监管人死亡情况登记表。上一级人民检察院收到被监管人死亡情况登记表后，应当在12小时内进行审查并填写审查意见后呈报省级人民检察院。

三、辖区内被监管人非正常死亡的，省级人民检察院应当在接到下级人民检察院报告后的24小时内，在被监管人死亡情况登记表上填写审查意见后呈报最高人民检察院。遇有法定节假日，应当在24小时内口头报告，再书面补充报告。

四、被监管人死亡原因一时难以确定的，应当按照非正常死亡报告程序报告，死因查明后再补充报告。

272. 公开审查评议记录

×××人民检察院
公开审查评议记录

公开审查受邀人员：

公开审查事项：

评议意见及理由：

受邀人员签名：

年　月　日

制作说明

　　一、本文书依据《最高人民检察院刑事执行检察厅关于贯彻执行〈人民检察院办理羁押必要性审查案件规定（试行）〉的指导意见》第二十九条制作。

　　二、公开审查可以邀请与案件没有利害关系的人大代表、政协委员、人民监督员、特约检察员等人员参加。

273. 超期羁押审查报告

人民检察院

超期羁押审查报告

一、被监管人基本情况

犯罪嫌疑人（被告人）（姓名），（证件类型）（证件号码），（性别），（民族），（出生日期）出生，（受教育状况）文化程度，户籍所在地为（户籍所在地），住（住所地）（住所地详细地址）。因涉嫌犯（审定案由）、（审定其他案由），于（强制措施采取日期）被（强制措施）。（审结日期）以（逮捕书文号）被（审结处理结果），现羁押于（强制措施地点）。该案现处于（诉讼阶段）。

二、羁押期限审查情况

（发现超期羁押日期）在检察中发现（接到相关单位或部门通报、或接受申诉控告等）发现犯罪嫌疑人（被告人）（姓名）可能存在超期羁押。

经审查查明：

1. 超期羁押事实情况：（对查明的羁押事实情况进行叙述，重点说明合法的羁押期限起止日期，与目前实际的羁押期限起止日期，并作出是否存在违法超期羁押情形的结论）；

2. 上述事实有下列证据证明：（对审查中调取的相关法律文书、书面材料、工作记录、询问笔录、控告材料等分别分析叙述对应证明的事实）。

三、相关问题说明

（本部分可根据需要对案件事实情况以及定性、处理作出进一步分析或说明，如无需要说明的情况写"无"）

1. 对看守所等相关单位是否构成违法情形作补充说明；

2. 对难点疑点问题以及分歧意见的说明；

3. 对案件管辖等其他情况说明。

四、审查处理意见

综上所述，犯罪嫌疑人/被告人（姓名）在（案件承办单位名称）的（诉讼阶段）已被羁押×××日，超过法定羁押期限×××日。据此，（案件承办单位名称）在案件办理中，已严重违反《中华人民共和国刑事诉讼法》第×××条规定，造成犯罪嫌疑人/被告人被超期羁押，属严重违法行为，依据《人民检察院刑事诉讼规则》第六百一十六（七）条，应当依法予以纠正。

（根据管辖不同分别表述）

1. 为维护国家法律严肃性，保障刑事被羁押人员合法权利，确保刑事强制措施的依法规范适用，根据《中华人民共和国刑事诉讼法》第八条、《人民检察院刑事诉讼规则》第六百一十八条第一款之规定，拟决定向（案件承办单位名称）制发《纠正违法通知书》予以纠正。

2. 根据《人民检察院刑事诉讼规则》第六百一十八条第二（三）款之规定，决定报告（通报）_____（上级检察机关或异地检察机关）进行纠正。

以上意见当否，请批示。

检察官：（签名）
年　月　日

制作说明

一、本文书依据《人民检察院刑事诉讼规则》第六百一十二条至第六百二十条、《人民检察院刑事执行检察部门预防和纠正超期羁押和久押不决案件工作规定（试行）》第二条、第九条、第十条之规定制作。为人民检察院刑事执行检察部门检察人员发现办案机关超期羁押，制作审查报告时使用。

二、本文书应附检察内卷。

274. 久押不决催办函

人民检察院

久押不决催办函

（案件承办单位名称）：

　　你局（院）办理的犯罪嫌疑人（被告人）（姓名）涉嫌(审定案由)(审定其他案由) 一案中，犯罪嫌疑人（被告人）（姓名）于（羁押日期）被羁押至今已超　月，属久押不决案件。

　　为维护国家法律严肃性，保障刑事被羁押人员合法权利，确保刑事强制措施依法规范适用，根据《中华人民共和国刑事诉讼法》第八条、《人民检察院刑事执行检察部门预防和纠正超期羁押和久押不决案件工作规定（试行）》第　条之规定，特建议你局（院）加快办案进度，尽快办结本案。

　　此致

年　月　日
（院印）

制作说明

　　一、本文书依据《人民检察院刑事执行检察部门预防和纠正超期羁押和久押不决案件工作规定（试行）》第二条、第十一条之规定制作。为人民检察院刑事执行检察部门检察人员发现办案机关所办理的案件属久押不决案件，作出督促办案机关加快办案进度处理时使用。

　　二、本文书一式三份，一份送达案件承办单位，一份抄送驻看守所检察部门，一份附卷备查。

　　三、本文书应加盖院章。

275. 久押不决审查报告

人民检察院

久押不决审查报告

一、被监管人基本情况

犯罪嫌疑人（被告人）（姓名），（证件类型）（证件号码），（性别），（民族），（出生日期）出生，（受教育状况）文化程度，户籍所在地为（户籍所在地），住（住所地）（住所地详细地址）。因涉嫌犯（审定案由）、（审定其他案由），于（强制措施采取日期）被（强制措施）。（审结日期）以（逮捕书文号）被（审结处理结果），现羁押于（强制措施地点）。该案现处于（诉讼阶段）阶段。

二、羁押期限审查情况

（发现久押不决日期）在检察中发现（接到相关单位或部门通报、或接受申诉控告等）发现犯罪嫌疑人（被告人）（姓名）可能存在久押不决。

经审查查明：

1. 久押不决事实情况：（对查明的羁押事实情况进行叙述，重点说明久押不决的事实，并作出是否存在久押不决情形的结论）；

2. 上述事实有下列证据证明：（对审查中调取的相关法律文书、书面材料、工作记录、询问笔录、控告材料等分别分析叙述对应证明的事实）。

三、相关问题说明

（本部分可根据需要对案件事实情况以及定性、处理作出进一步分析或说明，如无需要说明的情况写"无"）

1. 对办案单位是否构成违法情形作补充说明；

2. 对难点疑点问题以及分歧意见的说明；

3. 对案件管辖等其他情况说明。

四、审查处理意见

综上所述，犯罪嫌疑人/被告人（姓名）从（羁押日期）至今共计羁押×××月（日）。为维护国家法律严肃性，保障刑事被羁押人员合法权利，确保刑事强制措施的依法规范适用，拟决定向（案件承办单位名称）制发《久押不决提示函》（或《久押不决催告函》）。

以上意见当否，请批示。

检察官：（签名）
年　月　日

制作说明

一、本文书依据《人民检察院刑事执行检察部门预防和纠正超期羁押和久押不决案件工作规定（试行）》第二条、第十一条之规定制作。为人民检察院刑事执行检察部门检察人员发现办案机关所办理的案件属久押不决案件，制作案件审查报告时使用。

二、本文书应附检察内卷。

276. 久押不决提示函

人民检察院

久押不决提示函

<u>（案件承办单位名称）</u>：

你局（院）办理的犯罪嫌疑人（被告人）（姓名）涉嫌<u>（审定案由）</u><u>（审定其他案由）</u>一案中，犯罪嫌疑人（被告人）（姓名）于（羁押日期）被羁押至今已超　月，属久押不决案件。

为维护国家法律严肃性，保障刑事被羁押人员合法权利，确保刑事强制措施依法规范适用，根据《中华人民共和国刑事诉讼法》第八条、《人民检察院刑事执行检察部门预防和纠正超期羁押和久押不决案件工作规定（试行）》第　条之规定，特向你局（院）提出对该案尽快办结的意见。

此致

年　月　日

（院印）

制作说明

一、本文书依据《人民检察院刑事执行检察部门预防和纠正超期羁押和久押不决案件工作规定（试行）》第二条、第十一条之规定制作。为人民检察院刑事执行检察部门检察人员发现办案机关所办理的案件属久押不决案件，作出督促办案机关加快办案进度处理时使用。

二、本文书一式三份，一份送达案件承办单位，一份抄送驻看守所检察部门，一份附卷备查。

三、本文书应加盖院章。

277. 检察建议调查终结报告

×××人民检察院

检察建议调查终结报告

××××年××月××日，本院决定办理×××（被建议单位）×××（检察建议类别）检察建议监督事项，承办人×××依法进行了调查核实，现已调查完毕。

一、事项来源

写明该检察建议监督事项的来源。

二、调查核实的过程

写明承办人做了哪些具体的调查核实工作及日期，分别调取了哪些证据材料。

如：承办人×××先后采取了调取相关证据材料、询问办案人、犯罪嫌疑人（被告人）等调查核实工作，具体如下：

1. ××××年××月××日，在×××看守所提取了犯罪嫌疑人×××入所的体检报告和入所身体检查监控视频资料；

2. ××××年××月××日，询问了×××公安机关办案人×××，并形成了询问笔录；

3. ……

三、调查认定的事实及依据

写明承办人经调查核实查明的相关事实情况，阐述认定被建议单位是否存在违法行为或者重大隐患的具体事实及证据。

四、处理意见

写明针对认定的事实和证据是否需要向被建议单位发出检察建议书。需要发出检察建议书的，简要写明纠正违法、治理防范的具体意见；不需要发出检察建议书的，写明理由。

五、其他需要说明的问题

其他需要说明的问题，如：是否有上级部门、领导交办、转办、关注等情况；是否涉及需要移交其他机关、部门办理的相关线索；是否存在信访隐患；是否容易引起网络舆情关注或炒作等。

承办人：×××

20××年××月××日

制作说明

一、本文书依据《中华人民共和国人民检察院组织法》第二十条、第二十一条，《人民检察院刑事诉讼规则》第五百五十一条规定制作。

二、本文书需要对事项来源、调查核实的过程、调查认定的事实及依据、处理意见等作出具体说明。

278. 答辩提纲

×××人民检察院

答辩提纲

被告人（原审被告人、上诉人）：

案由：　　　　公诉人：

（预测辩护观点，对可能影响定罪、量刑的关键问题进行有针对性的反驳）

一、

二、

三、

……

检察官：×××
××××年××月××日

制作说明

一、本文书为人民检察院刑事执行检察部门办理罪犯又犯罪案件出庭支持公诉时使用，具体是为法庭辩论阶段与被告人及其辩护人进行辩论而事先制作的。

二、要注意庭审应变，针对辩护观点，可对该提纲作出适当调整。

279. 减刑（假释）征求意见反馈函

×××人民检察院
减刑（假释）征求意见反馈函

×检执检减假征意函〔20××〕×号

（提请单位名称）：

　　罪犯（姓名），（性别），（民族），（出生日期）出生，（受教育状况）文化程度，（证件类型）（证件号码），（工作单位/所在学校），职务为（职务），户籍所在地为（户籍所在地），住（住所地）（住所地详细地址）。（生效判决日期）因（生效判决罪名）（生效判决其他罪名）被（生效判决法院）判处［生效宣告刑（主刑）］（生效宣告刑刑期），（财产刑种类）（财产刑其他种类）罚金金额（没收财产）万元。（执行日期）交付（执行机关）执行。历次减刑情况。

　　你狱认为，罪犯（姓名）在服刑期间，能够做到（具体表现）。

　　经审查，我院认为：

　　1. 罪犯（姓名）符合提请减刑/假释条件。未发现提请减刑/假释建议不当，同意将案件交监狱长办公会审核。

　　2. 罪犯（姓名）不符合减刑/假释条件/提请减刑/假释的程序违法/提请减刑/假释建议不当，理由是：……。建议不予减刑/假释。

年　月　日

（院印）

制作说明

一、本文书为刑罚执行机关向人民法院提请减刑（假释）前，征求人民检察院的意见，人民检察院经依法审查后进行反馈时使用。

二、反馈函应当写明是否同意刑罚执行机关拟提请减刑（假释）的意见；不同意拟提请意见的，应当说明法律依据、事实和理由等。

三、本文书一式三份，送达发文单位一份，本院内卷一份，派驻监管场所检察室一份。

280. 减刑（假释）征求意见审查报告

×××人民检察院
减刑（假释）征求意见审查报告

（提请单位名称）于（征求意见日期）向我院征求罪犯（姓名）提请减刑（假释）一案意见。我院受理后依法进行了审查，现报告如下：

一、被提请减刑（假释）罪犯的基本情况

罪犯（姓名），（证件类型）（证件号码），（性别），（民族），（出生日期）出生，（受教育状况）文化程度，（工作单位/所在学校），职务为（职务），户籍所在地为（户籍所在地），住（住所地）（住所地详细地址）。（生效判决日期）因（生效判决罪名）（生效判决其他罪名）被（生效判决法院）判处［生效宣告刑（主刑）］（生效宣告刑刑期），刑期自（刑期起日）起至（刑期止日）止，并处（财产刑种类）（财产刑其他种类）罚金金额（没收财产）万元，（剥夺政治权利）年。（执行日期）交付（执行机关）执行。（历次减刑情况）。

二、提请减刑（假释）情况

（提请机关类别）认为，罪犯（姓名）（服刑期间确有悔改表现/立功表现/重大立功表现/执行原判刑罚等情况），拟对罪犯提请减刑（假释）/（提请减刑幅度）。

三、经审查认定的事实及证据

（评审日期）列席了（提请机关类别）减刑假释评审会，审查了（提请机关类别）提供的相关材料，并进行了调查核实。经审查：

（一）罪犯服刑期间表现情况。

（二）财产刑履行、执行情况。

（三）刑罚执行情况。

（四）提请减刑（假释）程序。

（五）其他需要审查的情况。

四、需要说明的问题

1. 减刑（假释）审查中发现的苗头性、倾向性问题。

2. 减刑（假释）案件实体和程序之外的其他违法问题。

3. 敏感案件或舆情预警、预案、处置情况。

4. 罪犯及罪犯家属或被害人以及人民群众对案件处理有无涉检信访问题及预案、化解情况。

5. 案件经过沟通、协调情况，请示报告、领导批示等情况。

6. 承办人认为需要报告的其他问题。

五、处理意见

经审查，罪犯（姓名）不符合减刑（假释）条件/提请减刑（假释）的程序违法/提请减刑（假释）建议不当，理由是：……。拟向（提请机关类别）提出不予减刑（假释）的建议/改变减刑幅度/的建议。

以上意见当否，请批示。

检察官：×××
年　月　日

制作说明

一、本文书是刑罚执行机关向人民法院提请减刑（假释）前向人民检察院征求意见，承办人对案件进行审查制作审查报告时使用。

二、审查报告包括被提请减刑（假释）罪犯的基本情况、提请减刑（假释）情况、经审查认定的事实及证据、需要说明的问题和处理意见等内容。

三、经审查不同意执行机关拟提请意见的，应当说明法律依据、事实和理由等，提出不予减刑（假释）的建议、改变减刑幅度的建议等。

281. 减刑、假释裁定审查报告

×××人民检察院

减刑、假释裁定审查报告

我院于（审查裁定日期）收到（裁定法院名称）于（裁定日期）做出的罪犯（姓名）（裁定种类）书。依照刑事诉讼法的相关规定，承办检察官依法进行了审查和调查，结合前期监督工作，现已审查终结，报告如下：

一、被提请减刑（假释）罪犯的基本情况

罪犯（姓名），（证件类型）（证件号码），（性别），（民族），（出生日期）出生，（受教育状况）文化程度，（工作单位/所在学校），职务为（职务），户籍所在地为（户籍所在地），住（住所地）（住所地详细地址）。（生效判决日期）因（生效判决罪名）（生效判决其他罪名）被（生效判决法院）判处［生效宣告刑（主刑）］（生效宣告刑刑期），（财产刑种类）（财产刑其他种类）。（执行日期）交付（执行机关）执行。（历次减刑情况）。

二、法院裁定情况

（裁定法院名称）于（裁定日期）裁定对罪犯（姓名）减刑（假释）裁定（减刑幅度）（剥夺政治权利期限×××月）。

三、审查情况

经审查，（写明执行机关提请情况/检察机关提出检察意见/对法院裁定审查情况等）。

四、处理意见

经审查，承办检察官认为法院于（裁定日期）对罪犯（姓名）的（裁定种类）不当。罪犯（姓名）（写明发现不当减刑、假释裁定的具体事实和法定理由），拟向法院提出纠正意见。

以上意见当否，请批示。

承办人：
年　月　日

制作说明

一、本文书是人民检察院收到人民法院减刑（假释）裁定书后，承办人对裁定进行审查制作审查报告时使用。

二、审查报告包括被提请减刑（假释）罪犯的基本情况、法院裁定情况、审查情况、处理意见等内容。

三、经审查不同意人民法院减刑（假释）意见的，应当说明法律依据、事实和理由，以及拟向法院提出的纠正意见等。

282. 举证、质证提纲

×××人民检察院

举证、质证提纲

一、提请减刑假释基本情况

包括：提请机关、被提请减刑（假释）罪犯情况、提请减刑（假释）基本等。

二、刑罚机关提请证据情况及质证意见

包括刑罚执行机关提请罪犯减刑（假释）所依据的计分考核、立功奖惩等材料以及对上述材料的质证意见。

三、检察机关举证情况及意见

包括检察机关提供的关于罪犯减刑（假释）的材料及举证质证意见等。

四、其他需要说明的情况

制作说明

一、本文书根据《人民检察院刑事诉讼规则》第六百三十七条的规定制作。

二、本文书适用于检察人员在出席减刑（假释）案件庭审时使用。

283. 提请减刑、假释案件审查报告

×××人民检察院
提请减刑、假释案件审查报告

（提请单位名称）于（审查日期）抄送我院审查的对罪犯（姓名）提请减刑（假释）一案。我院受理后，依照刑事诉讼法的相关规定依法进行了审查，现已审查终结，现报告如下：

一、被提请减刑、假释罪犯的基本情况

罪犯（姓名），（证件类型）（证件号码），（性别），（民族），（出生日期）出生，（受教育状况）文化程度，（工作单位/所在学校），职务为（职务），户籍所在地为（户籍所在地），住（住所地）（住所地详细地址）。（生效判决日期）因（生效判决罪名）（生效判决其他罪名）被（生效判决法院）判处［生效宣告刑（主刑）］（生效宣告刑刑期），（财产刑种类）（财产刑其他种类）。（执行日期）交付（执行机关）执行。（历次减刑情况）。

二、提请减刑、假释情况

（提请机关类别）认为，罪犯（姓名）（服刑期间确有悔改表现/立功表现/重大立功表现等情况），拟对罪犯提请（提请种类），（提请减刑幅度）。

三、经审查认定的事实及证据

经审查：

（一）罪犯服刑期间表现情况。

（二）财产刑履行、执行情况。

（三）刑罚执行情况。

（四）提请减刑、假释程序。

（五）其他需要审查的情况。

四、需要说明的问题

1. 减刑审查中发现的苗头性、倾向性问题。

2. 减刑案件实体和程序之外的其他违法问题。

3. 敏感案件或舆情预警、预案、处置情况。

4. 罪犯及罪犯家属或被害人以及人民群众对案件处理有无涉检信访问题及预案、化解情况。

5. 案件经过沟通、协调情况，请示报告、领导批示等情况。

6. 承办人认为需要报告的其他问题。

五、处理意见

（根据审查情况分别出具以下意见:）

1. 违法/（提请种类）建议不当，理由是：……。拟向（法院名称）提出不予减刑/改变减刑幅度/不予假释的建议。

2. 经审查，未发现（提请种类）建议不当，拟向（法院名称）提出同意（提请种类）的建议。

以上意见当否，请批示。

检察官：
年　月　日

制作说明

一、本文书是刑罚执行机关向人民法院提请减刑（假释）后将请减刑（假释）建议书副本抄送人民检察院，承办人对案件进行审查制作审查报告时使用。

二、审查报告包括被提请减刑（假释）罪犯的基本情况、提请减刑（假释）情况、经审查认定的事实及证据、需要说明的问题、处理意见等内容。

三、经审查不同意执行机关提请意见的，应当说明法律依据、事实和理由等，并提出不同意减刑（假释）的建议、改变减刑幅度的建议等。

284. 讯问提纲

×××人民检察院

讯问提纲

犯罪嫌疑人（被告人、原审被告人、上诉人）：

案由：　　　　讯问人：

（可以重点围绕犯罪构成要件、阅卷后发现的疑点去设计问题，有针对性地向犯罪嫌疑人、被告人发问）

一、

二、

三、

……

检察官：×××

××××年××月××日

制作说明

一、本文书为人民检察院刑事执行检察部门办理罪犯又犯罪案件时使用，具体是为审查逮捕、审查起诉中提讯犯罪嫌疑人或者庭审中向被告人发问而事先制作的。

二、本文书要突出讯问的针对性、相关性。

285. 刑事执行控告、申诉、举报案件调查报告

×××人民检察院
刑事执行控告、申诉、举报案件调查报告

一、案件来源

写明案由和案件来源

二、控告、举报、申诉涉及的基本情况

写明该控告、举报、申诉线索所反映的具体情况。

三、调查情况与经过

(简要写明所采取的调查措施及调查经过)

四、调查所认定的事实

详细写明控告、举报、申诉线索经调查后是否构成违法、违规的情况或者无法获取相关证据等情况。调查查明上述事实,……(写明认定上述事实的证据或理由),可以认定。

五、需要说明的问题

……

六、处理意见

写明根据调查查明的事实是否需要发出书面纠正违法通知书/检察建议/移送犯罪线索/其他处理。

检察官:×××
××××年××月××日

制作说明

一、本文书为人民检察院刑事执行检察部门对控告、申诉、举报案件进行调查时使用。

二、本文书主要内容包括案件来源，控告、举报、申诉涉及的基本情况，调查情况与经过，调查所认定的事实，需要说明的问题，处理意见等。案件来源具体为控告、申诉、举报、上级交办、有关部门移送、本院其他部门移送以及办案中发现等。

三、承办人应当就调查情况提出倾向性明确的处理意见。

286. 事故检察报告

×××人民检察院

事故检察报告

××××年××月××日，×××（监管场所名称）向×××检察院报告称：……。我院刑事执行检察部门立即制作接报记录，并将此情况逐级层报至×××检察院。×××检察院指派检察人员××（职务）……，于××××年××月××日××时××分赶赴现场，依法独立开展检察工作（或：参加×××单位、机关组织的联合调查）。现已终结，报告如下：

一、事故基本情况

（一）事故经过

（二）事故已经造成或可能造成的人员伤亡或经济损失

（三）监管场所采取的措施、自行调查的情况及事故处理的意见或结论

二、调查工作开展情况

（一）事故现场勘查

（二）封存、提取证据

（三）调查核实

（询问有关人员、审查有关材料）

三、事故原因分析和责任认定

（事故原因分析和责任认定应当写明依据的法律规定、事实、证据等。）

四、其他需要报告的情况

（调查中发现的其他苗头性、倾向性问题和违法性问题/社会影响或舆情预警、预案、处置情况/有无涉检信访问题及预案、化解情况/调查中发现的其他犯罪线索情况/承办人认为需要报告的其他问题。）

五、承办人意见

立案侦查/书面移送有关主管机关处理/会同监管场所研究整改措施

以上报告妥否，请批示。

承办人：

年　月　日

制作说明

一、本文书依据《人民检察院看守所检察办法》第四章第一节和《人民检察院监狱检察办法》第四章第二节的规定制作。

二、本文书的主要内容包括事故基本情况、调查工作开展情况、事故原因分析和责任认定、其他需要报告的情况、承办人意见等内容。

287. 重大事故登记表

重大事故登记表

发生场所		发生时间	
重大 事故 情况			
检察 情况			
备注			
填报单位			
填报人		填报日期	

此表向上一级人民检察院报送和续报

制作说明

一、本文书依据《人民检察院看守所检察办法》第二十条和《人民检察院监狱检察办法》第三十三条的规定制作。

二、对于看守所、监狱发生的重大事故，派驻检察机构都应当及时填写《重大事故登记表》，报送上一级人民检察院，同时对看守所、监狱是否存在执法过错责任进行检察。

288. 提请收监执行监督案件审查报告

×××人民检察院
提请收监执行监督案件审查报告

我院于××××年××月××日收到×××单位（社区矫正机构）以×××号（法律文书编号）作出的（提请收监执行建议书名称）/（我院在刑事执行检察工作中发现（社区矫正对象类别）（社区矫正对象姓名）在社区矫正期间违反监督管理规定/又犯罪，依法应当撤销缓刑/撤销假释/对暂予监外执行罪犯收监执行。承办人对该案件依法进行了审查，现已审查完毕。

一、罪犯基本情况

罪犯（姓名），（性别），（出生日期）出生，（证件种类）号码（证件号码），（民族），（文化程度），（职业）（工作单位＋职务），户籍所在地（户籍所在地），住（住所地详细地址）。（生效判决日期）因（生效判决罪名）（生效判决其他罪名）被（生效判决法院）判处［生效宣告刑（主刑）］（生效宣告刑刑期），（财产刑种类）（财产刑其他种类）。（社区矫正期起始日期）因（社区矫正对象类别）被依法实行社区矫正，社区矫正期至（社区矫正期截止日期）。

罪犯的法定代理人（法定代理人姓名），基本情况。

二、提请收监执行及监督情况

1. 社区矫正机构提请收监执行的案件，应当写明社区矫正机构提请的情况。

2. 社区矫正机构应当提请收监执行而未提请的案件，应当写明检察机关检察发现的情况，包括提出口头纠正意见后社区矫正机构仍不采纳的情况。

三、经审查认定的事实及证据

经审查查明，……

1. 社区矫正机构提请收监执行的案件，应当写明社区矫正机构说明的提请理由、经审查认定的事实、证据情况。

2. 社区矫正机构应当提请收监执行而未提请的案件，写明经审查认定的事实、证据情况。社区矫正机构说明不提请理由的，也应当写明。

四、需要说明的问题

（一）提请收监执行监督中发现的其他苗头性、倾向性问题和违法性问题；

（二）敏感案件或舆情预警、预案、处置情况；

（三）有无涉检信访问题及预案、化解情况；

（四）案件沟通、协调，请示报告、领导批示等情况；

（五）案件办理中发现的职务犯罪或其他犯罪线索情况；

（六）承办人认为需要报告的其他问题。

五、处理意见

（根据审查情况分别出具以下意见）

1. 社区矫正机构提请收监执行的案件：经审查，罪犯（姓名）符合提请撤销缓刑/撤销假释/对暂予监外执行罪犯收监执行的法定条件，提请程序合法。建议同意（社区矫正机构名称）对罪犯（姓名）提请撤销缓刑/撤销假释/对暂予监外执行罪犯收监执行的建议。

2. 社区矫正机构提请收监执行的案件：经审查，罪犯（姓名）不符合提请撤销缓刑/撤销假释/对暂予监外执行罪犯收监执行的法定条件/提请程序违法。理由是：……。建议依法向（社区矫正机构名称）提出纠正意见/检察建议。

3. 社区矫正机构应当提请收监执行而未提请的案件：经审查，罪犯（姓名）符合撤销缓刑/撤销假释/对暂予监外执行罪犯收监执行的法定条件。理由是：……。建议依法向（社区矫正机构名称）提出纠正意见/检察建议。

以上意见当否,请批示。

检察官:
年　月　日

制作说明

一、本文书依据《中华人民共和国刑事诉讼法》第二百七十六条、《中华人民共和国社区矫正法》第四十六条、第四十九条、第六十二条的规定制作。社区矫正机构将提请收监执行建议书抄送人民检察院后,或者人民检察院对应当提请收监执行而未提请的情形提出口头纠正意见但社区矫正机构未采纳的,承办人对案件进行审查制作审查报告时使用。

二、审查报告包括罪犯基本情况、提请收监执行及监督情况、经审查认定的事实及证据、需要说明的问题、处理意见等内容。

三、经审查不同意社区矫正机构提请收监执行建议书的,或者认为社区矫正机构应当提请收监执行而未提请的,应当说明法律依据、事实和理由。

289. 收监执行裁（决）定审查报告

×××人民检察院
收监执行裁（决）定审查报告

我院于××××年××月××日收到×××单位（收监执行裁（决）定机关）以×××号（法律文书编号）作出的［收监执行裁（决）定文书名称］。承办人依法进行了审查，现已审查完毕。

一、罪犯基本情况

罪犯（姓名），（性别），（出生日期）出生，（证件种类）号码（证件号码），（民族），（文化程度），（职业）（工作单位＋职务），户籍所在地，住（住所地详细地址）。（生效判决日期）因（生效判决罪名）（生效判决其他罪名）被（生效判决法院）判处［生效宣告刑（主刑）］（生效宣告刑刑期），（财产刑种类）（财产刑其他种类）。（社区矫正期起始日期）因（社区矫正对象类别）被依法实行社区矫正，社区矫正期至（社区矫正期截止日期）。

罪犯的法定代理人（法定代理人姓名），基本情况。

二、提请及裁（决）定收监执行情况

1. 社区矫正机构提请撤销缓刑、撤销假释、对暂予监外执行罪犯收监执行的情况，以及检察机关对提请活动的监督情况。

2. 人民法院、公安机关、监狱管理机关作出的裁（决）定是否同意撤销缓刑、撤销假释、对暂予监外执行罪犯收监执行的情况。

三、经审查认定的事实及证据

（一）经审查认定的事实

（二）证据情况

四、需要说明的问题

（一）收监执行裁（决）定监督中发现的其他苗头性、倾向性问题和违法性问题；

（二）敏感案件或舆情预警、预案、处置情况；

（三）有无涉检信访问题及预案、化解情况；

（四）案件沟通、协调，请示报告、领导批示等情况；

（五）案件办理中发现的职务犯罪或其他犯罪线索情况；

（六）承办人认为需要报告的其他问题。

五、处理意见

（根据审查情况分别出具以下意见）

1. 经审查，罪犯（姓名）符合撤销缓刑/撤销假释/对暂予监外执行罪犯收监执行的法定条件，裁（决）定程序合法。建议同意［裁（决）定机关］对罪犯（姓名）撤销缓刑/撤销假释/对暂予监外执行罪犯收监执行的裁（决）定。

2. 经审查，罪犯（姓名）不符合撤销缓刑/撤销假释/对暂予监外执行罪犯收监执行的法定条件/裁（决）定程序违法。理由是：……。建议依法向裁（决）定机关提出纠正意见/检察建议。

以上意见当否，请批示。

检察官：

年　月　日

制作说明

一、本文书依据《中华人民共和国刑事诉讼法》第二百七十六条、《中华人民共和国社区矫正法》第四十八条、第四十九条、第六十二条的规定制作。收监执行裁（决）定机关将收监执行裁（决）定书抄送人民检察院后，承办人对案件进行审查制作审查报告时使用。

二、审查报告包括罪犯基本情况、提请及裁（决）定收监执行情况、经审查认定的事实及证据、需要说明的问题、处理意见等内容。

三、经审查不同意收监执行裁（决）定机关裁（决）定书的，应当说明法律依据、事实和理由。

290. 刑事执行违法线索呈批表

×××人民检察院

刑事执行违法线索呈批表

线索来源		受理或发现时间	××××年××月××日
主要内容			
涉嫌问题			
审批意见			
备注			

填报日期：××××年××月××日

制作说明

一、本文书为人民检察院刑事执行检察部门将违法线索呈报审批时使用。

二、本文书主要内容包括线索来源、受理或发现时间、主要内容、涉嫌问题、审批意见等。案件来源具体为自首、单位或者公民举报、上级交办、有关部门移送、本院其他部门移送以及办案中发现等。

291. 刑事执行违法案件调查报告

×××人民检察院
刑事执行违法案件调查报告

一、案件来源

写明案由和案件来源

二、刑事执行基本情况

写明该线索所反映的刑事执行违法（违规）的具体情况。

三、调查情况与经过

（简要写明所采取的调查措施及调查经过。）

四、调查所认定的事实

详细写明经调查后是否构成违法、违规的情况或者无法获取相关证据等情况。调查查明上述事实，……（写明认定上述事实的证据或理由），可以认定。

五、需要说明的问题

……

六、处理意见

写明根据调查查明的事实是否需要向发生违法、违规的单位发出书面纠正违法通知书。

以上意见当否，请批示。

检察官：×××
××××年××月××日

制作说明

一、本文书为人民检察院刑事执行检察部门对违法案件调查时使用。

二、本文书主要内容包括案件来源、刑事执行基本情况、调查情况与经过、调查所认定的事实、需要说明的问题、处理意见等。案件来源具体为自首、单位或者公民举报、上级交办、有关部门移送、本院其他部门移送以及办案中发现等。

三、承办人应当就调查情况提出倾向性明确的处理意见。

292. 监狱服刑人员调查问卷

×××人民检察院
监狱服刑人员调查问卷

填表日期		服刑地点		监狱 监区
罪　　名		判处徒刑	余　刑	
调查问题			答　案	简要说明
入监后管教民警是否告知你应享有的权利、遵守的规定？			是 否	
入监时是否进行身体检查？			是 否	
生病是否得到及时治疗？			是 否	
管教民警是否存在打骂体罚、侮辱服刑人员人格尊严的现象？			是 否	
管教民警是否向你或你的亲戚朋友索要过财物？			有 无	
是否存在服刑人员代行管教民警监管职责的现象？			是 否	
你每天劳动多长时间？	8小时	9小时	10小时	10小时以上
你所在的监室、车间等是否有违禁品？			是 否	
每周能否休息一天？			能 不能	
监狱是否经常安排服刑人员加班劳动？			是 否	

饭菜是否卫生，能不能吃饱？	是	否	
参加劳动是否支付劳动报酬？平均每月能发多少钱？	是	否	
对你个人的现金消费情况及账目是否清楚？	是	否	
监狱销售的商品价格是否合理？	是	否	
服刑人员计分考核是否真实？	是	否	
每月计分考核得分是否公开、公示？	是	否	
你知道监狱开展评选监区积极分子、监狱积极分子和省级积极分子活动吗？	是	否	
你是否掌握监狱办理减刑、假释、暂予监外执行（保外就医）案件中，存在违法违规情形？	是	否	
监狱是否存在"牢头狱霸"现象？	是	否	
担任长员的服刑人员是否经过服刑人员民主选举？	是	否	
你是否掌握有关涉黑涉恶或其他犯罪线索？	是	否	
你的申诉或控告材料，监狱是否能够及时受理并转交其他部门调查，调查结果是否及时反馈你？	是	否	
你是否知道向检察机关反映问题的渠道？	是	否	
你本人或其他服刑人员向检察机关反映问题后，是否得到满意答复？	是	否	
需要反映的其他问题：			

制作说明

一、本文书是人民检察院开展监狱巡回检察工作,向服刑罪犯开展问卷调查时使用。

二、调查问卷可以根据巡回检察的主题,灵活调整调查问卷的具体内容。

三、调查问卷调查完毕后应当及时收回,交巡回检察组在制作巡回检察报告时参考使用。

293. 对×××监狱巡回检察报告

×××人民检察院
对×××监狱巡回检察报告

××××年××月××日,我院组成巡回检察组,依法对×××监狱进行了为期×××天的×××巡回检察。现将有关情况报告如下:

一、巡回检察基本情况

包括制订方案、组建巡回检察组、动员部署、实地检察、意见反馈、代表委员等邀请人员参与检察的基本情况。围绕本次巡回检察的重点内容,对监狱执法管理工作进行分类综合评价。

二、巡回检察发现的问题

逐项列明巡回检察发现的问题(包括上轮巡回检察存在的问题),认定违法违规事实的证据,现场处理情况等。

三、处理意见或措施

综合阐述对发现问题的具体处理意见。如:对监督案件线索进行进一步调查办理,对不属于本院管辖的违纪违法线索及时移送,对提出监督意见的案(事)件跟踪督办,对上轮巡回检察失职渎职行为的处理意见等。

四、需要说明的问题

本次巡回检察需要特别说明的其他问题。

五、下一步工作意见或建议

根据法律法规规定,结合巡回检察发现的问题,从进一步加强规范执法、制度建设、人员管理、维护服刑人员权益,以及提高巡回检察质效等方面提出意见建议。

×××监狱巡回检察组
××××年××月××日

制作说明

一、本文书为巡回检察结束后制作总结报告时使用，可根据每次巡回检察的重点和方式灵活调整报告格式、内容。

二、本文书应当由巡回检察组主办检察官审核，报院领导审批后，向监狱制作书面反馈意见。

三、对巡回检察发现的监督案件和职务违纪违法线索，按照法定程序依法另行办理。

294. 监狱巡回检察公告

×××人民检察院

监狱巡回检察公告

根据（有关法律规定、工作部署），我院决定组成×××巡回检察组于××××年××月××日至××××年××月××日对×××监狱开展巡回检察。巡回检察组将重点对×××监狱执行刑事诉讼法、监狱法，以及刑罚执行和监管改造活动进行全面检察（或专门检察、机动检察等，可具体表述检察内容）。欢迎广大监狱民警、服刑人员通过以下方式直接向我们反映有关情况和问题：

1. 向检察官信箱投递信件；
2. 拨打值班电话：×××；
3. （其他方式）

特此公告。

×××人民检察院×××巡回检察组
年　月　日

制作说明

一、本文书是人民检察院开展监狱巡回检察工作，巡回检察组向监狱民警、服刑人员公告时使用。

二、公告应当张贴在监狱公共区域，方便监狱干警和服刑人员了解巡回检察有关情况。

三、公告中公布的联系方式要明确、具体，方便监狱民警、服刑人员向巡回检察组反映问题。

295. 监狱巡回检察记录

×××人民检察院

监狱巡回检察记录

被检察单位		检察日期	
检察地点		检察内容	
巡回检察方式		检察人员	
检察情况			
备注			
检察人员签名			

制作说明

一、本文书供巡回检察组工作期间使用，巡回检察组成员应当汇总当日检察情况，作为制作巡回检察报告的重要依据。

二、"巡回检察方式"是指《人民检察院监狱巡回检察规定》第十条规定的方式。

三、本文书可根据工作情况，每日制作一份或多份，由直接参与检察人员签字确认。

296. 对×××监狱巡回检察工作方案

×××人民检察院
对×××监狱巡回检察工作方案

根据（法律规定）（工作部署），我院拟成立巡回检察组，对×××监狱进行了巡回检察。为确保巡回检察工作顺利开展取得实效，现制订如下工作方案。

一、总体要求

巡回检察的工作意义、原则、目标等。

二、巡回检察工作内容

写明巡回检察的对象、时间、行程安排；巡回检察的组织和人员安排、巡回检察主题、方法以及具体工作的落实。

三、其他事项

写明巡回检察需要注意的其他事项，包括巡回检察前的准备工作、工作纪律、联络方式等。

×××监狱巡回检察组

××××年××月××日

制作说明

一、本文书是人民检察院开展监狱巡回检察工作前,巡回检察组为有针对性地开展巡回检察工作制作的方案。

二、巡回检察方案包括总体要求、巡回检察工作内容、其他事项等内容。

三、巡回检察方案的具体内容要尽量细致,具有可操作性,方便巡回检察工作的开展。

297. 暂予监外执行决定审查报告

×××人民检察院
暂予监外执行决定审查报告

我院于（决定审查日期）收到（决定单位名称）于（决定暂予监外执行日期）做出的罪犯（姓名）暂予监外执行决定书。依照刑事诉讼法的相关规定，承办人依法进行了审查和调查，结合前期监督工作，现已审查终结，意见如下：

一、被决定暂予监外执行罪犯的基本情况

罪犯（姓名），（证件类型）（证件号码），（性别），（民族），（出生日期）出生，（受教育状况）文化程度，（工作单位/所在学校），职务为（职务），户籍所在地为（户籍所在地），住（住所地）（住所地详细地址）。（生效判决日期）因（生效判决罪名）（生效判决其他罪名）被（生效判决法院）判处［生效宣告刑（主刑）］（生效宣告刑刑期），（财产刑种类）（财产刑其他种类）。（历次减刑情况）。

二、决定机关决定批准情况

（决定单位名称）于（决定暂予监外执行日期）因（决定暂予监外执行原因）决定对罪犯（姓名）暂予监外执行。

三、审查情况

经审查，［写明执行机关提请（法院决定征求意见）情况/检察机关提出检察意见/对决定机关决定审查情况等］。

四、处理意见

经审查，承办人认为（决定单位名称）对罪犯（姓名）的暂予监外执行不当（写明发现不当暂予监外执行决定的具体事实和法定理由），拟向（决定单位名称）提出纠正意见。

以上意见当否，请批示。

检察官：

年　月　日

制作说明

一、本文书依据《中华人民共和国刑事诉讼法》第二百六十七条的规定制作。决定或者批准暂予监外执行的机关将暂予监外执行决定书抄送检察机关后，承办人对案件进行审查制作审查报告时使用。

二、审查报告包括被决定暂予监外执行罪犯的基本情况、决定机关决定批准情况、审查情况和处理意见。

三、经审查不同意批准或决定机关提请意见的，应当说明法律依据、事实和理由。

298. 对法院暂予监外执行征求意见审查报告

×××人民检察院
对法院暂予监外执行征求意见审查报告

我院于××××年××月××日收到×××单位（人民法院名称）对罪犯（姓名）决定暂予监外执行建议书的征求意见函（函件编号），承办人依法进行了审查，现已审查完毕。

一、罪犯基本情况

罪犯（姓名），（性别），（出生日期）出生，（证件种类）号码（证件号码），（民族），（文化程度），（职业）（工作单位＋职务），户籍所在地，住（住所地详细地址）。（生效判决日期）因（生效判决罪名）（生效判决其他罪名）被（生效判决法院）判处［生效宣告刑（主刑）］（生效宣告刑刑期），（财产刑种类）（财产刑其他种类）。

罪犯的法定代理人（法定代理人姓名），基本情况。

二、法院拟决定暂予监外执行情况

（人民法院名称）认为，罪犯（姓名）因（拟决定暂予监外执行理由和依据），符合暂予监外执行的法定条件，拟对其作出暂予监外执行决定。

三、经审查认定的事实及证据

（一）经审查认定的事实

（二）证据情况

四、需要说明的问题

（一）提请收监执行监督中发现的其他苗头性、倾向性问题和违法性问题；

（二）敏感案件或舆情预警、预案、处置情况；

（三）有无涉检信访问题及预案、化解情况；

（四）案件沟通、协调，请示报告、领导批示等情况；

（五）案件办理中发现的职务犯罪或其他犯罪线索情况；

（六）承办人认为需要报告的其他问题。

五、处理意见

（根据审查情况分别出具以下意见）

1. 经审查，未发现（人民法院名称）拟决定暂予监外执行的意见不当，建议向（人民法院名称）提出同意暂予监外执行的意见。

2. 经审查，罪犯（姓名）不符合暂予监外执行条件，理由是：……。建议向（人民法院名称）提出对罪犯（姓名）不予决定暂予监外执行的建议。

以上意见当否，请批示。

检察官：

年 月 日

制作说明

一、本文书依据《中华人民共和国刑事诉讼法》第二百六十五条、《暂予监外执行规定》第十八条的规定制作。为人民法院在作出暂予监外执行决定前征求人民检察院的意见，人民检察院收到人民法院的征求意见后，承办人对案件进行审查制作审查报告时使用。

二、审查报告包括罪犯基本情况、法院拟决定暂予监外执行情况、经审查认定的事实及证据、需要说明的问题、处理意见等内容。

三、经审查不同意收监执行裁（决）定机关裁（决）定书的，应当说明法律依据、事实和理由。

299. 提请暂予监外执行案件审查报告

提请暂予监外执行案件审查报告

[提请（办理）机关]于（审查提请暂予监外执行日期）抄送我院审查的对罪犯（姓名）提请暂予监外执行一案。我院受理后，依照刑事诉讼法的相关规定依法进行了审查，现已审查终结，报告如下：

一、被提请暂予监外执行罪犯的基本情况

罪犯（姓名），（证件类型）（证件号码），（性别），（民族），（出生日期）出生，（受教育状况）文化程度，（工作单位/所在学校），职务为（职务），户籍所在地为（户籍所在地），住（住所地）（住所地详细地址）。（生效判决日期）因（生效判决罪名）（生效判决其他罪名）被（生效判决法院）判处［生效宣告刑（主刑）］（生效宣告刑刑期），（财产刑种类）（财产刑其他种类）。（执行日期）交付（执行机关）执行。（历次减刑情况）

二、提请暂予监外执行情况

[提请（办理）机关]认为，罪犯（姓名）服刑期间因（提请暂予监外执行原因），符合（提请暂予监外执行的依据）。

三、经审查认定的事实及证据

经审查：

（一）罪犯符合暂予监外执行条件的事实及证据

1. 找罪犯本人及同监区罪犯调查了解的情况

2. 病情诊断或妊娠检查是否委托省级人民政府指定的医院进行；诊断或检查证明是否由两名副高以上职称专业技术职称的医师共同作出，并经主管业务院长审核签名，加盖公章，并附化验单、影像学资料和病历等有关医疗文书复印件。相关事实证据是否存在弄虚作假的问题。

对罪犯生活不能自理的鉴别，是否由监狱、看守所组织有医疗专业人员参加的鉴别小组进行；参与鉴别的人员是否签名，监狱、看守所负责人是否签名并加盖公章。

3. 公示情况。

4. 拟保外就医罪犯身体状况是否符合《暂予监外执行规定》中"保外就医严重疾病范围"。

（二）保证人情况及司法行政机关出具的调查评估意见情况。

（三）监狱（看守所）提请暂予监外执行的程序是否符合规定。

（四）其他需要审查的情况。

四、需要说明的问题

1. 暂予监外执行审查中发现的苗头性、倾向性问题。

2. 暂予监外执行案件实体和程序之外的其他违法问题。

3. 敏感案件或舆情预警、预案、处置情况。

4. 罪犯及罪犯家属或被害人以及人民群众对案件处理有无涉检信访问题及预案、化解情况。

5. 案件经过沟通、协调情况，请示报告、领导批示等情况。

6. 案件办理过程中发现的职务犯罪线索或其他犯罪线索情况。

7. 承办人认为需要报告的其他问题。

五、处理意见

（根据审查情况分别出具以下意见）

1. 罪犯（姓名）不符合暂予监外执行条件/提请暂予监外执行的程序违法，理由是：……。拟向（决定单位名称）提出不予批准对罪犯（姓名）暂予监外执行的建议。

2. 经审查，未发现暂予监外执行建议不当，拟向（决定单位名称）提出同意暂予监外执行的建议。

以上意见当否，请批示。

检察官：

年　月　日

制作说明

一、本文书依据《中华人民共和国刑事诉讼法》第二百六十六条的规定制作。执行机关向上级批准机关提出暂予监外执行书面意见将意见书副本抄送人民检察院后，承办人对案件进行审查制作审查报告时使用。

二、审查报告包括被提请暂予监外执行罪犯的基本情况、提请暂予监外执行情况、经审查认定的事实及证据、需要说明的问题、处理意见等内容。

三、经审查不同意执行机关提请意见的，应当说明法律依据、事实和理由。

300. 备案案件审查报告

×××人民检察院
备案案件审查报告

报送备案机关：×××

犯罪嫌疑人（罪犯）姓名：×××

案由：×××

一、案件基本情况

……

二、承办人审查意见

……

承办人：×××

××××年××月××日

制作说明

一、本文书是下级检察机关对被监管人员死亡案件、监管事故、减刑假释暂予监外执行备案审查案件向上级检察机关备案时，承办人对案件进行审查制作审查报告时使用。

二、审查报告包括报送备案机关情况、犯罪嫌疑人（罪犯）姓名情况、案件基本情况和承办人审查意见等内容。

301. 重大案件讯问合法性核查听取律师意见笔录

×××人民检察院
重大案件讯问合法性核查听取律师意见笔录

时间：_____年____月____日____时____分至____时____分
地点：_____
询问人：_____ 记录人：_____
律师姓名：_____ 律师事务所名称：_____
犯罪嫌疑人姓名：_____ 性别：_____ 出生日期：_____
民族：_____ 籍贯：_____ 身份证号码：_____
涉嫌罪名：_____ 拘留日期：_____ 逮捕日期：_____

_____
_____
_____

　　　　　　　　　　　　　　　律师：_____（签名）
　　　　　　　　　　　　　　　　年　月　日

制作说明

一、本文书依据《最高人民检察院、公安部、国家安全部关于重大案件侦查终结前开展讯问合法性核查工作若干问题的意见》第五条、第十二条之规定制作。为人民检察院驻看守所检察人员、负责捕诉部门的检察人员在听取律师意见时使用。

二、本文书应附检察内卷。

302. 重大案件讯问合法性初步核查意见函

×××人民检察院
重大案件讯问合法性初步核查意见函

××检讯初核〔××××〕××号

_____：

　　经听取犯罪嫌疑人辩护律师（值班律师）_____的意见，并依法对犯罪嫌疑人_____进行核查询问，犯罪嫌疑人/辩护律师（值班律师）_____提出侦查机关有刑讯逼供等非法取证行为，我们经初步调查发现：_____

_____

_____，

现将相关调查材料移送你部门审查。

　　　　　　　　　　　　　　　　　　　年　月　日

本文书一式二份，一份送达人民检察院负责捕诉的部门，一份留存备查。

制作说明

一、本文书依据《最高人民检察院、公安部、国家安全部关于重大案件侦查终结前开展讯问合法性核查工作若干问题的意见》第十条之规定制作。为人民检察院驻看守所检察人员进行讯问合法性初步调查核实后，就是否发现非法取证或者不能排除可能存在非法取证等情形，作出处理时使用。

二、本文书一式二份，一份送达人民检察院负责捕诉的部门，一份留存备查。

三、本文书加盖刑事执行检察部门印章或者驻看守所检察部门印章。

303. 重大案件讯问合法性核查报告

×××人民检察院
重大案件讯问合法性核查报告

一、案件基本情况

犯罪嫌疑人的基本情况，涉嫌犯罪的罪名和简要案情等。

二、侦查机关通知情况

侦查机关发送案件即将侦查终结通知书的日期等。

三、核查情况

驻看守所检察人员的核查情况以及人民检察院负责捕诉部门的调查核实情况。核查获取的主要证据等。

四、核查意见

经核查认为侦查机关在对犯罪嫌疑人的讯问过程中是否存在刑讯逼供等非法取证情形。

承办人：

年　月　日

制作说明

一、本文书依据《最高人民检察院、公安部、国家安全部关于重大案件侦查终结前开展讯问合法性核查工作若干问题的意见》第九条、第十条、第十五条之规定制作。为讯问合法性核查后人民检察院制作核查报告时使用。

二、本文书应附检察内卷。

304. 重大案件讯问合法性核查询问笔录

共　　页，第　　页

×××人民检察院

重大案件讯问合法性核查询问笔录

询问时间：_____年___月____日____时____分至____时____分

询问地点：_____

询问人：_____　记录人：_____

犯罪嫌疑人姓名：_____　性别：_____　出生日期：_____

民族：_____　籍贯：_____　身份证号码：_____

涉嫌罪名：_____　拘留日期：_____　逮捕日期：_____

告知：（出示工作证件）我们是×××人民检察院检察人员，现依法对你进行重大案件讯问合法性核查询问。你应当如实说明情况，但是对于与本案无关的问题，你有拒绝回答的权利。故意提供虚假证言或者其他证据，故意隐匿、毁灭证据都要负相应的法律责任。你清楚了吗？

答：

问：现依法向你告知我们对你进行核查询问的法律后果，即根据相关法律规定，如果经调查核实存在刑讯逼供等非法取证情形的，办案机关将依法排除相关证据。如果犯罪嫌疑人在核查询问时明确表示侦查阶段没有刑讯逼供等非法取证情形，在审判阶段又提出排除非法证据申请的，应当说明理由，人民法院经审查对证据收集的合法性没有疑问的，可以驳回申请。你清楚了吗？

答：

问：说说你的基本情况。

答：

问：（询问侦查阶段是否有刑讯逼供等非法取证情形。）

答：

问：你还有何补充？

答：

问：你以上所讲是否属实？

答：

[犯罪嫌疑人写：以上笔录共×页我已看过（或者已向我宣读），与我讲的一样。]

犯罪嫌疑人：_____（签名、捺印）

年 月 日

制作说明

一、本文书依据《最高人民检察院、公安部、国家安全部关于重大案件侦查终结前开展讯问合法性核查工作若干问题的意见》第六条、第七条、第八条、第十二条之规定制作。为人民检察院驻看守所检察人员、负责捕诉部门的检察人员在核查询问犯罪嫌疑人时使用。

二、本文书应附检察内卷。

305. 重大案件讯问合法性核查意见书

×××人民检察院
重大案件讯问合法性核查意见书

××检讯核意〔××××〕××号

　　_____公安局（国家安全局）：

　　犯罪嫌疑人_____，性别_____，出生日期_____，身份证号码_____，现羁押于_____，涉嫌_____。

　　本院依法对本案进行了讯问合法性核查，经核查认为：你局在对犯罪嫌疑人_____的讯问过程中，<u>没有刑讯逼供等非法取证情形</u>。/<u>确有（现有证据不能排除）</u>刑讯逼供等非法取证情形，请你们依法排除非法证据，并告知我院。经核查查明_____。

年　　月　　日
（院印）

本文书一式三份，一份送达侦查机关，一份附卷，一份移送人民检察院负责捕诉的部门或者抄送驻所检察部门。

制作说明

一、本文书依据《最高人民检察院、公安部、国家安全部关于重大案件侦查终结前开展讯问合法性核查工作若干问题的意见》第九条、第十五条之规定制作。为人民检察院进行讯问合法性核查后作出处理时使用。

二、对于确有或者现有证据不能排除刑讯逼供等非法取证情形的,应当写明经核查查明的刑讯逼供等非法取证事实或者经核查无法排除的合理疑点,通知侦查机关依法排除非法证据,并要求告知结果。

三、本文书一式三份,一份送达侦查机关,一份附卷,一份移送人民检察院负责捕诉的部门或者抄送驻所检察部门。

四、本文书应当加盖院章。